인터랙티브 광고 제작법

인터랙티브 광고 제작법

이구익 지음

미디어의 변화, 그리고 광고의 진화

　디지털화된 미디어의 변화는 온라인과 오프라인의 경계를 점차 모호하게 만들었고 광고 커뮤니케이션의 형태를 소비자와의 상호작용 중심으로 바꿔놓았다. TV와 신문, 라디오에 익숙했던 소비자의 미디어 환경은 스마트폰과 태블릿PC에 더 친숙해졌고 언제 어디서든 온라인을 통해 광고를 접하게 되었다. 이에 전통적인 4대 미디어^{TV, 라디오, 신문, 잡지} 중심의 광고를 제작하던 광고회사들은 온라인과 디지털 디바이스에 최적화된 광고를 시도하며 변화하고 있다. 앞서가는 온라인 광고회사들은 웹 중심의 광고 프로모션에서 벗어나 새로운 디지털 기술을 통해 소비자들과 커뮤니케이션을 시도하면서 경쟁력을 강화하고 있으며, 인하우스 에이전시^{in-house agency}와 같은 대기업 그룹 계열사의 광고회사들도 인터랙티브 광고 부서를 신설하여 온라인 광고를 더욱 전문화시키고 있다. 지속적으로 소비자들의 환경이 디지털화되고 새로운 온라인 서비스들이 삶에 큰 영향을 미치게 되면서 인터랙티브 광고는 광고산업에서 큰 비중을 차지하게 되었다.

　미디어가 진화하면 광고도 함께 진화한다. 그리고 광고를 만드는 역할도 변하게 된다. 그리고 그중에서도 광고회사의 꽃이라 불리는 카피라이터의 변화에 주목하고 싶다. 초창기 온라인 광고 카피라이터는 이름 그대로 카피를 잘 쓰는 사람을 뜻했다. 광고 캠페인의 타이틀을 잘 쓰거나 배너 광고 카피를 잘 만들고 화면 기획안의 문구들을 워싱^{Washing}하는 것에 고정되어 있었다. 이는 온라인 광고회사들도 카피라이터의 역할을 오프라인 광고회사의 카피라이터처럼 생각했기 때문일 것이다. 그러나 디지털 미디어의 형태가 다양해지면서 소비자와의 상호작용을 극대화하는 인터랙티브 광고 캠페인이 중요해졌다. 이제 카피라이터는 온라인 중심의 디지털 미디어에 대한 이해를 바탕으로 크리에이티브한 아이디어와 콘셉트, 전략적인 소비자 참여 프로세스와 스토리텔링, 다양한 광고 콘텐츠들을 만들어내는 크리에이터의 개념으로 일해야 한다. 그래서 필자는 디지털 미디어 시대의 인터랙티브 광고 캠페인의 카피라이터를 '인터랙티브 카피라이터'라 정의하고 싶다.

필자는 인터랙티브 광고회사의 카피팀장으로 일하고 있다. 가끔 인터랙티브 광고에 대한 주제로 특강을 하게 되거나 광고 동아리 후배들에게 스터디를 하게 되면, 의외로 디지털 마케팅과 광고에 대해 잘 모르는 경우가 많았다. 특히 필자를 인터랙티브 카피라이터라 소개하고 현재 제작되고 있는 인터랙티브 광고에 대한 사례를 보여 주면 놀라는 모습이었다. 이런 반응들은 현재 학교에서 배우는 대부분의 광고교육이 TV광고, 인쇄광고와 같은 전통적인 미디어의 일방향 광고들이기 때문이다. 또한 빠르게 변화하고 있는 광고업계의 실무가 아닌 원론적인 부분들에 초점이 맞춰져 있기 때문일 것이다. 현재 온라인 광고업계는 하루가 다르게 새로운 광고가 시도되고 있지만, 학교의 교육은 과거에 머물러 있는 것 같아서 조금 안타깝다.

이러한 현실은 광고회사의 현업에도 영향을 주게 된다. 매년 신입사원을 뽑으면 온라인 광고나 마케팅에 대한 지식이 부족해서 다시 가르쳐야 하기 때문이다. 하지만 바쁜 광고회사의 선배들이 후배들을 차분하게 가르쳐 주기도 쉽지 않다. 그래서 필자는 현재의 디지털 미디어를 중심으로 진행되는 다양한 형태의 인터랙티브 광고제작법을 카피라이터의 시각으로 폭넓게 정리하여 알려주고 싶다는 생각에서 책을 쓰게 되었다. 여러모로 부족한 책일지 모르지만, 온라인 광고에 대해서 알고 싶거나 관련된 업무를 처음 시작하는 분들을 위한 실무적인 서적으로서 조금이나마 도움이 된다면 무척 기쁠 것이다.

이 책의 첫걸음을 함께하는 독자 여러분들께 감사드리며 특히 지금까지 좋은 인터랙티브 광고를 경험하고 만들도록 기회를 주셨던 모든 클라이언트Client 분들과 훌륭한 동료들께 고마움을 전하고 싶다. 끝으로 책이 나오기까지 도움을 주신 많은 분들께 고개 숙여 깊은 감사의 마음을 전한다.

Jesus is my best copywriter

인터랙티브 카피라이터 이구익

차례

PART 1

미디어의 변화가 만든 광고의 진화

PART 2

온라인 광고 캠페인 프로세스

PART 3

인터랙티브
광고 영상의
스토리텔링

PART 4

인터랙티브
광고 제작
노하우

PART 1
미디어의 변화가 만든 광고의 진화

▼

미디어의 변화는 광고를
어떻게 바꿔놓았을까

?

● 미디어의 발달은 곧 광고의 진화로 이어졌다.

광고를 담는 그릇인 미디어가 발전하면 광고 역시 발전할 수밖에 없다. 미디어가 곧 메시지라고 말한 마셜 맥루한의 말은 광고와 미디어의 관계를 잘 설명해주고 있다. 특히 전통적인 4대 미디어인 TV, 라디오, 신문, 잡지는 오랫동안 소비자와의 소통에 가장 중요한 역할을 해왔었다. 하지만 이제 디지털 미디어 시대에는 과거에 비해 소비자들에게 미치는 힘이 약해지고 있다. 소비자들은 TV보다는 컴퓨터를 비롯한 스마트폰과 태블릿PC에 더 밀접한 생활을 하고 있기 때문이다. 그리고 소비자들은 이를 통해 언제 어디서나 온라인에 접속하여 광고를 접하고 있다. 또한 소셜 네트워크 서비스Social Network Service들의 폭발적인 성장과 함께 소비자가 소유한 미디어의 힘이 더욱 강해졌다.

디지털 미디어를 통한 온라인 광고는 소비자들에게 이제까지 경험하지 못한 인터랙티브한 소통에 눈뜨게 해주었다. 광고는 더 이상 일방향이 아닌 쌍방향에 초점을 맞춰 진화하고 있는 것이다. 오늘날의 광고는 온라인 중심으로 진화하고 있으며 소비자들은 인터랙티브 광고 콘텐츠를 체험하고 자신들이 가진 온라인 서비스 채널들을 활용하여 광고를 자발적으로 확산시키는 것이 보편화되었다. 이제 디지털 미디어의 발달로 인한 온라인 광고가 어떻게 진행되고 진화하고 있는지 살펴보기로 하자.

01 디지털 미디어와 온라인 광고의 발달

광고는 각 시대에 맞게 가장 영향력 있는 미디어를 통해 발전되어 왔다. 우리나라 광고는 1886년 2월 22일자 『한성순보』에 실린 '덕상 세창양행의 고백'이 첫 시작이었다. 신문지면에 첫 광고가 시작된 이후에는 '라디오'라는 미디어가 등장하여 공중파 방송이 대중화되기 시작했다. 그리고 라디오에는 점차 광고가 활발하게 진행되었고 이어서 등장한 텔레비전도 대중적으로 확산되면서 광고는 영상으로 커뮤니케이션되기 시작했다. 이처럼 광고는 대중이 소비하는 미디어에 광고를 노출하여 인지도를 상승시키고 구매를 촉진시켰다. 또한 신문과 잡지 등을 포함한 전통적인 미디어들은 시청률 혹은 구독률에 의해 광고채널로 인정받고 광고를 노출하여 수익을 냈다. 그리고 광고는 시대별로 미디어를 접하는 소비자에게 가장 최적화된 형태로 자연스럽게 진화해 왔다. 오늘날 디지털 미디어 환경에서는 인터랙티브 광고가 소비자와의 커뮤니케이션에 중요한 역할을 차지하게 되었다. 인터랙티브 광고는 소비자와의 상호작용을 통해 광고 콘텐츠에 참여하고 체험하도록 유도한다. 이를 통해 소비자들은 브랜드와 제품에 관심을 갖고 집중하게 된다.

이러한 흐름을 바탕으로 전통적인 4대 광고 미디어로 불렸던 ATL$^{Above The Line}$ 채널인 TV, 라디오, 신문, 잡지보다 BTL$^{Below The Line}$로 불리던 인터넷의 이용률이 더 높은 것으로 밝혀졌다. 2012년 제일기획 광고연감에 따르면 온라인 광고비의 성장은 눈에 띄게 성장한 것으로 나타났다. 인터넷과 모바일 광고비를 합산한 온라인 광고비는 약 2조 2천억 원으로 전년도 2011년 대비 19%를 증가한 금액이다. 온라인 광고비는 국내 총 광고비인 10조 원을 기준으로 봤을 때 23%라는 비중을 차지한 것이다. 이는 온라인 광고비가 처음으로 지상파 TV의 광고비를 넘어선 것으로 나타났다.

또한 DMC에서 조사한 자료에 의하면 오늘날의 소비자들은 TV보다 컴퓨터, 스마트폰, 태블릿PC 등과 함께 많은 시간을 보내고 있는 것으로 나타났다. 디지털 디바이스를 통해 인터넷과 소셜미디어 활용이 계속 높아지고 있는 것이다. 스마트폰, 태블릿PC, 스마트TV 등 스마트기기는 2015년까지 20% 이상 연평균 성장할 것으로 보인다. 이 때문에 온라인 광고시장과 더불어 모바일 광고시장의 약진이 두드러지고 있다. 지난 2012년 4월 방통위의 자료에 의하면 국내 휴대폰 사용자의 50% 이상이 스마트폰 이용자로 바뀌어 국내 스마트폰 이용자 수는 약 2,660만 명에

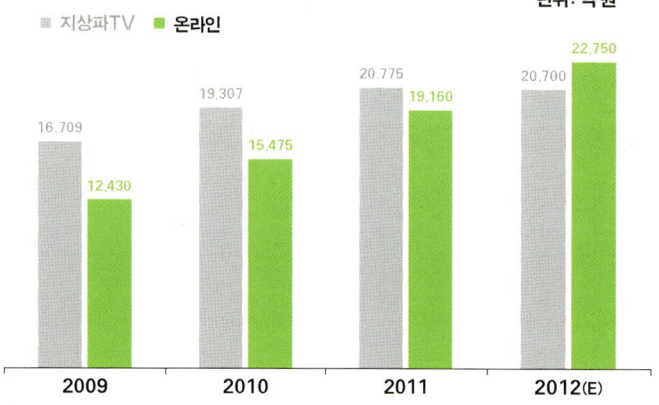

단위: 억 원

■ 지상파TV　■ 온라인

연도	지상파TV	온라인
2009	16,709	12,430
2010	19,307	15,475
2011	20,775	19,160
2012(E)	20,700	22,750

지상파TV와 온라인 광고비 비교 *출처 : 제일기획 2012 광고연감
온라인 광고비 = 인터넷(검색, 노출형) + 모바일 광고비

달한다. 이는 국내 경제활동 인구 2,540만 명과 비슷한 수치로 소비의 주체인 경제활동 인구가 언제 어디서나 온라인에 접속할 수 있는 환경이 갖춰졌다는 이야기다.

서드 스크린$^{Third Screen}$ 시대의 개막이라 불리는 오늘날은 전통적인 미디어에서 온라인 미디어로 콘텐츠의 주도권이 넘어가고 있음을 볼 수 있다. 온라인을 통해 모든 콘텐츠를 소비할 수 있는 시대다. TV프로그램은 스마트폰과 태블릿PC 등을 통해 원하는 시간에 볼 수 있다. 잡지는 웹진이나 애플리케이션으로 출간되고 있으며 라디오 역시 스마트폰으로 들을 수 있다. 게다가 보이는 라디오로 시청까지 가능해졌다. 오프라인 지면으로만 볼 수 있었던 신문은 인터넷 뉴스로 간편하게 읽을 수 있으며 옥외광고 또한 디지털화되어 인터랙티브한 형태로 소비자와 소통하고 있다. 또한 온라인에서 광고 동영상 콘텐츠는 포털사이트를 중심으로 노출하기도 한다. 네이버^{Naver}나 다음^{Daum}과 계약을 통해 광고 영상 콘텐츠를 독점으로 소비자에게 공급하는 것이다.

또한 SNS$^{Social Network Service}$는 브랜드와 소비자를 실시간으로 소통하게 만들었다. 대표적으로 활용되는 SNS는 페이스북과 트위터다. SNS광고의 특징은 단순 판매 목적이 아닌 고객과의 즉각적인 소통이 가능하다는 것과 잠재적인 고객의 니즈를 파악할 수 있는 점이다. 코리안클릭의 자료에 의하면 페이스북은 2011년 11월, 방문자 숫자인 UV$^{Unique Visitor}$를 1,200만 명으로 기록하면서 전년 동월 대비 200% 성장할 만큼 빠르게 이용률이 증가하고 있다. 미국에서는 페이스북 하나가 전체 DA$^{Display Ad}$ 노출량의 25%를 차지하고

언제 어디서나 온라인을 접하게 만든 태블릿PC의 등장
출처 : www.apple.com

있고, SNS광고가 전체 온라인 광고비의 10%대에 육박하는 점을 보면 국내 역시 SNS의 영향력은 광고시장에도 높아질 것으로 전망된다.

모바일 웹의 배너 광고 상품 Daum의 AD@M

* 출처 : m.daum.net

    미디어 환경이 변화함에 따라 소비자의 소비도 온라인 중심이 되었다. 이제 소비자들은 스마트폰으로 하루에도 몇 번씩 온라인에 접속하고 온라인 쇼핑을 한다. 그리고 스마트폰에서 자연스럽게 광고를 접하고 있으며 모바일 이벤트에 참여하여 다양한 혜택을 누린다. 또한 오늘날의 온라인 광고는 디지털 디바이스와 광고 기술의 접목을 통한 새로운 시도들이 다양하게 이뤄지고 있다. 그리고 디지털 미디어 안에서 브랜드와 소비자의 상호작용을 위한 커뮤니케이션 방법과 광고 사례를 연구하여 궁극적으로 소비자의 마음을 움직이려는 노력이 계속되고 있다. 앞으로 온라인 광고는 '상호작용'이라는 특수성을 바탕으로 소비자와 커뮤니케이션이 발전할 것이며 디지털 기술과 크리에이티브한 감성이 결합되어 새롭고 다양한 형태의 광고 크리에이티브가 탄생할 것이다.

02 소비자와 소통을 위한 온라인 채널의 종류

    초창기 온라인 광고 캠페인에서 소비자들을 캠페인 사이트로 연결시키기 위한 가장 효과적인 방법은 배너광고를 이용하는 것이었다. 이를 통해 온라인 프로모션을 소비자에게 알리고 체험시킬 수 있었다. 하지만 사이트와 배너만으로는 소비자들과의 커뮤니케이션이 부족하다고 판단되었고 예산이 충분한 경우에는 다른 미디어 채널들을 활용하여 통합적으로 광고를 진행하게 되었다. 복수의 미디어 채널들을 활용하면 광고의 메시지 도달률은 더욱 높아질 수 있기 때문이다. 이것이 바로 IMC^{Integrated Marketing Communication}라 불리는 통합 마케팅 커뮤니케이션이다. 현재에 이르러 온라인의 서비스들이 다양화되고 채널이 분산되면서 온라인의 각 채널들에 대한 활용도가 높아

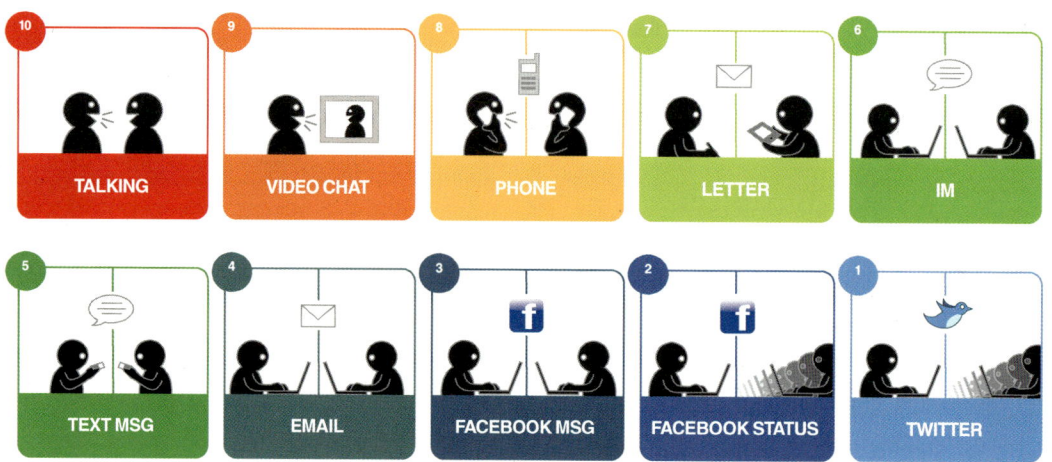

오늘날 10가지 소통방법 · 출처 : http://9gag.com/gag/11901

지고 있다. 이제 다양한 온라인 채널들을 통합하여 소비자에게 커뮤니케이션하는 일은 매우 중
요해졌다. IMC는 공통된 광고 메시지를 다양한 미디어 채널을 통해 커뮤니케이션 효과를 극대
화시키는 것이다. 1989년 미국 광고회사협회는 IMC를 광고, DM, 판매촉진, PR 등 다양한 커뮤
니케이션 수단들을 통해 최대의 광고 커뮤니케이션 효과를 거둘 수 있도록 이들을 통합하여 총
괄적인 계획을 수립하는 것으로 정리했다. 이는 광고 이외의 촉진활동의 중요성 증가와 소비자
와 매체시장의 세분화 현상이 나타나고 있으며, 데이터베이스 마케팅의 등장으로 고객들과 개
별적인 관계 구축이 절실해졌기 때문이었다. IMC는 강력하고 통일된 브랜드 이미지를 구축하고
소비자를 구매행동으로 이끌기 위해 광고와 같은 단일 커뮤니케이션 수단 외에 표적 청중에게
도달하는 데 있어 가장 효과적일 수 있는 매체나 접촉수단을 적극적으로 활용하는 것을 의미한다.

이제 보편적으로 활용되고 있는 IMC 전략을 다양한 온라인 채널에도 적용되고 있다. 동일한
온라인 광고 캠페인의 메시지들을 온라인 채널마다 각각의 특성을 살려 소비자에게 전달하는 것
이다. 온라인에서의 소비자와 소통할 수 있는 채널을 크게 3가지로 구분할 수 있다. 바로 기업이
보유한 미디어인 온드 미디어Owned Media와 소비자들 사이에서 평판을 만들어내고 바이럴을 만들
수 있는 언드 미디어Earned Media, 마지막으로 유료로 비용을 내고 광고를 집행할 수 있는 페이드 미
디어Paid Media이다.

온라인 마케팅 커뮤니케이션을 위한 트리플 미디어

■ **온드 미디어**^{Owned Media} : 기업 홈페이지나 브랜드 사이트 등 자사가 보유한 미디어를 말한다. 광범위적으로는 상품의 패키지, 오프라인 매장이나 종업원도 이것에 포함될 수 있다. 기업계정의 소셜미디어가 있다면 이를 바탕으로 다수의 소비자와 실시간으로 소통할 수 있기 때문에 다양한 소식과 이벤트를 알리는 데 널리 사용되고 있다. 이 채널들은 소비자와의 깊은 커뮤니케이션이 가능하기 때문에 잘 이용하여 소비자의 충성도를 강화시킬 수 있다. 주로 온라인 광고회사를 통해 SNS를 운영하고 이벤트를 진행하나 광고주 자체적으로 SNS 전문 인력을 배치하여 소비자와 직접 소통하기도 한다.

■ **언드 미디어**^{Earned Media} : 제3자가 정보를 발생시켜 평판을 만드는 미디어를 말한다. 온라인 뉴스기사를 포함하여 소비자들의 소셜미디어나 블로그를 통해서 입소문, 바이럴이 이뤄지는 미디어를 말한다. 대부분의 소셜미디어 광고 콘텐츠가 소비자들의 페이스북 담벼락이나 트위터를 통해 확산되도록 만들기 때문에 자연스러운 광고 효과를 얻기에 적합하여 활용되고 있다. 예를 들어, 온드 미디어인 기업의 SNS에서 브랜드나 신제품의 정보를 확산하는 이벤트를 진행하여 소비자로 하여금 자신의 SNS로 정보를 퍼가게 하여 확산하게 만든다. 또한 광고 콘텐츠의 참여를 유도하고 자신의 트위터나 페이스북에 광고 메시지 확산을 허가하도록 만들기도 한다.

■ **페이드 미디어**^{Paid Media} : 기업이나 브랜드가 유료로 구매한 미디어를 말한다. TV, 라디오, 신문, 잡지를 비롯하여 온라인 사이트 등을 통해 광범위하게 소비자들과 커뮤니케이션할 수 있다. 전통적인 광고들이 페이드 미디어를 통해 고객과 일방향적인 소통을 해왔으나 최근에는 비용 대비 효율성이 높고 광고 효과 측정이 더 분명한 온라인을 중심으로 미디어 비용을 집행하는 경우가 늘어 가고 있다.

기본적으로 온라인 광고 캠페인은 페이드 미디어를 통해 소비자 타깃들에 광고를 노출한다. 그리고 소비자들을 광고 클릭으로 자사가 보유한 브랜드 사이트인 온드 미디어에 유입시켜 인터랙티브 광고 콘텐츠를 체험하도록 한다. 그리고 소비자가 보유한 언드 미디어를 통해 광고 콘텐츠를 확산하여 광고 효과를 만든다. 이렇게 온라인 트리플 미디어를 활용하여 최대의 광고 효과를 거두는 방식을 사용하고 있다. 특히 SNS를 통한 광고 콘텐츠의 확산이 눈에 띄게 증가했는데 이는 과거의 온라인 채널이 1:1 커뮤니케이션을 중심으로 소통한 것에 비해 최근에는 소셜미디어를 중심으로 1대 다수의 커뮤니케이션이 이뤄지고 있다.

트리플 미디어는 소비자와 효과적인 소통을 위해 유기적으로 활용하는 것이 좋다. 온드 미디어인 홈페이지나 자사 페이스북을 통해 인터랙티브 광고를 소비자에게 체험시킨 후에 콘텐츠를 소비자들이 모여 있는 언드 미디어로 보낸다. 또한 광고 캠페인의 활성화를 위해서 페이드 미디어에 배너 광고, 키워드 광고, 바이럴 광고를 진행하여 상호 보완적인 관계를 형성한다. 미디어의 활용도 중요하지만 무엇보다 중요한 것은 광고 캠페인 자체가 소비자의 흥미와 참여를 유도할 수 있는가가 중요하다. 온라인 광고 캠페인은 브랜드나 제품을 소비자가 체험할 수 있도록 만든다. 참여와 체험을 통해 소비자들에게 제품의 특징을 각인시킬 수 있게 되는 것이다.

소비자의 체험을 이끌어내기 위해서는 마음을 움직여야 한다. 성공적인 온라인 광고 캠페인을 살펴보면 디지털 미디어를 이용한 기술과 아날로그적 아이디어가 결합된 것이 대부분이다. 결국 광고는 사람에게 하는 것이기 때문에 다양한 온라인 채널들 속에 진정성을 가진 아날로그의 감성을 조화시킬 수 있어야 한다.

03 광고 커뮤니케이션의 상호작용적인 변화

광고는 기본적으로 소통하기 위해 만들어진다. 기업에서 만든 브랜드와 제품을 소비자에게 효과적으로 알리기 위해서 광고를 한다. 그리고 그 결과는 궁극적으로 판매 증대를 지향한다. TV광고가 절대적인 힘을 발휘하던 때는 광고인들도 단순한 메시지로 쉽고 빠르게 소비자의 머릿속에 브랜드를 각인시킬 수 있었다. 그리고 광고를 통해 제품을 기억시켰다가 소비자의 구매를 촉진시켰다. 이를 바탕으로 광고인들은 소비자들에게 어떻게 하면 더 효과적인 광고와 마케팅을 할 수 있을지 파악하기 시작했다. 그래서 소비자의 구매단계의 심리적인 측면을 정리한 것이 바로 AIDMA model이다. 그러나 소비자가 제품을 구매하는 과정의 심리변화를 설명했던 전통적인

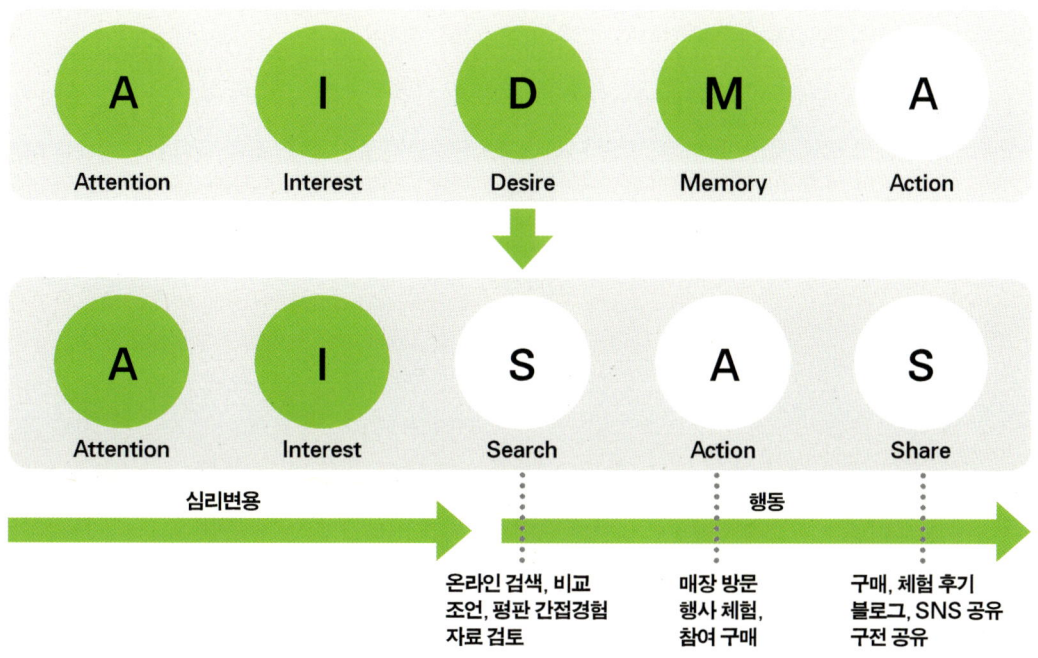

AIDMA에서 AISAS로 소비자 구매단계의 변화 • 출처 : 2012 DMC Report

AIDMA model은 이제 온라인 환경을 만나서 AISAS로 변화되었다. 다양한 정보의 검색이 가능한 지금의 디지털 미디어 환경에서는 소비자가 광고의 제품을 찾고 분석하고 구매하여 평가하고 이를 알리기 때문이다.

핵심 아이디어를 통해 소비자의 주의를 끌고 흥미를 유발하는 단계인 Attention^{주의}, Interest^{흥미}다. 소비자가 정보를 검색하여 구매한 뒤에 지인이나 타인에게 확산, 전파하는 단계인 Search^{검색}, Action^{구매}, Share^{공유}의 단계를 거치게 됐다. 소비자가 기존의 일방향 미디어의 광고를 접하듯이 그대로 구매하는 것이 아니라, 검색을 통해서 정보를 능동적으로 판단하게 된 것이다. 이 과정에서는 온라인 검색, 사용자 후기, 제품의 상세 내용 등을 확인하게 된다. 그 이후 매장을 방문하거나 온라인 구매 사이트에서 제품을 구매하게 된다. 그리고 거기서 그치는 것이 아니라 자신이 구매한 제품의 후기를 온라인 블로그, SNS 등을 통해서 확산하고 전파하는 것이다. 온라인 환경의 소비자는 이러한 AISAS 모델의 변화된 관점에서 파악하고 온라인 광고 캠페인에 반영해야 한다.

이처럼 소비자들은 언제 어디서든 온라인에 접속할 수 있게 되었다. 와이파이^{Wi-fi}가 되는 곳이면 스마트폰, 태블릿PC로 24시간 온라인 광고를 접하는 환경이 된 것이다. 소비자가 광고에 영향을 받기보다 광고가 소비자의 영향을 받게 되었다. 미디어의 권력도 소비자에게 넘어가고 있으며 광고에 대한 선택과 참여도 소비자 중심이 되었다. 따라서 이제 온라인 광고는 단순히 사이트와 배너 광고가 아닌 드라마, 만화, 영화 콘텐츠와 접목된 광고를 통해 소비자의 마음을 사로잡고 소통하기 위해 노력하고 있다. 그리고 흥미로운 평가를 받은 광고 콘텐츠는 SNS와 유튜브 등을 통해 소비자들이 자발적으로 온라인에 공유한다. 온라인 인터랙티브 광고는 소비자와의 소통을 통해 더 큰 확산효과를 얻을 수 있다.

성공적인 인터랙티브 광고는 소비자의 체험을 이끌어내는 상호작용적 요소가 담겨 있다. 최근에 제작되는 인터랙티브 광고 영상은 소비자가 스토리의 주인공이 되어 직접 참여할 수 있다. 그리고 소비자의 선택에 의해 광고의 내용이 달라지기도 한다. SNS를 통해 인터랙티브 광고 영상을 접하는 경우에는 소비자 정보가 영상 안에 합성되어 브랜드와 제품을 스토리 안에서 자연스럽게 체험하도록 만든다. 이에 소비자들은 새로운 경험을 통해 제품을 인지하게 되고 호감도가 높아지게 된다. 또한 SNS로 광고 콘텐츠를 확산할 수 있으므로 온라인 광고 콘텐츠는 또 다른 소비자들에게 더 폭넓은 영향력을 미칠 수 있게 된다. 소비자의 감성적인 광고 콘텐츠 체험이 무엇보다도 중요하기 때문에 인터랙티브 광고 제작에는 기술과 감성의 조화가 필요하다. 최근에는 온라인 광고에 영상 촬영이 보편화되고 있으므로 시나리오를 비롯한 광고 콘텐츠를 제작하는 능력이 중요해졌다. 이 때문에 인터랙티브 카피라이터의 역할이 중요해지고 있는 이유는 디지털 미디어에 대한 이해를 바탕으로 제작해야 할 작업이 많아졌기 때문이다. 인터랙티브 광고제작은 섬세한 작업이므로 기획과 카피, 디자인 그리고 개발작업이 하나로 어우러져야 완성도 높은 광고 콘텐츠가 제작될 수 있다.

온라인 광고 캠페인은 사이트를 중심으로 진행되는 것이 보통이다. 온라인 사이트는 최근 스마트폰이나 태블릿PC에서 접속해도 호환이 가능해졌고 이미지를 비롯한 동영상 광고도 확인할 수 있게 제작되어 소비자와의 소통이 더 편리해졌다. 디지털 미디어를 중심으로 온라인 광고 캠페인은 많은 사례를 낳으며 활발하게 진행되고 있다. 미디어 기술의 발달은 상호작용적 특성을 갖춘 광고 콘텐츠의 제작을 가능하게 했다.

온라인 광고 캠페인의 가장 큰 특징은 '인터랙션Interaction'이다. 인터랙티브 광고는 소비자의 참여를 유도하여 실시간으로 상호작용하는 것이 특징이다. 최근에는 감성과 기술을 바탕으로 만든 창의적인 광고 캠페인이 꾸준히 증가하고 있다. 미디어의 기술이 광고의 크리에이티브를 극대화

현대자동차 그랜저 5G 4D 광고, 시승이벤트

• 광고주 : 현대자동차 • 광고회사 : INNOCEAN Worldwide/MOG Communications • 출처 : 연합뉴스 2010.12.19

시키는 것이다. 초창기 온라인에서는 구현할 수 없었던 동영상 광고가 이제 일반화되었고 영화에서만 보던 3D기술은 이제 광고에도 활용되고 있다.

현대자동차 그랜저 5G 4D 광고가 대표적인 사례다. 소비자들은 극장의 4D체험관에서 마치 그랜저 5G를 시승한 것과 같은 영상으로 소비자 체험을 만들고, 스마트폰을 통한 48시간 시승 체험 이벤트에 참여하도록 했다. 3D영상 콘텐츠를 활용한 인터랙티브한 광고 캠페인이 소비자들에게 신선한 반응을 유도한 것이다. 이처럼 광고는 소비자들과 상호작용을 위한 새롭고 참신한 방법으로 발전하고 있다.

소비자가 체험해보고 싶어지는 매력적이고 재미있는 광고 콘텐츠를 만들어야 한다. 디지털 미디어를 통해서도 광고는 결국 사람에게 하는 것이므로 소비자가 흥미를 느낄 수 있는 광고 콘텐츠를 제작하기 위해 고민해야 한다. 이를 위한 방법을 간략히 설명하자면 다음과 같다. 첫째, 소비자가 봤을 때 흥미와 재미를 직관적으로 느낄 수 있어야 한다. 광고에서 빅 모델^{Big model}을 활용하는 경우도 이를 위해서다. 또한 인터랙티브 광고에 지금까지 소비자가 경험해보지 못했던 새로운 기술을 가미하거나 재미요소를 넣는 것이 필요하다. 둘째, 재미요소가 부족하거나 광고 콘텐츠를 단기간에 확산하기 위해서는 경품이나 혜택과 같이 소비자 이익을 제공하는 것도 방법이다. 온라인 광고에 참여하면 이벤트를 통해 광고 제품이나 선물을 제공하는 것이다. 하지만 온라인 광고 캠페인에서 가장 중요한 것은 광고 콘텐츠 자체의 흥미성이다. 마지막 셋째는 소비자에게 쌍방향 커뮤니케이션Interactive Communication이 되도록 소비자와 연관성이 높은 시나리오나 소비자의 선택에 의해 완성되는 콘텐츠를 구성하는 것이다. 상호작용을 통해서 완성되는 광고의 단점은 소비자가 광고 콘텐츠에 참여하지 않고 이탈하면 미완성이 된다는 것이다. 예를 들어, 포털사이트 네이버의 초기화면의 브랜딩보드 광고도 소비자의 클릭이나 드래그가 이뤄지지 않는다면 미완성의 광고로 지나치게 되고 인터랙티브 광고 무비도 소비자의 참여가 없으면 스토리의 진행이 이뤄지지 않는다. 따라서 온라인 광고 캠페인은 소비자와의 상호작용을 끌어내는 것이 가장 중요하다고 볼 수 있다. 소비자와 상호작용을 일으키며 체험을 유도하기 위해서 광고 콘텐츠는 충분히 매력적이고 재미있게 제작되어야 한다.

04 온라인 트렌드와 광고에 대한 이해

오늘날 온라인 광고는 아이디어의 한계가 없다고 생각될 정도로 다양한 광고 크리에이티브들이 기술과 접목되고 시도되고 있다. 디지털 디바이스가 발전하고 온라인의 환경이 발달할수록 광고는 새로운 모습으로 꾸준히 발전할 것이다. 그리고 이러한 관점에서 온라인 광고는 전통적인 오프라인 광고와 비교했을 때 가장 큰 차이점은 상호작용을 중심으로 한 소통일 것이라 생각한다. 따라서 온라인 광고 캠페인에 대한 전략과 아이디어를 고민할 때 캠페인의 플랫폼 역할을 하는 미디어의 특성을 이해하지 못하면 소비자와의 상호작용을 위한 아이디어를 낼 수 없다. 따라서 디지털 미디어와 온라인 서비스 플랫폼의 특성을 이해하고 그 안에 크리에이티브를 만드는 것이 중요하다. 인터랙티브 광고를 만드는 사람은 캠페인 콘셉트를 비롯하여 광고 카피 작성, 기술적인 광고 프로세스의 아이디어 등을 통합적으로 제시할 수 있는 크리에이터가 되어야 한다. 그렇기에 온라인 플랫폼의 변화와 인터랙티브 광고 사례에 대한 연구는 중요한 일이다.

이를 위해 광고 제작 시 동료들과의 효율적 협업을 위해 온라인 트렌드와 온라인 광고 캠페인에 대한 사례를 꾸준히 확인하고 이를 체득하기 위한 노력이 필요하다. 온라인 플랫폼과 온라인 광고 캠페인에 대한 이해를 넓히고 사례를 스터디하기 위한 효과적인 방법을 정리해보았다.

온라인 트렌드와 광고를 연구하려면?

■ 온라인의 최신 트렌드를 이해하고 서비스를 체험하라

온라인 중심의 광고 캠페인 아이디어를 내려면 다양한 사례들을 적극적으로 경험하고 직접 체험해보는 방법이 가장 좋다. 트위터와 페이스북 서비스가 론칭 된 초창기에는 사용자가 많지 않았지만 시간이 지날수록 스마트폰의 보급과 더불어 유저가 빠르게 확산되었다. 온라인 서비스 성공의 척도는 얼마나 많은 사람이 이용하는가에 달려 있기 때문에 사용인구가 많을수록 광고 미디어로서 활용도가 높아진다. 따라서 온라인을 기반으로 광고 캠페인을 만들기 위해서는 대중적으로 활용될 가능성이 높은 온라인 서비스가 나왔을 때 이를 적극적으로 사용해보고 향후 광고 캠페인에 어떻게 활용할 수 있을지 연구해보는 자세가 필요하다.

디지털, 온라인 서비스에 대한 이해를 높이면서 소비자 입장에서 체험하면 추후 온라인 광고 캠페인에 새로운 광고를 더 빠르게 시도할 수 있을 것이다. 새로운 디지털 미디어와 온라인 서비스에 대한 적극적인 체험과 연구는 성공적인 온라인 광고 캠페인을 만들 수 있는 밑거름이 된다.

■ 논문, 블로그, 미디어렙의 자료를 통해 정보를 파악하라

디지털, 온라인 미디어에 대한 이해를 높이기 위해서는 전문서적을 통해 이해하는 방법이 있다. 대학교와 광고학회에서 꾸준히 발표되고 있는 논문은 뉴미디어를 통한 광고를 확인하는 데 도움을 준다. 또한 온라인 광고 잡지나 포털사이트의 검색을 통해 전문가들의 블로그에 실린 칼럼을 읽어 보는 것도 도움이 될 것이다. 또한 온라인 광고의 판매와 대행을 맡아 진행하는 미디어렙을 통해서 최신 정보들을 받아볼 수 있다. 미디어렙은 정기적으로 온라인 광고와 마케팅, 디지털 기기 사용률 등에 대한 리포트를 제공한다. 따라서 미디어렙사 홈페이지에 가서 자료를 다운받을 수 있으며 특정 주제의 자료가 필요하다면 미디어렙 종사자를 통해 자료를 받아볼 수도 있다. 미디어렙이란 'Media Representative'의 줄임말로서 광고주에게 광고 상품을 소개, 판매하고 광고 집행과 리포트를 제공하여 광고 판매 수수료를 받는 회사를 말한다. 예를 들어, 배너 광고에는 광고 효과를 측정하는 트래킹코드를 심어서 광고를 진행하고 효

과를 측정해서 리포트를 제공한다. 따라서 광고 상품과 효과에 대한 분석을 통계자료로 볼 수 있도록 제공하는 솔루션을 가지고 있다.

미디어렙에서는 광고회사 실무자들에게 한 달에 한 번 정도 미디어, 온라인 광고와 마케팅에 관한 성공 사례와 포털광고 상품 등을 소개하는 뉴스레터를 보내준다. 때문에 미디어렙과 직접적으로 업무를 하는 기획자 혹은 미디어 플래너들은 이메일로 들어오는 뉴스레터를 통해 정기적으로 최신 자료를 확인한다. 현재 광고주의 신규 캠페인과 관련된 자료가 필요할 때는 담당 AE 동료를 통해서 미디어렙에 자료를 요청해서 확인할 수도 있다. 미디어렙을 통해서는 광고주 카테고리별로 집행된 광고 사례나 광고 상품들을 정리한 자료도 얻을 수 있다.

■ 포털사이트의 초기화면 광고를 주목하라

포털사이트 온라인 광고지면 중에서 가장 비싼 곳은 바로 네이버의 초기화면이다. 광고 미디어의 특성상 방문자 수가 가장 많을수록 광고 노출 효과가 높기 때문에 광고비용이 높아진다. 따라서 사람들이 가장 많이 활용하는 대표적인 포털사이트인 네이버에 노출되는 광고는 단가가 가장 높다. 수많은 이용자가 네이버 포털사이트를 초기화면으로 설정하고 검색이용률도 가장 높기 때문이다. 따라서 대한민국에서 진행되고 있는 큰 규모의 광고 캠페인의 광고를 실시간으로 확인해보는 방법은 네이버 초기화면 광고를 살펴보는 것이다.

특히 네이버 초기화면에는 광고의 주목도를 높이기 위한 인터랙티브 광고 상품이 있다. 네이버 초기화면의 중앙이나 우측에 위치하고 있다. 그리고 호기심을 유발하는 카피문구와 이미지로 소비자에게 마우스를 드래그하거나 클릭하도록 유도하는 것이다. 이는 광고상품의 기본적인 구성에 제품의 속성이나 카피 메시지와 이미지를 더해서 제작되는 것이며 소비자가 클릭하면 배너는 포털의 초기화면을 덮으며 확장되고 광고 메시지와 영상이 노출되면서 이벤트 내용을 전달하게 된다.

또한 확장된 광고를 클릭하면 온라인 프로모션이 진행되는 캠페인 사이트로 이동된다. 캠페인 사이트를 보면 온라인 광고 캠페인이 어떤 브랜드를 위해 진행되고 있는지 살펴볼 수 있고 광고의 콘셉트와 전략이 무엇인지 추측할 수 있다. 현재 진행되고 있는 광고의 카피와 이벤트 아이디어를 한 사람의 소비자의 시각으로 참여해보고 분석해보는 것은 큰 도움이 된다. 경우에 따라 좋은 광고 캠페인은 캡처를 하고 스크랩해두면 참고자료가 될 수도 있다.

■ 온라인 광고 캠페인 사례를 분석하라

해외 사례와 국내 사례의 모든 광고를 다양하게 분석해보고 스터디하는 것은 매우 중요하다. 좋은 광고 캠페인 아이디어는 지식의 축적을 기반으로 새로운 아이디어가 더해져 창조되는 경우가 많다. 사례를 보고 있으면 특히 시선을 사로잡는 광고 카피나 광고 제작물이 있을 것이다. 포털사이트에서 검색만 해봐도 국제 광고제에서 수상한 광고 캠페인들의 사례와 설명이 잘 되어 있는 자료들을 많이 확인할 수 있다. 그 광고 안에 크리에이티브의 노하우를 꾸준히 확인해보는 것이 좋다.

온라인 사이트를 이용하다가 배너 광고를 보고 나도 모르게 클릭을 하게 되었다면 좋은 광고임이 틀림없다. 또한 온라인 프로모션에 자연스럽게 참여하게 만든 아이디어라면 그 방법이 무엇이고 어떤 카피 메시지였는지 구체적으로 확인해봐야 한다. 광고 캠페인을 역추론하여 콘셉트는 무엇인지, 모델선정의 이유는 무엇인지, 제작규모는 어떤지, 타깃을 참여하도록 만드는 전략은 무엇인지를 살펴보면서 광고 캠페인 아이디어를 살펴볼 수 있다. 이러한 벤치마킹이 습관이 되면 카피와 크리에이티브 아이디어를 내는 노하우가 쌓이게 될 것이다.

■ 어떻게 소비자와 상호작용했는지 분석하라

광고 제작을 위해서 소비자의 시선을 사로잡는 광고 제작물의 노하우를 알고 있어야 한다. 흔히 온라인 배너광고에서는 후킹Hooking이 가장 중요하다는 말을 한다. 후킹이란 럭비 경기에서 투입된 공을 후커Hooker가 발로 잡아 자기편 쪽으로 긁어내는 것을 말한다. 온라인 광고회사에서는 클릭을 유도한다는 의미로 사용하는데 온라인 광고에서 클릭은 광고의 성과지표를 측정하는 데 가장 중요한 요소로 작용한다. 따라서 온라인 광고에서는 어떻게 후킹했는지가 중요한 분석의 포인트가 된다.

이를 위해서 온라인 광고의 구조적인 측면을 분석해봐야 한다. 온라인 이벤트에 참여를 유도하는 프로세스가 어떻게 이루어져 있는지 단계별로 참여해보면서 카피와 스토리텔링 형식을 분석하는 작업이 필요하다. 단순히 클릭을 이끌어내는 크리에이티브를 넘어 온라인 플랫폼의 기술과 소비자의 감성을 자극하는 인사이트와 이를 표현한 크리에이티브는 무엇인지 따져 보는 것이다. 이를 위해 최신 인터랙티브 광고의 사례를 정해서 기획, 디자이너, 개발자 동료들과 사례를 함께 살펴보면서 새로운 광고 캠페인에 대한 아이디어와 원리를 연구하면 큰 자산이 될 것이다.

온라인 광고 캠페인의 아이디어를 만들어야 할 때 성공사례는 큰 도움이 된다. 동료들과 회의를 할 때나 광고주와 미팅이 있을 때 성공사례를 보여주며 아이디어를 설명하면 명확한 이해를 이끌어낼 수 있다. 때문에 좋은 아이디어를 만드는 일은 좋은 사례들을 많이 알고 있는 것과도 연관된다. 이처럼 인터랙티브 광고 제작을 위해서는 지속적인 연구가 필요하다. 앞으로의 온라인 광고는 계속적인 변화가 있을 것이다. 인사이트와 크리에이티브, 그리고 기술이 결합된 형태의 새로운 인터랙티브 광고를 위해서 항상 새로운 것에 도전하며 이전에 없었던 광고 캠페인을 만들겠다는 야망을 가져야 할 것이다.

05 미디어의 변화가 만든 카피라이터의 진화

전통적인 일방향 미디어의 광고를 잘 준비된 '연설'에 비유한다면 상호작용적인 온라인 광고는 마주 보고 나누는 '대화'에 비유할 수 있다. 온라인 광고는 소비자의 반응과 체험을 실시간으로 이끌어내고 브랜드와의 관계를 형성시켜 주기 때문이다. 미디어의 변화 때문에 광고의 메시지를 전달하는 방식도 달라졌다. 일방향적으로 메시지를 전달하는 것에서 소비자의 클릭을 이끌어내고 광고 콘텐츠의 참여를 유도하여 광고를 체험하게 만들기 위해 광고 콘셉트와 메시지, 인터랙티브한 체험과 스토리를 만드는 것이 카피라이터의 확장된 역할이 되었다.

오프라인 카피라이터가 강력한 한 줄의 카피로 소비자의 마음을 사로잡고 제품을 각인시키는 것이 역할이었다면 온라인에서의 카피라이터는 이를 시작으로 소비자의 상호작용을 어떻게 이끌어내어 체험시키고 소비자가 체험한 뒤의 광고 콘텐츠를 어떻게 확산시킬 것인가에 대한 전반적인 아이디어와 스토리 구조를 책임지는 역할이다. 그렇기 때문에 카피라이터는 단지 메시지를 만드는 역할이 아니다. 온라인 광고 캠페인의 모든 구조를 이해하고 소비자의 체험을 이끌어내기 위한 능동적인 아이디어맨이자 광고 콘텐츠 제작자가 되어야 한다. 이것이 바로 인터랙티브 카피라이터라 정의할 수 있다.

인터랙티브 카피라이터의 역할과 정의

카피라이터의 정의는 광고인마다 차이가 있지만 광고를 만드는 데 있어서 빠져서는 안 될 중요한 역할임에는 모두가 동의할 것이다. 세계적인 카피라이터 출신의 광고인 데이비드 오길비는 "광고회사에서 눈에 잘 띄지 않지만 가장 중요한 사람"이라고 말했고, 조지 펠턴은 "카피를 잘 쓰는 것은 물론이며 아이디어 창출을 위한 생각을 잘하는 사람"이라고 했다. 카피라이터들의 정의를 공통으로 묶어 보면 "광고 목적을 달성하기 위한 콘셉트와 핵심 아이디어를 내고 언어로 표현하는 커뮤니케이션 전문가"다. 하지만 디지털 미디어 환경에서 광고를 만드는 카피라이터의 역할을 잘 설명해주는 말은 영국의 카피라이터 조나단 게베이가 한 말이 아닐까 한다. "카피라이터는 커뮤니케이션 미디어 안에서 언어를 다루는 판매원이다."

과거의 소비자들이 제품을 구매하는 패턴은 오프라인 미디어를 통해 광고를 접하고 이를 기억했다가 오프라인 매장에서 제품을 구매하는 것이었다. 하지만 온라인 광고는 다르다. 클릭을 통해 소비자들을 온라인 쇼핑몰로 바로 연결시킬 수 있으며 할인쿠폰을 지급하여 판매를 촉진시킬수 있다. 또한 디지털 미디어 환경에서는 언제 어디서나 스마트폰 혹은 태블릿PC를 통해 마음에 드는 제품을 즉시 구매할 수 있다. 이처럼 소비자들의 구매는 그 어느 때보다 간편해졌고 더욱 합리적으로 변화되었다. 하지만 시대가 바뀌었어도 카피라이터의 역할은 제품을 판매하는 것이다. 디지털 미디어와 온라인 광고를 통해 브랜드와 소비자가 소통하게 만들고, 궁극적으로 제품의 판매에 기여할 수 있어야 한다. 이제부터 데이비드 오길비가 이야기했던 카피라이터 자질을 바탕으로 인터랙티브 카피라이터의 자질을 설명하려 한다.

데이비드 오길비가 말한 전통적인 카피라이터의 자질

- 제품과 인간, 그리고 광고에 대한 강박에 가까운 호기심
- 유머감각
- 하드 워크의 습관
- 인쇄광고에서 재미있는 산문을 쓰고, TV-CF에서 자연스러운 대화체 문장을 쓸 수 있는 능력
- 비주얼적으로 생각하는 능력
- 남들이 한 번도 쓰지 못한 더 좋은 캠페인을 쓰려는 야망

카피라이터의 진화, 인터랙티브 카피라이터

카피라이터가 광고 카피를 제작할 때는 미디어의 특성에 따라 라이팅의 방법을 다르게 해야 하는데, 이것은 온라인 미디어에서도 마찬가지다. 인쇄광고와 전파광고의 미디어 특성에 따라 카피라이팅의 방법에 차이가 나듯이 디지털 미디어도 특성을 잘 이해해야 카피 메시지와 광고 콘텐츠를 만들 수 있다. 전통적인 카피라이터와 인터랙티브 카피라이터의 가장 큰 차이는 바로 디지털 미디어에 대한 이해를 기반으로 아이디어를 발상할 수 있는가의 차이다. 또한 온라인 광고를 제작하기 위해서는 디지털 미디어의 기술을 접목시켜야 하기 때문에 기획, 디자이너, 개발자 등 동료들과의 협업능력도 중요하다. 인터랙티브 카피라이터는 어떠한 자질이 필요한지 구체적으로 살펴보자.

인터랙티브 카피라이터에게 필요한 자질

- 제품과 인간, 그리고 디지털 미디어와 온라인 서비스에 대한 강박에 가까운 호기심
- 콘셉트 도출 및 카피 작성 능력, 시나리오를 쓰고 유연하게 콘텐츠를 구성하는 능력
- 디지털 미디어의 특성을 잘 이해하고 소비자 체험을 위한 크리에이티브를 연결시키는 감각
- 기획자와 디자이너, 개발자 사이에서 생각했던 캠페인 아이디어를 실체화하는 협업능력
- 인터랙티브 광고 캠페인을 성공으로 이끌 수 있는 광고 제작 능력과 이슈를 만들어내는 능력
- 새로운 시도와 도전으로 성공적인 인터랙티브 광고 캠페인을 만들겠다는 열정과 체력

인터랙티브 카피라이터는 광의적으로 광고 콘셉트 도출과 온라인 사이트, SNS, 모바일 등에 광고와 광고 콘텐츠를 제작하는 역할이다. 쉽게 말해서 브랜드와 소비자를 상호작용으로 소통시킬 수 있는 커뮤니케이션 전문가다. 따라서 인터랙티브 카피라이터는 캠페인 스토리텔링Campaign Storytelling 전문가이자 온라인 광고 캠페인의 성공을 위한 멀티플레이어Multi Player라 할 수 있다. 오래 전부터 카피라이터가 광고회사의 꽃이라 불리는 이유는 넓은 협업 능력을 갖추고 있기 때문이

다. 인터랙티브 카피라이터는 기획자와 같은 전략적 사고와 디자이너 같은 감각, 개발자처럼 광고 제작물을 기술적으로 구현 가능한지 체크할 수 있는 폭넓은 지식이 있어야 한다. 이제 온라인 광고회사에 인터랙티브 카피라이터가 필요한 이유를 살펴보자.

인터랙티브 카피라이터가 필요한 이유

■ 기획을 이해하고 시너지를 만드는 광고 전문가

AE는 광고주와 커뮤니케이션과 예산 정리, 전체 스케줄을 관리하는 등 바쁜 업무에 치이다 보면 정작 광고 콘텐츠 제작에 힘을 쏟기 어려워진다. 카피라이터가 없는 온라인 광고회사는 기획자가 콘셉트, 제안서 작업, 카피라이팅, 화면기획안 작업을 하면서 동시에 카피라이터의 업무인 광고 메시지 제작, 배너 광고 아이디어를 구상해야 하기 때문에 AE는 과도한 업무 부담을 갖게 된다. 따라서 카피라이터는 기획에서 부족한 부분을 보완하고 제작물을 만들기 위한 준비를 도와주는 것이 효율적인 업무 분담이라 할 수 있다. 그중에서도 가장 필요한 것은 콘셉트를 함께 도출할 수 있는 능력이다.

인터랙티브 카피라이터가 콘셉트를 도출하기 위해서는 광고 캠페인 전반에 대한 이해가 빠르고 정확해야 한다. 기본적인 마케팅 지식이 필요하고 이를 크리에이티브한 아이디어로 연결시키는 논리적인 설득력이 필요하다. 온라인 광고 캠페인은 기획자와 디자이너, 그리고 개발자에 이르기까지 모두가 함께해야 하는 정교한 작업이다. 기획에서 진행하는 방향과 카피라이터의 아이디어, 광고 카피가 일치되지 않으면 광고는 브랜드와 소비자를 연결시키는 광고 캠페인이 될 수 없다. 따라서 온라인 광고 캠페인 작업이 시작되기 전의 단계부터 인터랙티브 카피라이터 참여가 필요하다. 콘셉트, 기획, 캠페인 아이디어 도출까지 AE와 긴밀하게 한 팀이 되어 호흡을 맞추는 것이 좋다.

■ 광고 콘텐츠를 만드는 전문가

인터랙티브 카피라이터는 온라인 사이트의 제작 및 사이트에서 노출될 광고 콘텐츠의 제작능력이 필요하다. 온라인 광고 캠페인에는 인터랙티브 동영상이나 광고 모델의 인터뷰, 브랜드 송에 이르기까지 다양한 콘텐츠를 노출할 수 있기 때문이다. 광고 캠페인의 제작물이 광고 콘셉트에 맞게 제작되고 있는지 확인하고 완성도를 높여 주는 것도 인터랙티브 카피라이터에게 꼭 필요한 능력이다.

최근에는 온라인 광고의 제작 범위가 이전에 비해 커졌고 광고 완성도에 대한 광고주의 기대치가 높기 때문에 광고 제작은 카피라이터가 함께한다. 온라인 광고 캠페인을 위한 광고 카피와 시나리오, 영상촬영, 배너 광고 제작 등은 다양한 아이디어와 섬세한 작업을 거쳐 완성도가 높아지기 때문에 이를 전문적으로 담당할 전문가가 바로 인터랙티브 카피라이터다.

■ 광고 콘셉트를 만드는 전문가

인터랙티브 카피라이터는 특히 콘셉트 도출에 강해야 한다. 카피 메시지를 쓰는 일에는 콘셉트가 정확히 밑받침되어야 명확한 메시지가 나오기 때문이다. 콘셉트는 모든 광고 캠페인의 시작이자 과정이며 결론이 되어야 한다. 따라서 인터랙티브 카피라이터는 콘셉트를 유연하게 만들 수 있어야 하며 콘셉트를 기반으로 한 아이디어를 만들어야 한다.

■ 광고 캠페인을 위한 아이디어 전문가

성공적인 온라인 광고 캠페인을 위해 소비자와의 상호작용을 이끌어내는 아이디어가 필요하다. 광고의 콘셉트와 아이디어에 맞게 사이트의 아이디어를 내기도 하고 온라인과 연계되는 오프라인 이벤트의 아이디어를 낼 수도 있어야 한다. 인터랙티브 카피라이터는 광고 캠페인 전반에 대한 다양한 아이디어를 낼 수 있어야 한다. 온라인을 중심으로 브랜드와 소비자 간의 상호작용을 유도하는 아이디어 전문가가 되어야 한다.

■ 온라인 광고회사의 멀티플레이어

콘셉트를 만드는 사람이 캠페인을 좌우한다. 최근에는 TV광고가 아닌 온라인 광고 캠페인에서 광고 영상을 촬영하는 빈도수가 높아졌다. 광고 프로덕션들도 오프라인 광고만이 아니라 온라인 광고 영상에도 적극적으로 참여하고 있다. 카피라이터가 광고 영상의 시나리오와 카피를 담당했다면 광고 촬영장에서도 모델이 하는 대사를 확인하면서 보완을 해줘야 한다. 또한 배너 광고의 제작에서도 카피와 비주얼이 조화가 되는지도 살피면서 캠페인 사이트에서도 메시지 표현과 더불어 광고 콘텐츠가 잘 표현되었는지 확인해야 한다. 때로 인터랙티브 카피라이터는 광고 캠페인이 탄생하기까지 모든 과정에 함께하는 멀티플레이어 역할을 한다.

06 진화를 거듭하는 인터랙티브 광고 캠페인

광고는 마치 물과 같다. 광고는 미디어라는 그릇에 담겨 소비자에게 전달된다. 디지털 미디어라는 그릇을 만난 광고는 예전보다 더 다양한 형태의 콘텐츠로 소비자와 만날 수 있게 되었다. 소비자의 흥미를 유발시킬 수 있는 영화나 드라마는 물론이고 음악과 뮤직비디오, 전시회와 콘서트 등에 이르기까지 다변화되고 여러 콘텐츠와 접목되어 나타나고 있다. 영화와 음악, 그리고 뮤직비디오와 콘서트 등의 광고 콘텐츠로 온라인 중심의 캠페인을 진행한 사례는 윈저의 〈Share The Vision〉을 들 수 있다.

윈저 Share The Vision 인터랙티브 광고 캠페인
* 광고주 : 디아지오코리아
* 광고회사 : INNOCEAN Worldwide/ MOG Communications
* 출처 : www.mog.kr

윈저의 〈Share The Vision〉 캠페인은 위스키 브랜드로서 광고를 위한 단편영화가 3D로 제작되어 부산국제광고제를 비롯하여 해외의 할리우드 광고제에서도 수상할 만큼 작품성이 입증되었다. 약 30분간의 단편영화는 총 3화로 온라인 사이트에 차례로 공개되었으며 이벤트에 참여하면 오프라인 극장에서 4D로 광고영화를 관람할 수 있도록 진행했다. 오프라인 극장으로 광고영화를 보러 온 관객들은 3D안경을 끼고 움직이는 좌석과 바람소리, 그리고 향기가 퍼지는 영화를 감상할 수 있었다. 또한 영화에 삽입된 OST는 싱글앨범으로 사전에 발매되어 입소문이 나도록 확산되었다. 그리고 온·오프라

Share The Vision/Part 1.
부활 : 가슴에 그린 성

Share The Vision/Part 2.
소울맨 : 내 친구야

Share The Vision/Part 3.
포맨 : 너의 웃음 고마워

Share The Vision/Part 4.
임재범 : 쉐어 더 비전

3D영화, 3D콘서트, 뮤직비디오와 음원 등으로 소비자와 커뮤니케이션 했던 윈저 Share The Vision 사례

인 광고 캠페인이 마무리된 후에는 응모한 소비자들을 대상으로 대규모 콘서트를 열어 영화와 음악이 어우러지는 3D콘서트를 진행했다. 윈저의 광고 캠페인은 디지털 미디어 환경에서 광고가 콘텐츠로 노출되면서 자유롭게 소비자와 소통한 사례다.

소비자와의 상호작용을 극대화시키기 위해서 광고는 다양한 콘텐츠로 커뮤니케이션을 하고 있다. 이제 광고는 일방향적으로 보여 주는 영상이나 메시지, 기발한 아이디어의 차원을 넘어 세상을 변화시키는 혁신적인 서비스의 형태로 발전하고 있다. 이는 브랜드가 소비자와의 접점을

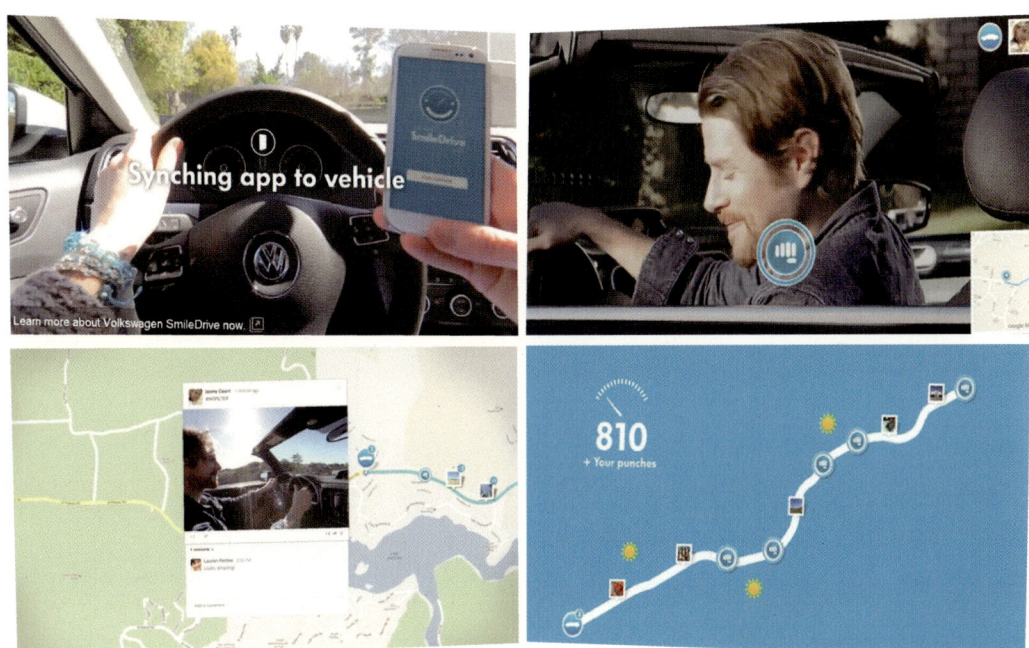

단순한 광고로 생각하지 않는다는 의미다. 인사이트^{Insight}를 통한 광고 크리에이티브에 디지털 기술이 접목되어 세상에 없던 광고 캠페인이 탄생하고 있다. 해외에서 진행된 폭스바겐의 〈스마일 드라이브〉의 사례도 그러하다.

폭스바겐과 구글이 함께 한 광고 프로젝트로서 '스마일리지^{Smileage}'라는 앱을 개발했다. 이는 자동차와 스마트폰 앱을 동기화시켜서 운전 중에 운전자의 모든 감정을 드라이빙하는 거리와 측정하여 다른 사람들과 나눌 수 있게 한 인터랙티브 광고 캠페인이다. 운전한 거리를 km로 환산하는 차원이 아니라 운전을 하는 소비자의 감정적 거리를 부여한 콘셉트가 특징이다. 출근하러 가는 운전보다는 여행을 하기 위한 운전이 더욱 즐거운 것은 분명한 일이기 때문이다. 이렇게 측정된 스마일리지는 구글 지도에 실시간으로 반영되어 주변의 사람들과 감정을 함께 나눌 수 있게 했다. 또한 길 위에서 스마일리지와 동기화된

구글과 폭스바겐의 스마일 드라이브 캠페인
* 출처 : smiledrive.vw.com

차를 만나면 주먹 모양의 아이콘 '펀치Punch'를 주고 받을 수 있고, 똑같은 차를 만나게 되면 쌍둥이 스티커를 받게 된다. 이런 과정을 통해 운전자들은 차에서 느끼지 못했던 정서적 교감을 나눌 수 있게 되었다.

이 광고 프로젝트 이름은 구글의 새로운 광고혁신 프로젝트인 '아트, 카피 그리고 코드Art, Copy & Code'다. 흔히 아트디렉터와 카피라이터는 전통적인 오프라인 광고회사의 개념이지만 구글은 여기에 디지털 테크놀로지를 믹스하여 사용자 편의성이 돋보이는 디자인과 아이디어 그리고 감성적인 스토리와 디지털 기술이 융합된 인터랙티브 광고 캠페인을 만든 것이다. 이러한 광고 제작물이 나오기 위해서는 기본적으로 광고 캠페인에 참여한 구성원 모두가 디지털 미디어에 대한

구글과 아디다스의 말하는 신발 • 출처 : Google

이해를 근간으로 한 아이디어를 내야 하며 카피라이터 역시 인터랙티브한 상상력을 발휘할 수 있어야 한다. 기존 광고회사들의 개념을 새롭게 규정한 구글은 이 외에도 다양한 시도를 하고 있는 중이다. 웨어러블 컴퓨터Wearable Computer로 구글글래스Google Glass를 선보인 구글은 '말하

는 신발'을 선보였다. 미국 텍사스 주 오스틴에서 개최되는 '음악과 영화, 인터랙티브 등 각종 콘텐츠를 선보이는 미디어 축제인 SXSW 2013'에서 첫 소개된 '말하는 신발'은 아디다스의 스니커즈에 스피커와 내비게이션, 속도계 등이 장착되어 소비자의 움직임에 모든 변화들을 체크한다. 스마트폰과 신발이 블루투스로 연결되어 소비자의 상태에 맞춰 이야기를 하는 것이다. 신발을 신은 소비자가 달리기 시작하면 신발은 소비자를 응원하는 말을 하고 한동안 움직임이 없으면 달리라며 재촉하기도 한다.

이러한 사례들을 보면 인터랙티브 광고 캠페인이 거듭 진화하고 있음을 알 수 있다. 앞으로도 인사이트와 크리에이티브 그리고 기술이 융합된 광고 캠페인을 경험하게 될 것이다. 또한 광고의 본래 목적인 널리 알린다는 의미를 더 새로운 방법으로 확산하게 될 것이다.

마포대교에서 진행된 〈생명의 다리〉 광고 캠페인

• 광고주 : 삼성생명 • 광고회사 : Cheil Worldwide • 출처 : www.bridgeoflife.co.kr

오프라인의 제작물을 체험하고 이벤트도 진행했던 〈생명의 다리〉 캠페인 마이크로 사이트

끝으로 인터랙티브 광고는 사람들을 위로하고 때로는 생명을 살리는 아이디어를 보여 주기도 한다. 2013년 칸 광고제에서 9개의 상을 휩쓴 삼성생명 '생명의 다리' 캠페인이 그러하다. OECD 회원국 중에서 자살률 1위의 우리나라에서 가장 투신율이 높은 마포대교에 자살을 방지하자는 것이 과제였다. 따라서 자살을 생각할 수도 있는 사람들을 위로하고 응원하는 따뜻한 감성을 담아 '생명의 다리' 광고 캠페인이 진행되었다.

마포대교를 걷는 사람들에게 다리가 말을 걸고 위로한다는 아이디어로서 난간 위 메시지 길이 총 1.8km에 다양한 위로와 응원의 메시지들을 담았다. 다리에 설치된 옥외광고물은 사람들이 걷는 속도에 맞춰서 빛이 따라오고 안부를 묻거나 가벼운 농담을 던지기도 한다. 우울했던 사람, 소외받은 마음을 가진 사람들에게 다리가 위로를 하고 자살에 대한 생각이 들지 않도록 돕는 것이다. 생명의 다리 캠페인은 오프라인에서 체험도 가능하지만, 온라인 사이트에서 직접 걷는 듯한 체험을 소비자들에게 제공한다.

광고는 지금도 진화하고 있다. 더 다양한 형태로 거듭 진화해 나갈 것이다. 그리고 그 진화의 중심에는 디지털 미디어를 통한 인터랙티브 요소들이 핵심이 될 것이라 생각한다. 이를 바탕으로 각 광고회사의 역할들에 변화가 생길 것이며 새로운 시도들을 위한 노력들이 이어질 것이다. 광고는 소비자와 상호작용을 위한 콘텐츠가 더욱 중요해질 것이며, 디지털 미디어를 통한 아이디어들은 더욱 소비자들의 삶에 밀접한 영향을 줄 것이다.

이제 디지털화된 광고의 변화는 세계적인 흐름이 되었다. 이는 광고 트렌드의 변화를 보여 주는 칸 국제광고제의 흐름을 살펴보면 알 수 있다. 1953년에 창설된 칸 국제광고제는 2010년을 기점으로 대회의 명칭이 'Cannes Lions International Advertising Festival'에서 'Cannes Lions International Festival of Creativity'로 바뀌었다. 이는 광고라는 단어 자체를 버림으로써 기존의 광고라는 형태가 아닌 더욱 창의적인 방향으로 바뀌고 있음을 보여 준다. 지난 세대의 4대 미디어 중심의 광고가 이제는 더 이상 의미가 없다는 것을 증명하는 것이다. 또한 2012년에는 모바일 라이온즈 부문이 개설되어 사이버 부문과 분리되었다. 이것은 기술과 크리에이티브가 결합된 아이디어들이 상당히 증가하고 있음을 보여 주는 것이다. 여기서 더 나아가 2013년에는 테크놀로지와 이노베이션에 대한 시상 부문인 이노베이션 라이온즈 부문이 추가되었다는 것도 앞으로의 광고가 더욱 기술 중심으로 세분화되고 있다는 것을 보여 준다.

해외 광고제에서 우리나라의 위상은 점차 높아지고 있다. 2012년에는 제일기획이 본상 12개를 수상하여 한국 최대 수상기록을 세웠고, 다시 1년 만인 2013년에는 이를 갱신하며 이노베이션 부문 그랑프리를 비롯해 총 20개의 상을 받았다. 디지털 강국이라 불리는 우리나라의 특성과 더불어 세계 광고의 트렌드가 디지털로 흐르면서 좋은 성과를 낸 것으로 볼 수 있다. 앞으로도 광고는 기술의 발달과 함께 진화를 계속할 것이며, 이를 통해 브랜드와 소비자는 더욱 긴밀한 소통을 이룰 것으로 보인다.

PART 2

온라인 광고
캠페인 프로세스

▼
온라인 광고를
만들기 위한 실무현장은
?

● 디지털 기술의 발달과 함께 온라인 광고는 더욱 발전될 것이기에 인터랙티브 카피라이터라는 역할은 많은 부분에서 필요할 것이다. 게다가 온라인 인터랙티브 광고의 제작과정은 오프라인 광고 제작과 다르다. TV광고를 만드는 것처럼 광고 콘셉트, 아이디어, 영상의 스토리만으로 완성되지 않는다. 온라인 광고는 더 다양한 직무 간의 협업과 조화를 통해 완성되기 때문이다.

이를 위해 광고회사 내부에서는 서로의 직무를 넘나드는 역량이 필요해졌다. AE도 기획과 함께 전체적인 제작물의 방향과 기술적인 측면을 이해해야 하며 인터랙티브 카피라이터는 쌍방향으로 소비자와 소통할 수 있는 광고 콘텐츠를 쓰는 역할이 되어야 한다. 디자이너도 시각적인 표현에 대한 방법을 고민하기보다는 소비자의 참여와 체험을 유도하기 위한 시각적 아이디어를 낼 수 있어야 한다. 모든 역할은 개발자와 소통할 수 있는 기본 지식이 있어야 하고 개발자는 모든 직무의 요구를 현실화시킬 수 있는지 체크하고 함께 발전시켜 새로운 형태의 광고를 위한 호흡을 맞출 수 있어야 한다.

이러한 배경에서 온라인 광고 캠페인을 만들기 위한 인터랙티브 카피라이터의 역할은 중요하다. 광고의 메시지를 담당하는 장점을 살려 디지털 미디어에 최적화된 광고 콘셉트와 콘텐츠를 만드는 역할이기 때문이다. 이제 인터랙티브 광고를 만드는 전반적인 업무과정을 살펴보려 한다. 이 장에서는 온라인 광고회사의 업무 프로세스와 온라인 광고 캠페인을 제작하기 위한 모든 과정을 자세히 설명하기로 한다.

01 온라인 광고 캠페인의 AtoZ

광고는 미디어의 발달과 함께 진화를 거듭해왔다. 광고는 브랜드와 제품을 소비자에게 효과적으로 알리기 위해 가장 이용자가 많은 미디어를 중심으로 광고를 노출하기 때문이다. 그리고 광고 크리에이티브는 소비자들의 눈과 귀를 집중시키기 위한 제작물을 만들면서 발전을 거듭하고 있다. 온라인 광고 제작의 모든 것을 이해하기 위해서는 먼저 온라인 광고회사가 광고 제작을 위해 어떻게 일하는지 살펴봐야 한다. 또한 온라인 광고 캠페인이 어떻게 만들어지는지 확인하려면 우선 광고회사의 각 구성원인 기획, 카피, 디자인, 코더, 개발이 어떻게 협업을 하는지 살펴봐야 한다. 오프라인 광고회사와 일하는 방식에 있어 일부 유사한 부분도 보이지만 제작에서는 기술적인 부분이 가미되기 때문에 차이가 있다. 또한 온라인 광고회사의 규모와 특성에 따라 일하는 방식이 차이가 있을 수 있다. 전반적인 온라인 광고 제작의 시작과 끝을 단계별로 구분해서 설명해보겠다.

① 광고회사들의 경쟁PT 참여

규모가 큰 광고 캠페인을 계획하고 있는 광고주들은 기본적으로 대행사를 선정할 때 경쟁PT를 통해 광고회사를 선정한다. 먼저 광고주는 경쟁PT를 위해 3~4곳의 광고회사에 광고 제안요청서인 RFP^Request For Proposal를 보낸다. RFP를 보낼 때는 광고주의 광고를 현재 대행하고 있는 회사를 포함하여 2~3곳을 추가로 보내는 것이 보통이다. 이를 확인한 각각의 온라인 광고회사에는 경쟁PT에 참가할 것인지의 여부를 내부에서 결정하여 광고주에게 입찰 여부를 연락한다. 경쟁PT에 참여하기로 결정한 광고회사는 정해진 시간 안에서 최선의 노력을 통해 그들 회사만의 광고 전략이 담긴 제안서와 광고 크리에이티브 제작물의 시안을 만들어 광고주에게 제출하고 광고주와 추후 미팅 시간과 장소를 정한다. 그리고 광고주 회사를 방문하여 광고 캠페인을 설명하는 프레젠테이션을 진행한다.

② 경쟁PT 이후 광고주의 수주 통보

경쟁PT에 참여한 광고회사는 다른 광고회사와의 경쟁에서 승리해야 한다. 광고회사들은 최고의 광고를 만들기 위한 캠페인 전략을 바탕으로 제작물에 최선을 다해 경쟁PT를 준비하고 광고주 앞에서 PT를 한다. 각 광고회사의 프레젠테이션을 듣고 광고 캠페인 내용을 확인한 광고주는 내부 회의와 광고 캠페인 내용을 검토한 뒤에 1개의 대행사를 선정하게 된다^{때에 따라서 2개의 대행사를 선정해서 광고를 건마다 나눠서 진행하기도 한다}. 보통은 일주일 안에 광고주에게 다른 대행사와 경쟁에서 승리해 광고를 수주하게 되었다는 축하 연락이 온다. 떨어진 경우에는 탈락에 대한 소식을 전해주며 이메일로 통보하는 경우가 많다.

③ 광고 캠페인 준비를 위한 광고주 미팅

수주 통보를 받은 광고회사는 광고 캠페인을 진행하기 위해 광고주의 오리엔테이션에 초대된다. 주로 담당 AE와 제작 팀장급이 광고주를 찾아가게 되는데 이때 광고주의 설명을 듣고 수주한 광고 캠페인을 위한 구체적인 설명을 듣게 된다.

④ 광고 캠페인 실행 제안서 작업

선정된 광고회사는 경쟁PT에서 미흡했던 점이나 추가되어야 하는 점들을 보완하여 실행 준비를 하게 된다. 이것이 최종 컨펌을 받은 뒤에 비로소 광고 캠페인을 진행한다. 광고 캠페인 담당 AE는 경쟁PT 때의 아이디어를 바탕으로 광고주에게 받은 내용을 추가하고 보완하여 실행제안서를 만든다.

⑤ 광고 제작을 위한 제작팀 미팅

광고 캠페인의 실행제안서가 완성되면 정리된 내용을 광고주에게 설명하고 다시 컨펌을 받는다. 이후에는 전략과 콘셉트가 일치하는 제작물을 완성해야 하므로 광고 회사 내부의 제작팀과 미팅을 하고 전반적인 광고 스케줄을 확인한다.

⑥ 광고 제작을 위한 촬영준비 및 광고 제작

제작팀과 약속된 작업 일정을 바탕으로 광고 제작을 진행한다. 또한 광고 제작을 위해서 광고 촬영을 해야 한다면 촬영에 대한 내용을 정리하여 PPM을 준비하고 광고주의 컨펌을 받아야 한다. 광고주에게 어떻게 촬영을 할 것인지 정리하여 촬영 전 미팅을 갖는 것을 PPM$^{Pre-Production\ Meeting}$ 이라 한다. PPM으로 촬영내용이 광고주와 협의되면 광고 촬영을 진행한다. 그리고 촬영 이후 후반작업과 편집을 거쳐 광고주 시사를 진행한다. 보통 1차 편집된 영상은 최초 광고주 시사를 통해 광고주의 수정사항이나 요청사항을 반영하여 완성도를 높이게 된다. 그리고 대략 2차 시사를 거쳐 최종 컨펌이 되면 마침내 광고 영상이 완성된다.

⑦ 온라인 광고 캠페인 사이트 제작

AE는 광고 캠페인의 구심점 역할을 하는 사이트의 화면기획안을 파워포인트로 작업하여 카피라이터의 워싱을 받은 후 디자이너에게 전달한다. 보통의 경우 사이트 시안은 2~3개를 작업하여 광고주에게 컨펌을 요청한다. 그리고 광고주가 선택한 시안을 기반으로 수정사항을 반영하여 사이트를 완성하게 된다. 이 모든 일정은 담당 광고주의 AE가 제작 스케줄을 관리하여 작업을 진행하고 완성한다.

8 배너 광고 카피 및 디자인 작업

　온라인 광고 캠페인 사이트 제작을 하면서 사이트 유입을 증대시킬 배너 광고를 준비해야 한
다. 배너 광고를 어디에 얼마나 노출할 것인가에 대한 계획을 먼저 수립하는 것이 AE의 역할이
다. 이때 온라인 광고가 게재될 채널들은 광고주가 정해준 광고예산의 범위 내에서 가장 소비자
에게 효율적으로 전달되는 곳으로 제안하게 된다. 따라서 소비자들의 클릭이 얼마나 일어날 것
인지 예측하여 광고주에게 제안한다. 이를 배너 광고 미디어 믹스라고 하며, 배너 광고 집행을 담
당하여 도움을 주는 미디어렙에서 제공한다. 광고에 노출되는 핵심 타깃의 연령대에 맞게 광고

Online Media Mix

Client	2013년 6월 신제품 출시 프로모션
Target	20～39대 남녀
Period	6월 21일～7월 25일
Budget	000,000,000 원 (VAT 별도)

Media	Place	Banner Type	Size	Imp.	Target	Period	E.CTR	E.Clidk	CPC	CPM	list price
네이버	Home》타임보드_ 1시간고정 시간1구좌 동영상확장형	Banner	475*100	65,000,000	16:00～17:00	5구좌 6/21(금), 6/27(목), 6/28(금)	0.15%	97,500		1구좌/3080만원	154,000,000
	Home》타임보드_ 1시간고정 시간구좌 동영상확장형	Banner	475*100	22,500,000	16:00～17:00	3구좌 6/29(토), 7/7(일), 7/14(일)	0.15%	33,750		1구좌/1210만원	36,300,000
	Home》타임보드_ 1시간고정 시간구좌 동영상확장형	Banner	475*100	14,400,000	17:00～18:00	2구좌 6/30(일), 7/6(토)	0.15%	21,600		1구좌/1210만원	24,200,000
	생활》날씨》 우측 배너	Banner	200*200	7,471,264	×	7/1～7/31	0.05%	3,736		870	6,500,000
	프로야구스폰서쉽	Banner	680*380	10,000,000	×	7/1～7/31	0.55%	55,000		1구좌/3000만원	30,000,000
	[크로스미디어]》 검색결과면》 브랜드검색	크로스미디어	–	500,000	×	6/21～7/25	8.00%	40,000		–	크로스미디어
	Sud Total			119,871,264			0.21%	251,586	0	0	251,000,000
네이버	Home》롤링보드_First view	Banner	335*150/ 880*410	5,000,000	×	6/21 16시	0.12%	6,000		1구좌/3000만원	30,000,000
	Home》롤링보드_First view	Banner	335*150/ 880*410	5,000,000	×	6/27 또는 6/28일 16시	0.12%	6,000		1구좌/3000만원	30,000,000
	Sud Total			10,000,000			0.12%	12,000	5,000	6,000	60,000,000
네이버 모바일	네이버)모바일》 모바일웹)메인	Banner	640*100	5,000,000	×	6/21～7/25	0.20%	10,000		3,000	15,000,000
	Sud Total			5,000,000			0.20%	10,000	500	1,000	15,000,000
다음	검색결과면》 브랜드검색	–	–	110,000	×	6/21～7/25	15.00%	16,500		1개월/1000만원	10,000,000
	Sud Total			110,000			15.00%	16,500	606	90,909	10,000,000
유튜브	온라인+모바일》 Pre-roll(15초 동영상)	Banner	640*360	4,000,000	×	6/14～7/25	0.50%	20,000		7,500	30,000,000
	Sud Total			4,000,000			0.50%	20,000	1,500	7,500	30,000,000
네이트	네이트온》로그인팝업	Banner	550*495	1,000,000	×	6/21일	1.00%	10,000		1구좌/2500만원	25,000,000
	네이트》판 여백배너	Banner	160*260	9,000,000	×	6/27일	0.03%	2,700		1구좌/600만원	6,000,000
	Sud Total			10,000,000			0.13%	12,700	1,575	2,000	31,000,000
M,GDN	네트워크 모바일 GDN	Banner	640*96	14,617,265	×	6/21～7/25	0.35%	51,160		CPC 110원 이하	5,627,647
	Sud Total			14,617,265			0.35%	51,160	110	385	5,627,647
카울리	CPC》모바일 띠배너	Banner	640*96	7,692,308	×	6/21～7/25	0.65%	50,000		CPC 150원	7,500,000
	캐쉬업》잠금화면 전면광고	Banner	800*1230	100,000	×	소진시 종료	10.00%	10,000		10,000	1,000,000
	Sud Total			7,792,308			0.77%	60,000	83	642	8,500,000
Total				171,390,837			0.25%	433,946	313	791	411,127,647

온라인 배너 광고 미디어 믹스의 예시(용어 해설은 Appendix 참고)

효과를 예측하고 소비자 타깃과 광고 캠페인의 특성에 맞는 노출 지면들을 추천해준다. 담당 AE 와 미디어렙의 회의를 통해 정리된 미디어 믹스는 광고주에게 전달되어 컨펌을 받게 된다.

이후 배너 광고의 노출될 지면들이 결정되면 이에 맞춰 카피라이터가 배너 광고 카피를 쓴다. 배너 광고는 보통 2종 이상을 제작하는데, 광고주와 협의해서 먼저 광고 카피를 컨펌받은 후에 디자인 작업을 진행하지만, 경우에 따라 디자이너의 시안작업을 거쳐서 디자인과 카피를 한 번에 컨펌받기도 한다. 배너 광고 디자인 시안이 광고주 컨펌을 받으면 채택된 안으로 플래시 배너를 만들어 최종 컨펌을 받아야 한다.

9 배너 광고 소재의 베리에이션 작업

컨펌이 완료된 배너 광고는 노출될 사이트의 광고지면이 크기와 형태가 각각 다르기 때문에 광고가 게재될 사이트의 크기와 용량에 맞게 개별 작업을 하고 마무리된다. 이를 배너 광고 소재의 베리에이션Variation이라 한다. 각 광고가 게재되는 사이트의 지면마다 배너 광고의 사이즈와 허용되는 파일 용량이 정해져 있기 때문에 디자이너는 이를 참고하여 작업하게 되는데, 이를 배너 광고 제작가이드라고 한다. 배너 광고 제작가이드는 미디어렙을 통해서 전달받을 수 있으며 보통 AE가 미디어렙에 요청하여 받은 후 내부 디자이너에게 전달한다. 혹시나 제작하는 배너 광고의 용량을 더 늘려야 하거나 특수한 효과가 들어가도록 만든 경우에는 광고가 게재될 사이트 측과 조율하여 가이드를 재조정하기도 한다. 또한 공중파 광고와 달리 온라인 광고는 사전 심의가 존재하지 않는다. 그러나 광고하는 제품이 의약품과 같이 전문기관의 심의가 필요한 것이라면 협회에 심의를 받아야 한다.

10 배너 광고 집행을 위한 과정 및 게재보고

온라인 배너 광고는 소비자의 배너 광고 노출과 클릭을 확인하기 위해 배너 광고마다 노출·클릭 태그를 적용할 수 있으며, 사이트로 넘어갔을 때 사이트에 머무르는 정도와 버튼 클릭 수를 확인하기 위해 트래킹 코드Tracking Code를 심기도 한다. 노출·클릭 태그는 배너 광고마다 미디어렙사가 직접 심지만, 트래킹 코드는 미디어렙에서 코드를 발급해주면 사이트에 광고주 혹은 광고회사가 심는다. 이것으로 광고를 통해서 광고주 페이지로 유입이 되었는지 확인할 수 있고 광고를 보고 다른 경로로 유입이 된 것인지 혹은 광고를 보지 않고, 다른 경로로 사이트에 유입되었는지 데이터를 체크할 수 있게 된다. 이러한 기술을 통해 배너 광고가 집행되면 미디어렙은 해당 사이트에서 노출된 광고의 효과와 정보를 측정할 수 있다. 배너 광고가 집행되면 미디어렙에서는 이를 캡처하여 광고회사로 게재보고를 한다. 광고회사의 담당 AE는 게재보고를 확인하고 이상 없이 광고가 집행되었는지 확인한 뒤에 광고주에게 최종으로 보고한다.

⑪ 광고주에 광고 게재보고 및 리포트 제공

광고 게재기간 동안 미디어렙은 배너 광고 효과를 리포트로 정리하여 광고회사 AE에게 보낸다. AE는 광고 효과를 체크하고 노출 대비 클릭률 등을 정리한 리포트를 정성, 정량적인 분석을 토대로 최종 정리하여 광고주에게 보고한다. 광고 리포트 전달 일정은 광고회사의 담당 AE가 광고주와 협의하여 일자별·주간별·월간별로 정할 수 있으며, 보통의 경우 주간보고를 받는 것이 보통이다. 온라인 배너 광고는 노출 횟수, 노출 대비 클릭 수CTR, 천 번 노출 대비 광고비 측정CPM 등을 통해 집행 중인 광고가 효과적으로 진행 중인지 점검할 수 있으므로 필요시 광고를 수정하여 관리하면서 광고 목표를 달성한다.

온라인 배너 광고는 리포트를 통해 수시로 효과를 체크하여 광고 효과가 좋지 못하다면 원인을 찾아 수정·보완할 수 있다. 만약 배너 광고 효과가 저조한 원인이 크리에이티브라고 판단되는 경우에는 카피라이터와 디자이너가 광고의 클릭을 끌어내기 위한 아이디어에 더욱 신경을 써서 재작업을 할 수도 있다. 배너 광고에 새로운 내용을 넣어 바꾸고 싶은 경우에는 광고를 수정하여 게재하기도 한다. 이는 오프라인 광고에 비해서 효과분석과 문제해결이 신속하므로 온라인 광고의 장점이라 할 수 있다.

최종 결과 리포트 전달 및 캠페인 정리

　배너 광고 집행기간이 종료되면 AE는 최종적으로 광고 결과를 정리하여 최종 결과 리포트를 작성한다. 최종 리포트는 온라인 광고 캠페인에 참여한 소비자들의 방문자 수, 이벤트 참여자 수, 참여율, 배너 광고 효과에 대해 총체적으로 정리한 것이다. 광고회사가 전달하는 최종 리포트는 광고주에게 최종 보고를 하는 의미도 있지만, 추후 광고 캠페인에 참고하여 장점을 살리고 단점을 보완하여 추후에는 더 발전적인 광고 캠페인을 준비할 수 있기 때문에 꼭 필요하다.

　광고를 담당하는 AE가 랩사에서 제공하는 광고결과를 확인하고 전체 결과를 종합 정리하여 광고주에게 전달하여 보고하면 완료된다. 캠페인 규모에 따라 직접 광고주와 미팅하여 설명하기도 한다. 최종 결과 보고서는 광고 캠페인에 참여한 제작팀인 카피라이터나 디자이너도 광고결과를 함께 확인하는 것이 좋다. 카피 메시지와 디자인이 소비자에게 효과적이었는지 분석할 수 있으며 다음에 광고를 제작 시 참고할 수 있기 때문이다.

미디어렙에 관한 소개

　미디어렙은 광고회사와 광고를 판매하는 매체사 사이에서 온라인 미디어 광고 상품을 개발하고 매체의 판매를 대행하는 회사를 말한다. 광고주와 대행사를 위해 매체 구매를 대신하는 것이다. 하지만 최근에는 광고주와 광고회사를 위해 매체 구매를 비롯하여 매체 전략의 수립을 지원하는 미디어 전문 에이전시의 역할을 하고 있다.

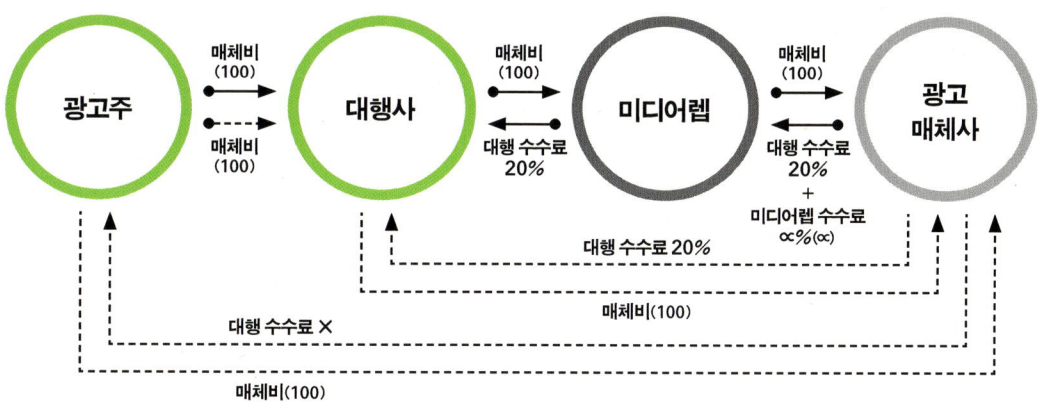

광고주와 광고회사 사이의 미디어렙의 역할과 수수료 구조 * 출처 : 나스미디어

앞의 그림을 바탕으로 미디어렙의 역할과 수수료 구조를 설명하려 한다. 미디어렙은 광고주와 광고회사로부터 매체비를 집행하고 매체사로부터 판매대행 명목으로 수수료를 받는 구조다. 그러나 광고주의 경우 매체사와 직접 거래를 하더라도 대행수수료를 제공하지 않기 때문에 광고주는 미디어렙이 해야 하는 일을 모두 하고도 이익이 없으며 대행사의 경우에는 매체사와 직접 거래를 하면 미디어렙을 통해서 일한 것과 동일한 수수료를 받게 된다. 따라서 광고주와 광고회사 모두 미디어렙을 통해 일하는 것이 가장 효율적인 구조가 된다. 게다가 미디어렙은 광고 미디어에 대한 전문성과 분석 솔루션을 가지고 있으므로 양질의 서비스를 제공받을 수 있다는 장점이 있다. 앞으로의 미디어 환경 변화는 계속될 것이기 때문에 미디어렙의 역할은 점점 증대될 것이라 예상된다.

02 광고 제작을 위한 크리에이티브 브리프

디지털 환경에서의 소비자들은 온라인 광고의 영향을 많이 받게 되었다. 나스미디어에서 조사한 소비자 매체 이용률 현황을 보면 현재 소비자들이 가장 많이 이용하는 미디어는 바로 인터넷이다. 온라인 배너 광고는 소비자의 디지털 디바이스 보급이 확대되어 모바일 광고 혹은 크리에이티브한 광고 상품들로 변화를 계속하고 있다. 이제 배너 광고 제작을 위한 전반적인 작업과정을 살펴보고자 한다.

성공적인 광고 캠페인을 진행하기 위해서는 우선 다양한 조사가 필요하다. 시장상황, 경쟁사, 자사분석, 소비자에 대한 분석, 트렌드 등을 다양한 각도로 분석해야 광고 콘셉트를 수립할 수 있기 때문이다. 그리고 광고 캠페인의 콘셉트가 완성되면 광고 제작을 할 수 있다. 광고 제작을 하기 위해 담당 AE는 광고주가 제공한 제품의 자료들과 요청사항 등을 모두 정리하여 제작팀과 회의를 통해 설명하고 광고작업을 의뢰한다.

이때 정리된 내용을 제작팀에서 명확하게 이해하도록 광고 캠페인의 정보를 정리한 문서가 바로 크리에이티브 브리프Creative Brief다. 크리에이티브 브리프는 광고 기획팀에서 제작팀에 광고 제작을 요청하는 일종의 '제작 주문서' 역할을 한다. 잘 정리된 크리에이티브 브리프는 광고 제작에 대한 분명한 방향이 담겨 있기 때문에 광고 기획에서 정리한 내용과 광고 크리에이티브의 방향이 어긋나지 않도록 도와준다. 무엇보다도 크리에이티브 브리프에 의거하여 광고를 제작하면 광고주의 요구를 만족시킬 수 있게 된다.

　AE가 작성한 크리에이티브 브리프를 통해 전반적인 광고 제작의 설명을 들은 카피라이터와 디자이너는 크리에이티브 브리프를 면밀하게 살펴보고 제시된 방향에 맞게 광고 작업을 하게 된다. 하지만 때로 큰 규모의 광고 캠페인을 준비하는 경우 광고주가 직접 미팅에 초대하여 과제를 설명하기도 한다. 경우에 따라서는 제작팀에서도 함께 참석하여 광고주에게 마케팅 상황을 직접 들으면서 광고 제작을 위한 정보를 확인하기도 한다. 하지만 일반적으로는 담당 AE들이 광고주와 미팅을 한다. 그리고 AE들은 광고주와의 미팅에서 받은 자료와 설명을 바탕으로 광고회사 내부에 다시 돌아와서 제작팀에게 광고의 콘셉트와 광고 목표 등을 설명하기 위해 크리에이티브 브리프를 작성한다. 그리고 곧 내부 제작팀과 스케줄을 협의해서 광고 제작 회의를 주선하게 되고 이때 광고주의 마케팅 상황과 광고 목표, 예산, 스케줄 등을 광고 제작에 필요한 전반적인 내용을 설명한다. 광고 제작에 있어서 가장 중요한 문서인 크리에이티브 브리프에 대해서 잘 이해하는 것이 바로 광고제작의 첫걸음이다. 이제부터 크리에이티브 브리프는 어떤 구성 요소로 작성되는지 살펴보도록 하겠다. 광고회사마다 일하는 방식에 차이가 있겠으나 대략적으로 활용되는 사항들을 토대로 설명하려 한다.

AE가 작성하는 크리에이티브 브리프의 구성요소

■ 캠페인 명칭, 크리에이티브 브리프 작성 날짜, 클라이언트 명칭

　기본적으로 알아야 하는 사항들인 광고주 이름, 제품명 혹은 브랜드명 그리고 캠페인 타이틀이 명시되어야 한다. 캠페인 타이틀은 카피라이터가 다시 작업해야 하므로 보통은 AE가 가제를 붙여놓는다. 더불어 문서의 작성날짜, 문서를 작성한 사람의 이름 등이 부수적으로 표기된다.

■ 캠페인의 목적

　캠페인의 목적이 가장 중요하기 때문에 이 부분이 명확하게 작성되어야 한다. 기획과 제작이 광고를 제작할 때 방향을 잡아주고 추후 제작물을 평가하는 기준으로 삼을 수 있기 때문이다. 광고의 목표를 올바로 이해해야 전략적인 방향에 맞는 제작물이 나온다. 따라서 크리에이티

브 브리프에서는 광고 캠페인의 목적을 명확하게 정리해야 하며 광고 캠페인에 참여하는 모든 사람에게 정확하고 동일하게 공유되어야 한다.

■ 크리에이티브 전략

기본적인 크리에이티브 전략이 정리되어 있어야 한다. 우선 광고주 쪽에서 정리해준 기본적인 크리에이티브 가이드가 있다면 이를 기반으로 크리에이티브 전략을 정리하면 된다. 하지만 광고주가 제시한 것보다 더 나은 것이 있다면 이를 AE가 설득하여 추가 보완하기도 한다.

■ 제품 및 캠페인 정보

AE는 광고주에게 받은 모든 정보를 취합하고 핵심만 정리하여 제작팀에 설명한다. 광고를 하는 브랜드나 제품의 기본적인 설명을 비롯하여 모양, 맛, 서비스 등을 구체적으로 정리해줘야 한다. 실제 제품이 있다면 제품을 가지고 회의실에서 직접 보여 주는 것도 좋다. 제품에 대해 정확히 알아야 카피와 디자인을 제작할 때 제품과 브랜드의 톤 앤 매너$^{Tone \& Manner}$에 맞게 작업할 수 있기 때문이다. 기본적으로 광고 콘셉트는 브랜드나 제품의 속성을 바탕으로 도출되는 경우가 많기 때문에 면밀하게 살펴볼 필요가 있다. 제품의 탄생에는 그 제품 고유의 특성과 장점들이 담겨 있는 경우가 많다. 제품기획 당시 마케터의 고민과 시장의 상황, 소비자들의 니즈에 맞춰져 출시되기 때문에 제품 고유의 특장점이 있기 마련인데, 이를 USP$^{Unique Selling Proposition}$라고 한다.

■ 크리에이티브 가이드

광고 제작에 필요한 내용을 구체적으로 정리한 것이다. 브랜드 로고는 어떻게 노출되어야 하는지, 기존의 광고 제작물은 어떤 식으로 진행했었는지, 사이트와 배너 광고의 브랜드 가이드는 어떻게 정해져 있는지 등을 비롯해 제작에 필요한 내용들이 상세히 나타나 있다. 이처럼 제품이나 서비스에 가이드처럼 정해진 슬로건이나 카피가 붙어야 하는 경우에는 반드시 표기해서 알려주어야 한다.

또한 브랜드의 컬러나 톤 앤 매너 등 지켜야 할 광고주 내부 가이드가 있다면 면밀히 정리되어야 한다. 이런 경우 AE는 크리에이티브 유의사항으로 이런 부분을 정리하고 기존에 진행했던 캠페인 타이틀, 디자인 샘플 등을 받아서 제작팀에 보여 주거나 공유해야 한다. 이런 부분들이 제작팀에 공유되지 않았을 경우 재작업을 해야 하는 경우가 발생하기 때문이다. 카피라이터 경우는 자사의 자료들을 바탕으로 반드시 사용해야 할 단어나 문구가 있는지 확인하면서 제작물의 톤 앤 매너를 확인해봐야 한다. 또한 경쟁사의 사례들도 찾아보고 이에 대한 소비자 반응을 총체적으로 살펴본 뒤에 크리에이티브 전략을 고민해보는 것이 좋다.

■ 캠페인 기간

광고 캠페인이 소비자에게 노출되는 기간을 말한다. 광고 캠페인이 언제 시작되느냐에 따라 모든 광고 제작 스케줄이 결정되기 때문이다. 광고 캠페인 론칭 일정을 기준으로 광고 캠페인을 준비할 시간과 광고 제작물이 완성되는 시간을 역산하여 따져 보고 AE가 전체 스케줄을 정리해서 보여 주게 된다. 카피라이터는 캠페인의 기간을 통해 그 시기에 발생하는 사회적인 흐름이나 소비자 타깃층에 생기는 이슈들을 파악하여 광고 크리에이티브에 반영하기도 한다. 예를 들어, 고등학생을 타깃으로 하는 스킨케어 제품인 경우, 광고 캠페인이 시작되는 시점이 여름이면 여름방학 이슈, 겨울이 되면 수능시험 등 캠페인 기간에 민감한 이슈들을 통해 광고를 집행하는 경우가 많다.

■ 제작 스케줄

광고 캠페인을 위한 첫 회의부터 광고 제작, 광고 집행에 이르기까지 일정을 정리한 스케줄이다. 담당 AE가 제작 스케줄에 대해 정리하면 제작팀과 미팅을 통해서 세부적인 일정을 조정하여 진행된다. 제작 스케줄이 분명해야 하는 이유는 광고가 혼자 만드는 것이 아니라 여럿이 함께 만드는 작업이기 때문이다. 광고를 완성하기 위해서는 많은 작업의 절차를 거쳐야 하기 때문에 약속된 시간에 서로를 믿고 작업을 하려면 스케줄대로 작업을 해야 한다. 광고 제작물은 촬영부터 제작·편집 등 모든 스케줄이 사전에 협의되어야 하며, 제작팀은 협의된 스케줄을 토대로 계획한 날짜에 차질 없이 광고를 제작해야 한다. 부득이하게 제작 스케줄이 변경되는 경우에는 AE가 광고주와 스케줄을 조정하여 진행한다. 크리에이티브에 대해 생각하는 시간과 이를 정리하는 시간이 필요하므로 일정을 관리하는 것은 매우 중요하다.

03 광고 커뮤니케이션의 상호작용적인 변화

기본적으로 온라인 광고 캠페인은 플랫폼을 중심으로 소비자와 상호작용을 한다. 따라서 소비자의 참여를 유도하기 위해서는 다양한 채널을 통해 광고를 진행해야 한다. 이를 위해 배너 광고를 비롯하여 SNS채널과 오프라인 광고_{무가지, 잡지, 옥외광고 등}를 통해 온라인 광고 캠페인의 플랫폼으로 연결시킨다. 유입된 소비자에게는 광고 아이디어가 담겨 있는 광고를 체험하도록 만든 뒤에 소비자 블로그나 SNS로 광고성 콘텐츠를 확산시킨다.

이처럼 온라인 광고 캠페인 아이디어를 낸다는 것은 소비자가 효과적으로 참여하기 위한 광고 캠페인의 프로세스를 이해하는 것에서 출발해야 한다. 인터랙티브 광고는 영상을 기반으로 한 TV광고나 크리에이티브한 이미지로 끝나는 인쇄광고는 발상법이 다르기 때문이다. 온라인 광고는 소비자를 다음 행동으로 연결되도록 만들어야 한다. 광고에 참여하고 싶도록 쉽고 재미있는 아이디어가 필요하다. 따라서 성공적인 온라인 광고는 콘텐츠를 중심으로 제품과 소비자를 자연스럽게 대화하도록 만드는 것과 같다. 그 대화를 즐겁게 이어갈 수 있도록 소재를 제공하는 것이 바로 광고 콘텐츠라 생각한다. 기본적으로 온라인 중심의 광고 캠페인은 소비자를 단계별로 유입시켜서 광고 콘텐츠를 체험하게 만들고 이를 확산하게 만드는 과정으로 진행한다. 따라서 인터랙티브 광고를 만드는 것은 새로운 접근과 방법을 필요로 한다. 이제 인터랙티브 광고 아이디어를 고민할 때에 고려해야 할 사항은 무엇이 있는지 살펴보고 아이디어를 내는 방법에 대해 살펴보자.

1 광고의 목적과 광고주가 원하는 것을 명확히 이해해야 한다

문제를 정확히 파악해야 정확한 답을 낼 수 있다. 광고주는 누구보다도 브랜드와 제품에 대해서 잘 알고 있기 때문에 이야기를 경청해서 듣고 자료들을 면밀히 살펴야 한다. 광고주가 원하는 바를 정확히 아는 사람이 그 이상의 해답도 제시할 수 있다. 창의적인 사고를 위해 광고주가 보지 못한 중요한 점은 없는지 소비자는 다른 생각을 하고 있는 것은 아닌지 폭넓은 시각에서 살피면서 해결책을 제시할 수 있어야 한다. 그러기 위해서 기본적으로 광고주가 원하는 바를 정확히 파악하고 광고 목표를 이해해야 한다.

② 소비자의 입장에서 생각하고 온라인으로 연결시킨다

광고주가 준 자료와 AE가 전달해준 자료들만으로는 문제를 해결하기에 부족하다. 이를 기반으로 시장의 상황과 소비자의 입장을 통찰해보는 노력이 필요하다. 브랜드와 제품은 살아 있는 생물과 같다. 시장과 소비자, 경쟁사의 상황에 의해 민감한 영향을 받으면서 발전하기도 하고 쇠퇴하기도 한다. 광고를 제작할 때는 한 사람의 소비자가 되어 직접 발로 뛰어다녀야 한다. 그래야 실제 마켓에서 제품이 어떻게 판매되고 있는지 알 수 있으며, 데이터상에서 느끼지 못한 것을 느끼고 확인할 수 있다. 브랜드와 제품에 대해서 정확한 이해가 기반이 되지 않으면 제대로 된 광고 아이디어를 낼 수 없다는 것을 명심해야 한다. 또한 소비자 입장에서 가장 친숙한 온라인 채널이 무엇인지 파악하고 온라인을 통해 어떤 커뮤니케이션을 하면 좋을지 생각해야 한다.

③ 브랜드와 소비자의 상호작용을 고민한다

인터랙티브 광고 아이디어는 브랜드와 제품을 매개로 소비자에게 어떤 체험을 줄 것인가에 대한 것이다. 때로 그것은 소비자 타깃이 좋아하는 문화 콘텐츠적인 요소가 될 수도 있다. 예를 들어, 2030 여성을 대상으로 판매되는 화장품인 경우, 소비자들이 원하는 패션, 뷰티, 전시회, 음악, 파티 등의 요소들을 가지고 온라인 광고 캠페인과 연결시킬 수 있다. 그리고 이러한 요소들의 결합을 위해서 광고 콘셉트와 메시지는 어떻게 이어져야 하는지 전반적인 흐름을 구상할 수 있어야 한다. 전반적인 캠페인 흐름의 중심에는 온라인 플랫폼이 있어야 하며 소비자와 브랜드를 어떻게 연결시킬 것인지에 대한 아이디어를 내는 것이 중요하다. 이를 위해 온라인에 대한 이해가 기본적으로 필요하며, 광고 콘텐츠의 제작이 무엇이냐에 따라 광고 캠페인이 결정될 것이다.

4 아이디어를 위해 다양한 사례를 연구한다

아이디어가 뛰어난 사람도 무에서 유를 창조하는 것은 어려운 일이다. 하늘 아래 새로운 것이 없다는 말처럼 모든 창조적인 것은 모방에서 비롯된다. 좋은 아이디어를 만들기 위해서는 좋은 광고 사례를 많이 접해서 지식으로 축적해두는 것이 좋다. 요즘은 광고 관련 정보들을 쉽게 살펴볼 수 있는 시대가 되었다. 포털사이트에서 광고의 유형을 치면 관련해서 집행된 캠페인들을 어렵지 않게 확인할 수 있다. 또한 온라인 광고 전문지들이 발간되고 있어서 현재 우리나라에 어떤 온라인 광고 캠페인이 진행 중인지 확인할 수 있다. 그리고 해외 광고제의 수상작들도 매년 정리된 자료들을 구할 수 있기 때문에 광고 캠페인의 케이스 스터디를 하기 쉽다. 이를 기반으로 인터랙티브 광고 아이디어를 짜는 연습을 한다면 회의실에서 주도적으로 의견을 낼 수 있을 것이다. 특히 새로운 기술을 통해 광고가 제작된 사례가 있다면 현실적으로 구현 가능한 범위가 어디까지인지 가늠이 가능해진다.

 ## 5 광고 캠페인을 만드는 동료들과 함께 회의한다

광고 아이디어는 혼자 만들 수도 있지만 함께 의견을 나누고 머리를 맞댈 때 더 좋은 광고 캠페인이 탄생한다. 특히 광고는 브랜드와 제품, 소비자, 시장상황 등의 자료를 기반으로 구체적인 커뮤니케이션 방향을 도출하기 때문에 객관화된 정보를 정리하는 작업이 선행되어야 한다. 그리고 아이디어 도출을 위해 경험이 많은 기획자와 디자이너가 함께하면 좋은 아이디어가 나올 확률이 높다. 창의력은 타고난 것이 아니라 후천적으로 개발될 수 있으며 기존의 것에 대한 발견이자 재조합이다. 따라서 역할에 한정된 아이디어를 내는 것도 중요하겠지만, 카피라이터가 기획, 디자인에 대한 아이디어를 낼 수 있고 기획이 콘셉트나 카피에 대한 의견을 낼 수도 있다. 이렇게 영역을 넘나드는 회의는 아이디어 도출에 시너지 효과를 낼 수 있다.

6 많은 아이디어를 내고, 의심하고, 버리고, 묶는다

광고의 아이디어는 우선 많은 양을 기반으로 탄생한다. 고민의 양이 많을수록 좋은 아이디어를 얻을 확률이 높아진다. 혼자서 아이디어를 내보기도 하고 동료들과 회의를 통해서 아이디어를 내면서 다양한 방법으로 아이디어를 쏟아내는 것이 좋다. 그 후에 몇 가지로 좁혀진 광고 아이디어들은 재점검하면서 보완, 발전하는 과정을 거친다. 흔한 아이디어는 아닌지, 실행이 가능한 아이디어인지, 올바른 방향을 바탕으로 나온 것인지 확인한다. 가장 좋은 방법으로는 자신이 소비자라면 그리고 광고주라면 이 아이디어를 좋아할 것인지 입장을 바꿔서 생각해보는 것이다. 스스로가 낸 아이디어가 많아서 객관적인 피드백이 필요하다면 함께 일하는 동료나 주변의 예상 소비자 타깃을 대상으로 확인해보는 것도 좋은 방법이다.

7 가장 좋은 아이디어를 정하고 집중적으로 발전시킨다

최고의 아이디어가 나왔다면 그것으로 광고를 제작하면 되겠지만, 그렇지 않은 경우에는 이제까지 나왔던 최선의 아이디어를 정해서 집중적으로 발전을 시키는 것이 좋다. 더 나은 아이디어로 발전시킬 수 없는지 고민하면서 정교화하는 작업이 필요하다. 최고의 아이디어가 나오는 과정은 결코 순탄치 않을 것이다. 그럼에도 끝까지 아이디어에 최선을 다하는 것이 광고회사에서 일하는 사람의 자세다. 그리고 마지막까지 고민한 아이디어라 하더라도 혹시나 더 좋은 것이 생각나면 과감히 버릴 줄도 알아야 한다. 자신의 아이디어에 미련이 남더라도 동료의 좋은 아이디어를 위해 자신의 것을 기꺼이 포기할 줄도 알고 자존심도 버려야 결국은 좋은 아이디어만 남는다.

8 광고주와 소비자의 입장에서 마지막으로 점검한다

마지막으로 생각해야 하는 것이 바로 광고주와 소비자의 입장에서 바라보는 것이다. 우선 도출된 아이디어가 광고주의 입장에서 좋은 해결책을 제시하는 것인지 살펴봐야 한다. 결정된 아이디어를 두고 광고주와의 미팅 때 대화내용, 마케팅 자료들과 제작 브리프 등을 살펴보면서 문제가 없는지 체크하는 것이다. 그리고 소비자의 입장에서 바라본다. 소비자라면 이 아이디어를 접했을 때 어떤 생각이 들 것인지 가늠해보는 것이다. 소비자들이 쉽게 이해할 수 있는지, 흥미를 유발할 수 있는지, 참여하고 확산하고 싶은지 면밀하게 따져 봐야 한다. 그 이후에도 아이디어가 적절하다는 생각이 들면 최종 아이디어로 확정하고 아이디어를 진행하면 된다.

04 인터랙티브 카피라이팅 프로세스

소비자가 온라인 광고를 보게 만들고 클릭 혹은 상호작용을 이끌어낸 카피를 인터랙티브 카피라 말할 수 있다. 인터랙티브 카피는 오프라인 카피와 달리 강력한 한 줄로 감동을 주고 마음을 움직이는 것과는 차이가 있다. 인터랙티브 카피는 소비자의 시선을 사로잡고 동시에 클릭을 유도하고 소비자의 참여를 완성해야 한다. 따라서 상호작용을 이끌어내는 메시지 작성을 위한 과정을 소개하려고 한다.

카피를 쓰는 일도 넓은 의미에서 크리에이티브를 도출하는 과정과 닮아 있다. 오길비 앤 마더의 아트디렉터 매기 마차도Maggie Machado는 크리에이티브 프로세스란 자동차를 운전하는 것과 같다고 했다. 비유하자면 순조롭게 달릴 수도 있고 목적지를 향해 급히 가기도 하고, 멋진 풍경을 감상하며 천천히 갈 수도 있으며 기름을 넣어야 할 경우도 있다고 했다. 전혀 모르는 곳을 달릴 수도 있고, 처음 보는 멋진 장소에서 잠시 차를 멈출 수도 있다고 했다. 이렇게 자동차로 여러 곳을 갈 수도 있지만 중요한 것은 여전히 운전하고 있다는 것이며 운전하는 방법은 똑같지만 가는 장소는 이처럼 변하게 마련이라고 했다. 인터랙티브 카피라이팅도 마찬가지다. 카피를 쓰기 위해서 필요한 준비나 절차, 생각하는 과정은 사람마다 다를 수 있다. 또한 광고하는 브랜드가 매번 바뀌고 크리에이티브를 도출하는 상황도 매번 다를 것이다. 하지만 중요한 것은 카피를 쓰기 위해 노력한다는 점이고 과정에 상관없이 꾸준히 노력을 하게 되면 마침내 새로운 광고 제작물을 완성하게 될 것이라는 이야기다. 소비자와 교감하고 광고를 통해 소비자의 행동을 유발시키는 카피를 쓰려면 지속적인 노력이 필요하다. 이제 본격적으로 카피라이팅 프로세스에 대해서 살펴보기로 하자.

카피를 작성하기 위해서는 기본적인 정보가 충분해야 한다. 제품 자체를 정확히 이해하는 것을 비롯하여 시장환경, 경쟁제품 분석 및 소비자의 트렌드 등이다. 카피라이터가 최종으로 쓰는 카피는 브랜드에 대한 처방전과 같다. 마치 의사가 환자에게 가장 적절한 처방을 하기 위해 환자의 증상을 비롯하여 생활환경은 물론, 최근에 했던 특별한 행동이나 경험들을 면밀하게 파악하는 것과 같다. 카피라이터는 마케팅 문제에 대한 해결을 위한 카피와 더불어 아이디어를 제시하는 광고 전문가로서 브랜드와 소비자 간의 소통을 원활하게 만든다. 인터랙티브 광고 캠페인을 위한 카피라이팅의 작성과정과 업무향상을 위한 습관을 소개한다.

인터랙티브 카피라이팅을 위한 프로세스

인터랙티브 카피라이팅을 위한 과정

■ 광고 목표를 확인하고 자료 확인하기

카피라이터가 가장 먼저 하는 일은 광고 캠페인의 최종 목표를 확인하는 것이다. 광고를 통해 소비자에게 무엇을 인지시키고 체험시킬 것인지를 파악해야 한다. 정확한 광고 목표를 확인하는 일은 광고 캠페인의 최종 목적지에 도달할 수 있도록 도와주는 지도와 나침반과 같다. 광고 카피는 참신한 크리에이티브도 중요하지만 광고 캠페인의 목적에 부합된 것이어야 한다. 좋은 광고 카피란 소비자의 마음을 움직여 결국 그 제품을 구매하도록 만드는 것이다. 따라서 마케팅적인 목표에 기여할 수 있어야 좋은 광고 카피다.

■ 카피작업을 위한 자료 분석하기

좋은 커피는 원두가 좌우하듯이 좋은 카피는 자료의 질이 좌우한다. 기본적으로 중요한 자료는 바로 광고주가 제공한 자료다. 그 안에 담겨진 제품의 특징과 사정상황 그리고 경쟁사와 소비자의 정보들을 자세히 살펴봐야 한다. 또한 카피라이터는 직접 제품의 판매처를 가서 사용해보고 소비자들의 구매형태를 확인하는 것도 좋다. 또한 매장 점원에게 판매할 때의 느낀 점이나 고객들의 성향, 주요 판매 시점을 물어 보고 소비자들의 특징을 파악해보는 것도 좋다. 발로 뛰면서 경쟁사들의 제품과 서비스는 어떻게 다른지 확인해보면 보이지 않던 중요한 속성이 발견되기도 한다. 유능한 카피라이터는 발로 카피를 써야 한다는 말이 있다. 그만큼 제품 판매의 현장을 다니며 고민해봐야 한다는 뜻이다.

■ 소비자의 심리적인 속성 이해하기

소비자의 시선에서 제품을 경험하는 것은 중요한 일이다. 소비자의 심리적 속성을 파악하면 제품의 속성을 필요로 하는 소비자의 니즈가 보일 것이다. 또한 카피를 쓰기 위해 모은 자료들을 펼쳐놓고 살펴보면 처음에는 알지 못했던 것을 깨닫게 되거나 제품과 무관해 보이는 것들이 결합하여 특별한 장점으로 연결되기도 한다.

무엇이 장점이고 무엇이 단점인지, 소비자의 입장에서 제품이나 브랜드는 어떻게 생각되고 구매되는지, 무엇이 팔리고 안 팔리는지, 소비자들이 중요하게 생각하는 것은 무엇인지를 살피다 보면 현재의 브랜드나 제품이 어떤 상태이고 어떤 아이디어와 카피를 써야 하는지 보인다. 이 작업을 통해 카피의 방향이 정해지기도 한다.

■ 광고 아이디어에 맞는 카피 메시지 작업하기

때로 회의를 통해 다양한 생각이 결합하여 좋은 아이디어가 되기도 하므로 동료들의 의견을 경청한다. 그리고 회의를 통해 메시지의 내용이 정리되면 인터랙티브 카피라이터는 이것을 언어적으로 다듬어 카피를 작성한다. 광고 카피는 최대한 간결하게 써야 소비자의 이해가 쉽고 기억에도 잘 남게 된다. 광고 캠페인의 경우 광고가 노출되는 미디어가 다양하기 때문에 미디어를 접하는 소비자의 시선을 염두에 두며 작성해야 한다.

무엇보다도 인터랙티브 광고 카피는 소비자의 클릭을 유도해야 한다. 또한 소비자가 호기심을 가지고 클릭을 할 수 있게 만드는 것과 광고가 전달하고자 하는 핵심 메시지를 조화롭게 만드는 작업도 중요하다. 광고를 통해 온라인 사이트에 유입된 소비자들은 광고 콘텐츠를 체험하게 된다. 이때 사이트의 타이틀 및 카피 메시지를 접하게 되는데 이때는 소비자의 체험이나 참여를 이끌어낼 수 있도록 보디 카피가 설명을 해야 한다. 또한 사이트의 이벤트는 참여를 유도하도록 만들어야 하므로 소비자들의 액션을 유도하는 광고 메시지를 만들기 위해서는 전반적인 캠페인의 기획 단계를 이해하는 것이 필요하다.

■ 브랜드와 소비자의 상호작용 극대화를 위한 작업하기

인터랙티브 광고 아이디어를 기반으로 카피메시지, 스토리텔링, 광고 콘텐츠를 제작하는 것은 브랜드와 소비자의 상호작용을 극대화시키기 위한 작업이다. 온라인 플랫폼을 중심으로 한 새로운 아이디어를 통해 쌍방향 커뮤니케이션이 이뤄지게 되면 소비자들은 참여와 체험 그리고 확산으로 이어지게 될 것이다. 만약 광고 콘텐츠가 사이트에서 이뤄지는 진단 프로그램인 경우, 콘텐츠의 내용 작성과 더불어 구성 프로세스를 정리하는 일은 인터랙티브 카피라이터의 능력에 달려 있다. AE와 더불어 광고 콘텐츠 구조를 작업할 때 카피라이터가 함께하면 완성도 높은 광고 콘텐츠가 완성된다. 배너 광고를 제작할 때도 새로운 인터랙티브 아이디어를 적용하고 싶다면 AE를 통해 미디어렙에서 제공한 제작가이드의 용량과 사이즈에 대해 매체 협의가 가능한지 확인하면서 진행할 수 있다. 더 좋은 인터랙티브 광고 제작을 위해서 카피라이터는 AE나 디자이너와 함께 적극적인 협업을 하는 것이 좋다. 또한 소비자와의 상호작용을 극대화시킬 새로운 시도를 지속하는 것이 좋다. 새로운 도전이야말로 혁신적인 크리에이티브를 만드는 열쇠다.

05 AE와 카피가 함께 만드는 콘셉트와 전략

온라인 광고 캠페인은 전문가들이 함께 만드는 공동의 작업이다. 성공적인 온라인 광고 캠페인은 브레인스토밍을 통해서 탄생하는 경우가 많다. 기획, 카피라이터, 디자이너 등이 어우러져 회의를 통해 광고 캠페인의 방향을 정리하고 콘셉트와 아이디어를 도출한다. 그리고 서로의 영역을 넘나들면서 의견을 나누고 아이디어들이 구체화되면 각자 흩어져 자신이 담당한 역할에 따라 작업을 한다. 특히 카피라이터와 AE가 함께 브레인스토밍을 하면 카피라이터의 인사이트가 중요하게 반영되는 경우가 많다. AE는 광고주의 입장과 마케팅 상황을 바탕으로 아이디어를 발상하지만 카피라이터나 디자이너는 소비자의 입장에서 아이디어를 내기 때문이다.

회사의 업무 시스템에 따라 다르겠으나, 통상적으로 카피라이터는 기획자와 함께 광고 캠페인의 콘셉트와 전략을 함께 만들 수 있다. 그 후에는 카피와 스토리를 작업한 뒤에 제작팀의 디자이너와 이미지를 작업하게 된다. 그렇기 때문에 완성도 높은 광고 제작물이 나오기 위해서는 카피라이터의 역량이 우수해야 한다. 따라서 카피라이터는 AE와 디자이너 사이에서 시너지를 낼 수 있도록 전반적인 광고의 지식을 가지고 있어야 하며 커뮤니케이션 능력이 탁월해야 한다. 따라서 성공적인 광고 캠페인이 되도록 멀티플레이를 하는 것이 카피라이터다. 이 때문에 온라인 광고를 만드는 인터랙티브 카피라이터는 광고와 마케팅에 대한 지식이 필수다. 왜냐하면 전체 광고 캠페인 회의를 통해 결정된 전략에 맞게 카피를 써야 하기 때문이다.

우선 온라인 광고 캠페인에서 가장 중요한 것은 콘셉트를 잡는 것이다. 콘셉트를 어떻게 잡느냐에 따라 전체 캠페인의 방향이 결정되고 아이디어가 파생되며, 카피 메시지가 좌우되고 디자인이 작업된다. 온라인 광고 캠페인은 상호작용적 특성에 따라 소비자의 유입과 참여, 그리고 확산이 중요하므로 온라인 광고회사의 카피라이터는 인터랙티브한 아이디어로 광고 캠페인의 콘셉트와 전략에 적극적으로 참여해야 한다. 인터랙티브 광고는 제작물의 형태가 오프라인 광고 제작물과 다르기 때문에 인터랙티브 카피라이터의 일하는 방식 또한 오프라인 카피라이터와 다를 수밖에 없다.

온라인 광고회사에서는 전통적인 카피라이터의 역할을 넘어서 다양한 일을 하게 된다. 그래서 카피라이터라는 명칭은 온라인 광고회사마다 다른 이름으로 부른다. 예를 들면, 콘셉트를 중점적으로 만드는 역할로 콘셉터Conceptor라 부르거나 콘셉트 크리에이터Concept Creator로 불리기도 한다. 또는 인터랙티브 광고를 전문적으로 만든다는 의미에서 인터랙티브 크리에이터Interactive Creator라고 부르기도 한다. 이처럼 카피라이터의 이름을 살펴보면 유독 콘셉트 작업에 대해서 중점적으로 강조하는 것을 알 수 있다. 이는 온라인 광고 캠페인은 광고의 전달이 목적이 아니라 소비자와의 인터랙티브한 소통을 중요하게 생각하기 때문에 온라인 광고 캠페인의 중심축이 되는 콘셉트 작업을 가장 중요하게 생각할 수밖에 없다. 온라인을 중심으로 통합된 광고 캠페인이 진행되는 경우가 많기 때문에 콘셉트의 역할은 매우 중요하다고 할 수 있다.

통상적으로는 온라인 광고 캠페인의 콘셉트와 전략은 기획자인 AE가 고민하지만 카피라이터와 회의를 통해 콘셉트를 도출하고 전략을 만들면 광고 아이디어가 정교해지고 카피라이팅 작업도 수월해지며 더욱 탄탄한 온라인 광고 캠페인이 될 수 있다. 그렇다면 AE와 카피라이터가 콘셉트를 도출하기 위해 어떤 과정을 거쳐야 할까? 이제부터 온라인 광고 캠페인의 중심에서 중요한 역할을 하는 콘셉트 도출 과정과 방법을 알아보자.

콘셉트를 도출하기 위한 과정

콘셉트는 특별한 의도를 가지고 치밀하게 만든 개념이다. 콘셉트는 일방적인 주장이 아닌 명확한 설득이 담겨 있는 것이며, 이것을 본 상대로 하여금 매혹적으로 보이게 만드는 것이다. 콘셉트는 개성이 뚜렷한 것이고 차별화가 되는 개념이다. 따라서 콘셉트는 모든 이에게 의도를 확실히 설명할 수 있는 것이어야 한다. 따라서 좋은 광고 캠페인의 콘셉트란 새로운 것이어야 하고 설득이 가능한 것이면서 광고 캠페인의 방향을 명확하게 해주는 실현 가능한 개념이다.

■ 다양한 정보를 통해 올바른 방향을 정한다

기본적으로 콘셉트를 만들기 위해서는 다양한 정보를 바탕으로 한 올바른 방향을 정해야 한다. 어떤 방향으로 광고 캠페인을 전개해야 하는지 정하기 위해서 폭넓은 자료를 바탕으로 한 분석이 필요하다. '자사 제품 분석', '경쟁사 분석', '시장 분석'이 우선적으로 선행되어야 한다. 이를 통해 현재 광고를 해야 하는 제품의 현재 위치가 보일 것이다. 광고주의 제품이나 서비스가 시장에서 몇 위인지에 따라 전략적인 방법이 달라지기 때문에다. 또한 '소비자 분석'이 중요하다. 광고를 하려는 제품의 핵심타깃과 서브타깃을 나누어 소비자의 욕구를 파악해보고 그들의 라이프스타일을 이해해야 한다. 소비자의 어떤 니즈를 건드려야 하고 그 메시지는 어떻게 써야 하는지에 대한 고민이 있어야 한다. 이를 위해서는 제품을 사용하는 소비자들의 프로필에 대해서 정확히 분석해야 하는 것이다.

■ 제품의 독창적인 특징을 발견하라

전방위적으로 자료를 수집하고 이를 확인했다면 캠페인의 단서가 보일지 모른다. 여기에 제품이 가지고 있는 고유한 특징인 USP를 파악하여 고민해보는 것이 좋다. 소비자들에게 제품의 차별화된 특성을 부각시킬 수 있다면, 이것은 분명한 콘셉트로 광고 제작을 할 수 있을 것이다. 혹시 제품에 차별점이 없다면 소비자들의 특징이나 라이프스타일, 트렌드를 결합시켜 광고 콘셉트를 만들고 이를 소구하는 것도 콘셉트를 만드는 방법이 될 것이다.

■ 단점을 장점으로 바꾸는 것도 콘셉트가 된다

제품이 가지고 있는 단점이 있다면 이것을 장점화시키는 것도 방법이 될 수 있다. 예를 들어, 면도기가 투박하고 기본적인 기능만 갖추고 있으면서 저렴한 가격이라면, 이것이 오히려 장점이 될 수도 있다. 이제 막 수염이 나기 시작하는 10대 남자들에게는 단순한 기능과 저렴한 가격이 장점이 될 수 있으므로 타깃을 10대로 맞춰 광고 제작을 한 경험이 있다. 10대 남자들은 수염이 나기 시작하면 대부분 첫 면도를 1회용 면도기로 하기 때문에 상처 없이 간편하게 첫 면도를 시작할 수 있다는 콘셉트로 제품의 장점과 타깃의 니즈를 맞춰 콘셉트화시킬 수 있었다.

■ 콘셉트는 쉽고 간결하게 커뮤니케이션되어야 한다

콘셉트는 모든 광고 캠페인의 근간이 되는 기본요소이다. 사람으로 말하면 개성인 것이다. 사람이 기억되기 원한다면 자신의 개성을 모두에게 쉽게 어필할 수 있어야 한다. 브랜드나 제품 역시 마찬가지다. 콘셉트는 고유한 개성과 특징을 쉽고 친근하게 전달해야 하는 것 중 하나다. 이를 위해서 광고 모델을 활용하기도 하고 스토리를 만들기도 하며, 광고 카피를 만들고 디자인을 한다. 광고 캠페인에는 콘셉트가 살아 있어야 성공적인 캠페인이 될 수 있다. 콘셉트가 제품을 기억하게 만들고 소비자들에게 온라인 광고의 참여율을 높일 것이며, 궁극적으로 제품을 구매하게 만들 것이기 때문이다.

■ 콘셉트는 광고를 제작할 때 큰 힘을 발휘한다

광고 콘셉트가 도출되면 이것은 광고를 제작할 때 카피와 스토리가 되고 디자인이 되며 영상이 된다. 핵심이 정리되면 모든 것이 쉽게 풀리듯 콘셉트가 정리되면 광고 캠페인은 명확하게 정리가 된다. 이 때문에 인터랙티브 카피라이터는 콘셉트의 귀재가 되어야 한다. 콘셉트는 결국 언어화된 형태로 결정된다. 콘셉트는 하나의 단어로 정의될 수도 있고 아주 짧은 단문이 될 수도 있다. 카피라이터는 이 핵심을 응축한 키워드를 도출하여 콘셉트로 다듬는 역할을 하는 것이다. 이로써 광고 캠페인은 완성도가 높아질 수밖에 없다. 콘셉트를 만드는 자는 광고 캠페인의 모든 것을 장악하고 이끌어갈 수 있다.

광고 캠페인의 전략 도출을 위한 프로세스

광고회사에서는 어떤 역할을 맡았든지 전략적으로 사고하는 것이 기본이다. 전략이란 말은 군사용어로서 종합적인 전쟁의 준비나 계획을 의미한다. 마케팅과 광고 또한 시장에서 승부를 겨룬다는 점에서 전쟁과 비슷하다고 볼 수 있다. 광고 전략은 광고 캠페인을 위한 계획을 책정하는 것이며, 광고주의 마케팅 전략 속에서 진행된다. 광고 전략 안에는 광고의 목적과 타깃의 선정, 매체와 카피 전략이 담겨 있다. 따라서 광고 전략을 짜는 것은 광고 캠페인을 준비하는 모든 구성원의 일이라 볼 수 있다. 온라인 광고 전략은 디지털 미디어에 대한 이해를 바탕으로 소비자와 커뮤니케이션을 어떻게 할 것인지에 대한 방법을 찾는 일이다. 좋은 전략은 광고주가 원하는 방향으로 캠페인을 발전시키면서 소비자가 열광적으로 참여하도록 만든다.

■ AE가 말하는 광고주의 과제, 광고 목표를 이해한다

먼저 광고주의 요청과 마케팅 상황, 브랜드에 관한 정보를 선입견 없이 충분히 듣고 이해한다. 그리고 주도적으로 자료를 확인하고 확실히 광고주의 과제를 확인한다. 의문점이 있는 것은 반드시 물어 보고 확인한다.

■ 서로의 영역을 넘나들며 아이디어를 만든다

기획자는 광고주 입장에서, 카피라이터와 디자이너는 소비자 입장에서 생각하는 성향이 강하기 때문에 열린 마음으로 이야기 나눈다. 회의에서는 서로를 존중하면서 더 좋은 아이디어를 만들도록 노력하고 각자의 영역을 넘나들면서 아이디어를 구체화시킨다.

■ 콘셉트와 아이디어를 도출하고 검토한다

광고 캠페인 전략과 아이디어는 재미있는지, 실현 가능한지, 새로운 것인지 따져 봐야 한다. 또한 예산의 범위를 넘는 것은 아닌지 확인한다. 또한 온라인에서 아이디어가 실현될 수 있는지의 여부는 개발자에게 자문을 구하는 것이 좋다.

■ 카피라이팅 작업을 하고 광고를 만든다

도출된 전략에 맞게 카피작업을 구체화하고, 디자인이 된 제작물이 나오면 함께 리뷰하고 보완한다. 제작팀은 담당 CD의 컨펌을 받은 후, AE에게 보내 광고 제작물을 마침내 광고주에게 보내 컨펌을 받는다. 그러나 광고주의 수정사항이 발생한 경우에는 반복적으로 보완해야 한다.

■ 광고 캠페인이 종료되면 사후검토를 한다

광고 캠페인이 모두 마무리된 후에는 소비자에게 노출된 광고 효과에 대해 AE를 통해 피드백을 받아본다. 그리고 소비자의 반응을 살피면서 카피, 메시지가 적절했는지 부족한 점은 없는지 확인해봐야 한다. 이런 기회를 통해 카피제작 능력을 업그레이드할 수 있다. 또한 광고 효과를 돌아보며 사후 캠페인에 도움이 될 포인트를 정리한다.

■ 무엇보다 동료를 존중하고 힘을 모아야 한다

때로 광고 기획과 광고 제작 간의 마찰이 발생하는 경우가 있다. 광고 전략과 크리에이티브에 대한 의견이 충돌하기도 하고 광고 제작 시 스케줄이 맞지 않을 수도 있다. 혹은 최선을 다해 만든 광고 캠페인이 예상치 못한 변수로 인해 중단되거나 극심한 수정사항이 발생하기도 한다. 하지만 이런 상황에서도 동료의 고충을 이해하고 되도록 긍정적으로 일하도록 노력하는 것이 좋다.

06 디자이너와 카피라이터가 함께 만드는 광고

온라인 광고회사에서 디자이너와 카피라이터는 뗄 수 없는 관계다. 광고 제작물을 만들기 위해 최초 아이디어 회의부터 제작물이 완성되는 마지막까지 함께하는 동반자이기 때문이다. 광고 제작물은 카피라이터와 디자이너의 경험과 지식, 아이디어와 제작 노하우를 통해 나오기 때문에 서로 힘을 합쳐야 좋은 결과물이 탄생한다. 카피라이터는 광고주와 AE의 논리적인 전략들을 소비자의 언어로 해석하고 이를 디자이너가 시각적으로 발전시킬 수 있도록 상상력을 자극시키는 도우미 역할도 한다.

기본적으로 디자이너는 시각적인 아이디어를 낸다. 인터랙티브 카피라이터가 제작물의 구성을 스토리로 풀고 언어적인 아이디어를 내는 것에 익숙하다면 디자이너는 이미지적인 표현에 익숙하다. 그러므로 카피라이터와 디자이너는 광고를 완성하기 위해 전체적인 레이아웃, 카피 메시지를 지속적으로 발전시키면서 광고 제작물의 완성도를 높일 수 있다. 이 때문에 호흡이 잘 맞는 카피라이터와 디자이너는 아주 짧은 시간에 훌륭한 광고 제작물을 만들기도 한다.

광고 제작은 카피라이터가 기획자와 함께 'What to Say'를 정하고 디자이너와 함께 'How to Say'를 만드는 일이다. 무엇을 소비자에게 전달해야 하는지를 명확히 이해해야 소비자에게 전달하는 메시지가 분명해지고 이를 디자인으로 표현할 때에도 방향이 흔들리지 않고 크리에이티브한 시안이 제작될 수 있게 된다. 또한 인터랙티브 광고 캠페인은 온라인 플랫폼을 중심으로 커뮤니케이션이 이뤄진다. 따라서 사이트 제작은 소비자에게 캠페인의 콘셉트와 이벤트 등을 직관적으로 느낄 수 있게 제작된다. 이 작업에도 역시 인터랙티브 카피라이터와 디자이너의 협업이 필요하다. 디자이너는 메인 페이지를 디자인하기에 앞서 콘셉트를 어떻게 시각화하여 표현할 것인지 고민하게 마련인데, 카피라이터와 함께 작업하면서 콘셉트에 대한 도움을 받을 수 있고 전반적인 카피 메시지를 비롯하여 레이아웃에 대한 정리도 쉬워진다. 이처럼 카피라이터와 디자이너는 광고를 제작할 때 가장 든든한 동료다. 또한 최고의 광고 제작물이 잉태되도록 도와주는 산모와 산파의 관계라고도 할 수 있다.

디자이너와 카피라이터의 광고 제작 프로세스

■ 광고 자료를 놓고 기본적으로 분석을 해본다

광고 제작을 위한 AE의 미팅을 시작으로 카피라이터와 디자이너는 크리에이티브 브리프를 보며 함께 의견을 나눈다. 제작 스케줄에는 이상이 없는지도 조율하고 광고 제작을 위해 필요한 전반적인 사항들을 체크한다.

■ 함께 크리에이티브 아이디어를 위해 회의한다

광고 제작을 위한 회의를 통해 본격적인 크리에이티브 아이디어를 고민한다. 회의실에는 크리에이티브 디렉터Creative Director를 비롯하여 카피라이터와 디자이너가 함께한다. 구체적인 아이디어 회의를 할 때에는 카피에 대한 고민과 이미지의 표현방법에 대해 지속적으로 의견을 나눈다.

■ 아이디어를 토대로 카피와 디자인 작업을 진행한다

콘셉트에 맞게 광고 제작의 아이디어가 정리되면 이를 토대로 광고 제작물을 구체화한다. 아이디어에 따라 카피라이터는 카피를 작업하고, 디자이너는 비주얼 작업을 한다. 카피 메시지도 광고 제작물의 중요한 디자인 요소이기 때문에 활자의 크기, 색감 등에 대해 강약조절을 의논하고, 필요에 따라 카피 내용을 줄이거나 보완해서 가장 좋은 레이아웃을 결정한다. 또한 인터랙티브 요소들을 극대화시키기 위한 방법을 함께 찾기도 한다.

■ 서로 작업한 것을 하나로 만들면서 보완한다

디자이너가 만든 시안을 함께 살펴보고 부족한 부분이 보이면 어떻게 보완할지 의견을 나눈다. 생각했던 것보다 마음에 들지 않는다면 회의를 통해 새로운 아이디어로 발전시키기도 한다. 필요에 따라서는 개발자와 함께 인터랙티브 광고의 기술적인 부분의 자문을 구하며 회의를 진행하기도 한다.

■ 크리에이티브 디렉터에 아이디어를 평가받는다

완성된 광고 제작물은 최고 책임자인 크리에이티브 디렉터의 평가를 받는다. 부족한 점이 있으면 보완하고 수정해서 최종 컨펌을 받을 때까지 작업을 계속한다.

■ 완료된 광고 제작물은 광고주의 컨펌을 받아야 한다

최종적으로 내부 컨펌을 완료한 제작물은 담당 AE의 확인을 거쳐 광고주에게 전달된다. 이때 광고주의 컨펌을 받으면 비로소 광고 제작은 완료된다. 하지만 수정사항이 발생하면 계속적인 보완을 거쳐 최종 컨펌될 때까지 작업해야 한다.

크리에이티브 아이디어를 만드는 방법

크리에이티브 아이디어는 완전히 새로운 것의 창조라기보다는 기존에 있던 것들의 조합이라 할 수 있다. 모든 창작의 근원은 모방이며 이를 가공하는 것으로 새로운 것을 얻을 수 있다. 아이디어를 내기 위해서는 경험과 지식, 정보를 충분히 확보해야 하며 그것의 축적과 재조합이 자연스럽게 아이디어로 결합되어 나온다고 볼 수 있다. 아이디어를 만들기 위해서는 크게 도출, 평가,

선별, 체험의 과정으로 나눌 수 있다.

■ 많은 아이디어를 도출한다

기본적으로 광고 아이디어를 내기 위해서는 수많은 아이디어가 나와야 한다. 아이디어는 광고 목표에 근거한 것이어야 하며 콘셉트가 있는 것이어야 한다. 이를 위해 사례들을 벤치마킹하여 캠페인에 적합하게 가공하기도 한다. 아이디어는 깊이 고민하되 너무 몰입하는 것은 좋지 않다. 생각의 틀을 넓히고 깨기 위해서 아이디어에서 조금 떨어져 자연스럽게 생각해보는 것도 좋다. 그리고 난 뒤에 떠오르는 아이디어들을 되도록 많이 정리해본다. 우선 많은 아이디어를 낼 수 있어야 추후에 발전시킬 가능성도 높기 때문이다.

■ 나온 아이디어를 평가한다

아이디어를 낸 사람의 기준이 높을수록 타인에게 받는 평가가 좋아진다. 스스로의 기준을 가지고 자신이 만든 아이디어를 객관화시켜 평가해보는 것이 좋다. 아이디어는 재미가 없거나, 불분명해 보이거나, 실현 불가능한 이유로 추려지게 될 것이다.

■ 좋은 아이디어를 선별한다

남은 아이디어들 중에서 좋은 아이디어는 무엇이고 왜 좋은지 선별한다. 그리고 선별된 아이디어들 중에서 합칠 수 있거나 발전 가능한 부분들이 많아 보이는 것을 체크하여 더 고민해본다. 좋은 아이디어는 처음부터 나오는 경우도 있지만 발전시켜서 보완되어 나오는 경우도 많기 때문이다.

■ 아이디어를 가상으로 체험해본다

마지막으로 발전시켜 추린 아이디어의 실현 가능성을 떠올려 본다. 그리고 광고주의 입장에서 아이디어가 최선인지 생각해보고, 소비자의 입장에서 봤을 때도 좋은 아이디어인지 시뮬레이션 해보는 작업이 필요하다. 그 이후에 검증된 아이디어들에 살을 붙여 실행방안까지 정리해본다.

PART **3**

인터랙티브 광고 영상의 스토리텔링

다양한 광고 영상 제작을 위한
스토리텔링은

?

● **온라인 광고 캠페인은 다양한 광고 콘텐츠로 소비자와 커뮤니케이션하고 있다.** 과거 온라인 사이트의 광고 캠페인은 이미지와 텍스트 위주로 진행되었지만, 최근에는 영상 광고의 제작이 더욱 많아지고 있다. 멀티 플랫폼 역할을 하는 온라인 사이트의 기술이 지속적으로 발달하여 영상을 비롯한 다양한 콘텐츠를 노출할 수 있게 된 것이다. 또한 소비자 미디어 환경도 온라인 사이트와 영상을 스마트폰이나 태블릿PC 등으로도 확인이 가능해졌다.

과거에 동영상 광고는 TV광고의 전유물이자 오프라인 광고회사의 영역이었다. 하지만 오프라인 광고와 온라인 광고의 경계도 많이 허물어진 최근에는 온라인 광고 영상 촬영이 눈에 띄게 증가했다. 또한 온라인 광고 영상은 TV광고 영상처럼 시간의 제약 없이 제작하여 노출할 수 있다는 특징을 갖고 있다. 때문에 최근에는 온라인에서 인터랙티브 광고의 영상이 짧은 영화나 드라마의 형태로 제작되고 있다.

온라인 광고 영상은 단순히 영상의 길이나 형태가 달라진 것에서 그치지 않는다. 인터랙티브 광고 영상은 소비자와의 상호작용적 체험을 유도한다. 또한 소비자가 체험하여 완성된 광고 영상 콘텐츠는 SNS를 통해 확산되도록 만든다. 따라서 이제는 인터랙티브 광고 영상 제작을 위한 스토리텔링 능력이 꼭 필요하다. 인터랙티브 카피라이터는 온라인 광고 영상의 시나리오 작업이 가능해야 하며, 동시에 소비자와의 상호작용을 위한 아이디어를 자연스럽고 재미있게 담아낼 수 있어야 한다. 이제부터 온라인 광고 영상 제작을 위한 스토리텔링에 대해 살펴보기로 하자.

01 디지털 미디어 환경에서 스토리텔링의 중요성

　인간은 이야기가 필요한 존재다. 태어나면서부터 이야기를 듣고 싶은 본능과 이야기를 하고 싶은 본능을 갖고 태어난다. 이런 본능을 기반으로 광고에서 이야기를 이용하는 이유는 브랜드나 제품을 기억시키기 위함이며, 듣는 소비자들의 마음을 변화시키기 위함이다. 사람의 단기기억은 약 7개 항목의 수용능력을 가지고 있으며, 다음 단계로 들어가지 않으면 30초 이내에 망각된다. 사람의 뇌는 단기기억에 있는 정보를 간단하고 쉽게 운용되도록 하기 위해 부호화^{Encoding}하는 방법을 적용하는데 그것을 효과적으로 돕는 것이 바로 이야기다. 우리나라에 '천일야화'라는 이름으로 유명한 아라비안나이트 이야기를 보면 이야기의 힘을 알 수 있다.

　이야기는 사람의 마음을 빼앗고 몰입하게 만드는 힘이 있다. 우리가 보는 드라마, 영화, 연극, 책의 이야기는 다음 이야기를 궁금하게 만들고 그 이야기 속으로 푹 빠지게 만든다. 광고 역시 마찬가지다. 소비자들이 듣고 싶어 하는 이야기를 통해 호기심을 자극하고 이야기 속으로 빠져들게 만드는 것이다.

　예로부터 마케터들은 스토리텔링을 이용하여 제품을 각인시키고 제품을 구매하게 만들었다. 대표적인 예가 지포라이터와 에비앙이다. 1960년대 베트남 전쟁의 빗발치는 총알 속에서 안드레드 중사는 가슴에 총을 맞게 된다. 그러나 죽은 줄만 알았던 자신의 몸이 살아 있자 총 맞은 부분을 조심스럽게 살펴보니 그 자리에 있던 지포라이터가 총알을 막아서 생명을 구한 것이었다. 이 이야기는 전쟁에 나가는 모든 군인에게 죽음을 피하는 라이터로 유명해져 남자들이 가슴에 품게 만들었다. 또한 에비앙은 건강을 위한 신비한 물로 이야기되어 전 세계적으로 프리미엄 생수가 되었다. 신장결석을 앓던 한 후작이 요양을 하기 위해 알프스 산맥에 위치한 마을을 찾아왔고 에비앙 마을의 우물물을 마시면서 병이 깨끗하게 낫게 되었다는 이야기다. 이는 알프스 산맥에 눈과 비가 오랜 시간에 걸쳐 녹고 어는 과정을 통해 깨끗하고 미네랄이 풍부한 물이 만들어졌다는 것을 알게 된 것이다. 이 이야기는 마케팅에 적극적으로 활용되었고 널리 퍼지게 되었다. 이처럼 이야기는 강력한 힘을 가지고 있으며 입에서 입으로 전해지면서 브랜드 이미지를 견고하게 만들어준다. 온라인에서는 어떤 방식으로 스토리텔링이 이뤄졌는지 살펴보자.

　기아 차 쏘울은 수십 대의 쏘울 차량을 이용하여 UCC 영상을 만들어 화제가 되었다. 쏘울로

온라인을 통해 화제가 된 기아 쏘울 락(Kia Soul Rock) 영상
• 광고주 : 기아자동차 • 광고회사 : INNOCEAN Worldwide • 출처 : Soul Rock capture

춤추는 거인과 달리는 쏘울을 만든다는 내용으로 온라인에서 이슈가 된 것이다. '기아 쏘울 락[Kia Soul Rock]'이라는 제목의 동영상은 기아차가 네티즌의 능동적인 확산을 통해 쏘울의 노출을 극대화할 목적으로 만든 바이럴[Viral] 동영상이었다. 거대한 수출용 화물선에 쏘울이 선적되는 장면으로 시작하는 동영상은 수출 선적항에서 역동적으로 움직이는 쏘울이 보인다. 그리고 100여 대의 쏘울을 활용해 춤추는 사람의 모습을 만들어 힘차게 달리는 쏘울의 모습을 보여 주는 장면이 담겨 있다. 이 영상은 인터넷 공개 2주 만에 40만 건이 넘는 조회 수를 기록하고, 미국 및 유럽 등 주요 국가의 2만 7천여 개 이상의 블로그와 웹사이트들에 의해 확산되는 등 전 세계 네티즌과 블로거들의 폭발적인 관심을 끌었다. 온라인 광고 영상은 재미있는 스토리를 담고 있으면 자연스럽게 확산이 이뤄진다. 공중파처럼 일방향으로 대다수에게 노출되지는 않지만 SNS나 블로그를 통해 다양한 채널로 꾸준히 노출되는 것이 특징이다.

또한 포털사이트와 제휴를 통해 온라인으로 광고 영상을 공급하여 시리즈로 진행되는 경우도 있다. 대표적인 예로는 삼성전자의 'How to live SMART Lesson' 사례를 들 수 있다. 'How to

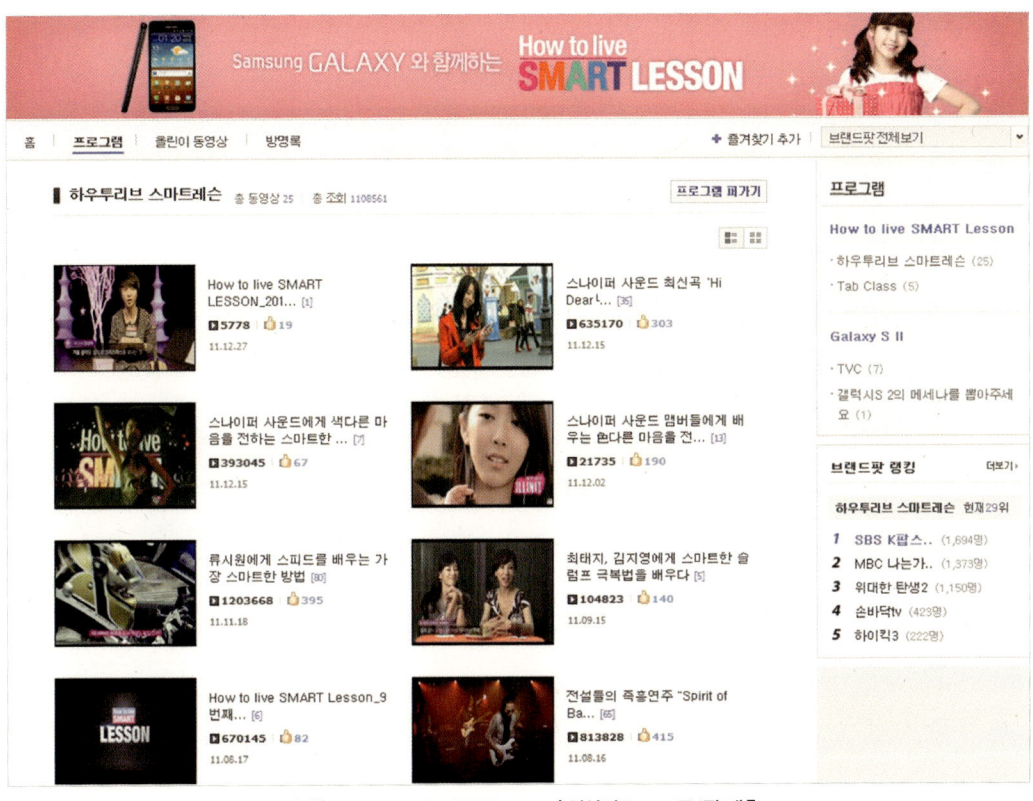

삼성 'How to live SMART Lesson' 영상의 Daum TV팟 제휴

*광고주 : 삼성전자 * 광고회사 : Cheil Worldwide/MOG Communications * 출처 : Daum TV팟

live SMART Lesson' 영상은 대한민국의 문화, 예술 분야를 대표하는 크리에이터들의 스마트한 삶을 콘텐츠로 보여 주었다. 크리에이터들을 멘토와 멘티로 연결시켜주고 그들이 서로에게 배우는 모습을 통해 스마트하게 사는 노하우를 전달했던 캠페인이다. 이 캠페인 영상 콘텐츠들은 Daum TV팟 제휴로 제공했던 것이 특징이다. 약 1년 동안 진행되었던 영상 콘텐츠는 온라인을 통해 다양하게 확산될 수 있었고, 소비자 이벤트와 연계되며 더 큰 화제를 낳았다.

디지털 미디어 환경을 통해 지금도 무수히 많은 이야기가 온라인을 통해 노출되고 공유되고 있다. 특히 SNS를 통해 많은 광고 영상이 자유롭게 확산되고 있다. 그리고 지금은 어느 때보다 이야기가 퍼지는 확산의 속도가 빠르다. 사람들은 제품보다 스토리를 소비하기 때문이다. 따라서 디지털 미디어 시대의 광고는 스토리텔링을 통해 소비자와 소통할 수 있어야 한다. 상호작용을 통해 제품과 소비자를 소통하게 만든다면 그 제품의 인지도와 호감도는 확실히 높아질 것이다. 인터랙티브 광고 영상을 만들기 위한 가이드를 살펴보기로 하자.

인터랙티브 스토리텔링을 위한 가이드

■ 새로운 온라인 서비스나 디지털 디바이스를 체험하고 분석하라

새로운 디지털 디바이스가 출시되면 트렌드 세터$^{Trend Setter}$처럼 체험해보는 것이 좋다. 스마트폰, 태블릿PC를 통해 새로운 온라인 서비스를 이용해보고 유행하는 광고 콘텐츠를 찾아 확인해보는 것도 중요하다. 이를 체험하면서 광고와 마케팅에 이를 활용하여 어떻게 소비자와 커뮤니케이션하면 효과적일지 생각해보는 습관을 갖는다면 큰 도움이 될 것이다.

■ 온라인상의 모든 콘텐츠와 광고 캠페인에 호기심을 가져라

인터랙티브 카피라이터는 기본적으로 온라인에서 이뤄지는 다양한 콘텐츠에 호기심을 갖는다. 새로운 애플리케이션, 신규 서비스, 새로운 온라인 광고 캠페인, 페이스북이나 트위터를 통해 확산되고 있는 소식 등 모든 것에 관심을 가져야 한다. 광고 콘텐츠를 제작하기 위해서는 온라인상의 모든 광고 콘텐츠와 메시지를 연구하고 확인하는 것이 필요하다.

■ 인과관계를 추론하여 이야기를 만들어 보라

브랜드의 숨은 이야기를 찾아내어 소비자에게 상호작용적 체험을 만들기 위한 스토리텔링이 카피라이터의 일이다. 온라인 사이트에서는 광고 콘텐츠가 다양한 형태로 제작되기 때문에 영화, 드라마 등을 많이 접하면서 스토리 구조를 분석해보는 것이 도움이 된다. 동시에 아이디어를 만드는 원동력이 될 인문학적 지식을 쌓는 것도 중요하다. 스토리와 제품, 그리고 인터랙티브 요소를 함축하여 스토리를 만드는 연습을 하다 보면 자연스럽게 이야기를 만들 수 있을 것이다.

■ 인터랙티브 광고의 기술적인 구현에 대해 이해하라

아무리 좋은 인터랙티브 광고 아이디어를 생각했다 하더라도 이를 실제로 구현하는 방법을 모른다면 진행하기가 어려울 것이다. 따라서 기술적으로 구현이 가능한 방법은 무엇인지 이해하고 체크할 수 있도록 기본적인 지식을 쌓아야 한다. 인터랙티브 광고 무비의 경우에는 소비자의 참여를 바탕으로 광고가 완성되므로 기술적인 부분을 이해하고 스토리를 만들 수 있어야 한다. 이를 위해서는 크리에이티브에 기술을 결합하여 진행한 새로운 유형의 광고 사례들을 눈여겨 보고 이를 분석해 보는 자세가 필요하다.

■ 인터랙티브한 소통을 위한 노력을 반복하라

온라인에서 소비자와의 소통은 자유롭다. 시간의 제약이 없으며 상호작용적인 아이디어를 만들 수 있다. 새로운 방식으로 광고 아이디어와 스토리, 콘텐츠를 만들기 위해서는 낡은 소통의 틀을 깨야 한다. 정형화된 방식에서 새로운 시도를 꾀하고 소비자와의 새로운 소통을 고민해야 한다. 이를 위해 해외와 국내의 인터랙티브 광고 캠페인 사례를 많이 접하고 연구해보는 것이 도움이 된다. 인터랙티브한 방법을 통해 소비자와 소통하려는 노력이 있어야 한다.

02 인터랙티브 광고 영상의 시나리오 작성법

인터랙티브 광고 영상은 다양한 형태로 진행되면서 발전을 거듭하고 있다. 그중에서 인터랙티브 광고 무비는 온라인 사이트를 통해서 자신의 사진과 이름, 휴대폰 번호 등을 입력하면 이것이 영상에 합성되어 소비자가 주인공으로 소개하는 것이 특징이다. 인터랙티브 광고 무비를 통해 제품과 소비자가 스토리를 통해 소통할 수 있다. 그리고 이 영상은 참여한 소비자를 통해 확산되면서 광고 효과를 얻을 수 있게 된다. 그 후에는 번거롭게 자신의 사진과 정보를 올리지 않아도 간편하게 광고 무비의 주인공으로 영상에 합성되는 페이스북을 기반으로 진행하게 되었다. 이것은 참여하는 소비자의 프로필 정보와 친구들의 사진을 이용하여 합성시키고 영화에 출현시키는 소셜 무비. 보다 편리한 방식으로 체험하게 된 소셜 무비는 SNS를 기반으로 더욱 빠르게 확산될 수 있었다. 소비자들이 인터랙티브 광고 무비, 소셜 무비에 열광했던 이유는 소비자가 영화 속 주인공이 될 수 있었기 때문이다. 자신의 이야

페이스북을 통해 영화 속 주인공이 되는 외환크로스마일 소셜 무비 '스캔들'
* 광고주: 외환은행 * 광고회사: INNORED * 출처: 외환카드 페이스북 캡처

기가 디지털 기술과 접목되어 새롭고 재미있는 이야기가 되었다는 것이 바로 성공의 요소였다.

이처럼 온라인에서 광고 영상은 계속적인 발전을 거듭하고 있다. 특히 소비자와 인터랙티브한 소통으로 새로운 방법을 시도하고 있다. 따라서 온라인의 광고 영상 제작을 위해서 스토리 전문가가 필요하며, 이것은 인터랙티브 카피라이터의 중요한 역할이다. 인터랙티브 광고 영상에서 가장 중요한 일은 자연스럽게 브랜드와 소비자를 하나로 연결시켜 주는 시나리오다. 탄탄하게 만들어진 시나리오는 소비자의 몰입을 낳고 궁극적으로는 제품과 광고 메시지를 명확하게 체험할 수 있게 해준다.

인터랙티브 광고 시나리오를 만드는 핵심요소는 메시지, 소비자, 갈등, 제품, 플롯 다섯 가지다. 광고 메시지를 만들 때 유의할 점은 보는 소비자의 이해가 직관적이어야 한다는 점이다. 광고 동영상의 특성은 짧고 간결해야 전달이 쉽기 때문에 하나의 메시지를 집중적으로 부각시켜야 전달하고자 하는 메시지가 분명히 드러난다. 게다가 광고라는 특성 때문에 제품이나 브랜드가 부각되도록 스토리를 녹이는 것이 관건이다. 이때는 카피라이터가 전체 스토리의 균형을 맞추면서 최대한 자연스럽게 넣어야 한다. 시나리오에 너무 많은 내용이 담기면 주제가 불분명해지고 광고의 요소를 너무 많이 넣으면 소비자의 몰입을 해칠 수 있다.

그렇다면 좋은 스토리는 어떻게 만들어야 할까? 우리나라의 대표적인 고전『흥부와 놀부』이야기를 한 줄로 요약하면 '착한 사람은 복을 받고 나쁜 사람은 벌 받는다'는 권선징악 내용이다. 이렇게 심플하게 요약되는 스토리는 단순함의 힘을 얻게 된다. 이를 만약 치약광고 스토리에 대입해본다면 '이 치약을 쓰면 상쾌한 기분과 향기가 난다'로 스토리를 구성해야 한다는 것이다. 그러나 만약 다양한 장점을 넣고 싶은 욕심에 '이 치약을 쓰면 상쾌한 기분과 향기가 나고 치아가 하얗게 되고 자신감이 넘칠 것이다'라는 시나리오로 작성된다면 내용이 복잡해서 스토리의 목적과 메시지가 불분명해질 것이다. 때문에 광고를 위해 스토리를 만드는 것에는 몇 가지 가이드가 필요하다.

동영상 광고 제작을 위한 시나리오 작성 가이드

시나리오를 작성할 때는 아래 항목들에 맞춰 내용을 체크해볼 필요가 있다. 영상의 주제와 갈등 요소, 그리고 주인공과 조연, 제품의 역할을 명확하게 설정하는 것은 매우 중요하다. 중간 중간에 흥미로운 요소들을 넣고 결말에서는 갈등이 해소되면서 광고의 제품과 콘셉트가 잘 드러나도록 해야 한다. 인터랙티브 광고 영상은 소비자 참여와 재미, 광고 효과와 확산을 염두에 두어야 한다.

■ 스토리에 갈등이라는 양념을 넣자

갈등요소가 있어야 스토리는 긴장감과 재미를 획득하게 된다. 만약 『홍길동전』에서 홍길동이 아버지를 아버지라 부를 수 있는 환경에서 자랐고 행복했으며 아버지의 사랑을 많이 받았다는 이야기였다면, 홍길동전은 지극히 평범한 이야기가 되어 사라졌을 것이다. 하지만 서자라는 태생적인 한계와 갈등이 깔린 상황, 부패가 가득한 세상에 대한 분노가 어우러지면서 극적인 요소를 획득하게 된다. 이러한 갈등요소가 홍길동이 무예를 익혀야 하는 명분을 제공하게 되고, 마침내 악한 자들을 심판하는 내용으로 연결되어 카타르시스를 줄 수 있었다. 갈등을 적절히 활용하면 스토리의 맛있는 양념 역할을 하게 된다. 반대로 너무 많은 갈등은 체험하는 소비자들에게 혼란을 주는 요소다. 갈등은 파악하는 데 어려움이 없도록 간결해야 하며, 주인공과 제품에 직결된 문제여야 한다. 그리고 주인공이 해결할 수 없는 문제로 설정해놓으면 현실성이 떨어질 우려가 있다. 스토리에 갈등을 넣기 위해서는 몇 가지 기준이 필요하다. 인터랙티브 카피라이터는 이 갈등을 어떻게 만들고 어떻게 해결할지 정리하여 그 속에서 제품이 드러나도록 만드는 능력이 필요하다. 광고하는 제품이 갈등을 해소하는 역할이 되어야 이 스토리를 체험하는 소비자에게 광고 효과가 높아지기 때문이다.

■ 스토리텔링은 등장인물에 의해 좌우된다

스토리텔링에서 등장인물은 기본요소이다. 앞서 언급한 갈등을 제대로 해결하기 위해서는 문제를 풀어갈 인물들이 필요하다. 앞서 말한 대로 주인공은 갈등을 해결할 수 있는 영웅의 모습이어야 한다. 인터랙티브 광고 무비를 체험하는 주체도 문제를 해결하는 것도 소비자이기 때문에 소비자를 주인공이 되게 하는 것이 좋다. 소비자가 주인공이 되도록 설정하면 광고에 대한 몰입을 증가시킬 수 있으며 제품을 사용했을 때의 장점을 미리 체험시킬 수 있기 때문이다. 기본적으로 스토리텔링의 구조는 주인공의 갈등을 겪을 때 누군가의 도움으로 이를 해결하고 결말을 내리는 구조다. 동화나 영화, 전설이나 신화에서 이러한 구조를 확인할 수 있다. 광고의 하나로 제작되는 소셜 무비의 경우, 소비자가 주인공으로 설정되고 이를 도와주는 조연들이 페이스북 친구들로 캐스팅되게 하여 좋은 반응을 얻었다.

■ 잘 짜인 스토리는 몰입을 만든다

광고에서는 하나의 스토리를 일관되게 전달하는 것이 좋다. 그것은 메시지를 더 명료하고 강하게 해준다. 또한 광고는 짧은 시간에 완성해야 소비자의 몰입을 강화시킬 수 있다. 하나의 주제를 짧게 만드는 것은 정교하게 짜인 스토리라 할 수 있다. 일반적으로 스토리는 시작, 중간, 결말의 세 단위로 구성되거나 기승전결 네 단위로 구성된다. 잘 만들어진 스토리는 소비자의 주의를 집중시키고 어떤 이야기로 전개될지에 대한 기대감을 불러일으킨다. 잘 짜인 인터랙티브 광고 무비의 시나리오를 만들기 위해 몇 가지 가이드를 정리해보았다. 다음 항목을 통해 만들어진 스토리의 구성을 진단해보는 것이 좋다.

"시나리오에서 시작은 소비자의 주목을 끄는가?"

시작부터 소비자의 호기심과 흥미를 이끌어낼 수 있는 이야기를 던져라.

"주인공 혹은 소비자와 조연들의 역할은 적합한가"

인터랙티브 광고 영상에서 주인공은 소비자로 설정되거나 혹은 소비자가 좋아하는 연예인으로 설정해야 소비자의 참여도가 높아진다.

"재미있고 흥미로운 장면이 적절히 배치되어 있는가"

재미요소는 이야기를 끝까지 끌어가는 힘이다. 스토리가 지루해지면 소비자는 광고영상으로부터 빠르게 이탈할 것이다.

"갈등의 요소는 제품과의 연관성이 있고 명확한가"

갈등의 요소들은 제품과의 연관성이 있어야 한다. 갈등과 사건의 원인이 제품을 통해서 해결되는 구조가 가장 광고답고 영상의 스토리를 작업하기가 쉬워진다.

"스토리에서 긴장감을 일으키는 절정은 무엇인가"

갈등의 요소들은 하나의 큰 줄기로 이어져야 한다. 갈등을 분산시키지 않는 구조에서 긴장감이 고조되는 클라이맥스가 필요하다.

"클라이맥스에서 제품은 핵심 역할을 하고 있는가"

결정적인 순간에 제품이 갈등을 해결하는 중요한 역할을 하고 있는지 확인하고 이를 위해 시나리오를 작성해야 한다.

"결말은 광고의 콘셉트, 스토리 주제와 연결되는가"

시나리오의 마지막에서는 모든 이야기가 광고 콘셉트, 주제와 연결되며 대단원의 막을 내려야 한다. 그렇지 않은 마무리는 미흡하고 진부한 느낌을 주게 된다.

"전체 스토리에서 브랜딩이 적절히 이뤄지는가"

영상의 목적은 광고이므로 브랜드나 제품이 자연스럽게 노출되는 것은 중요하다. 전반적으로 스토리와 브랜딩을 확인해보는 작업이 필요하다.

"소비자의 체험 후에는 어떻게 확산이 되는가"

인터랙티브 광고 무비 영상은 확산이 중요하다. 소비자가 참여한 영상에 재미를 느꼈다면 주변에 확산하도록 만들어야 한다. 인터랙티브 영상을 체험하고 만든 후 이것을 확산하면 경품을 제공하는 이벤트를 진행하는 것도 방법이다.

■ 브랜드나 제품에 숨어 있는 스토리를 만들 수 있다

영화감독 크리스토퍼 놀란은 배트맨 시리즈의 3부작으로 세상을 놀라게 했다. 그의 영화는 다른 감독들이 만들었던 기존의 배트맨 시리즈와는 차원이 다른 영화로 평가받고 있다. 그 이유는 배트맨이 탄생하게 된 배경부터 새로운 시각으로 접근하여 숨겨진 이야기를 끌어냈기 때문이다. 크리스토퍼 놀란은 주인공인 브루스 웨인이 어째서 배트맨이 되었는지를 보여 주는 〈배트맨 비긴즈〉로 사람들을 열광시켰다. 배트맨 시리즈의 배경이라고만 여겨졌던 스토리를 그가 한 편의 영화로 완성시킨 것이다. 배트맨이 부모를 악당에게 잃었다는 한 줄의 이야기를 그는 상상력을 더해서 더욱 매력적인 스토리로 연결시켰고, 이것은 전 세계 사람들이 열광하는 시리즈로 거듭나는 계기가 되었다.

상상력을 더해서 만들어본 게임 스토리

광고도 마찬가지다. 카피라이터가 제품에 숨겨진 이야기를 끌어낼 수 있다면 소비자와의 효과적인 커뮤니케이션이 가능해질 것이다. 과거 〈헬게이트 런던〉이라는 게임의 온라인 광고 캠페인의 경쟁PT를 준비하면서 만든 스토리텔링 사례를 이야기하려 한다. 기본적으로 모든 게임에는 스토리의 전반적인 배경을 설명해주는 줄거리가 있다. 그것은 그 게임의 세계관을 설명한다. 게임의 역사를 통해 유저들은 게임에 더 깊이 몰입할 수 있게 된다. 하지만 아쉽게도 〈헬게이트 런던〉은 게임의 세계관과 배경은 너무 짧았다. 그래서 상상력을 통해 게임의 새로운 이야기를 끌어내기로 했다. 〈헬게이트 런던〉 게임의 스토리는 런던 시계탑에서 악마들이 깨어나 세상을 공격하고 있어서 3개의 종족이 이에 맞서 싸운다는 것이 전부였다.

이를 바탕으로 고대 유적지와 신화를 연결해서 다음과 같은 스토리를 만들어봤다. 세계 지도를 펼쳐보면 스톤헨지를 중심으로 다양한 각국의 미스터리 건축물들이 존재하는데, 이것을 악마를 봉인하는 건축물로 설정해보았다. 피라미드를 비롯하여 이스터 섬의 롱고롱고 석상, 그리스의 신전 등 이러한 건축물들이 악마를 봉인하려는 고대의 상징물이라는 설정을 잡자 광고 크리에이티브가 자연스럽게 확장되기 시작했다.

MMORPG 게임 한빛소프트의 〈헬게이트 런던〉

＊광고주 : 한빛소프트 ＊광고회사 : 9FRUITSMEDIA ＊출처 : hellgate.hanbiton.com

"세상의 모든 미스터리가 런던을 중심으로 발생되어 왔었고 이것은 악마들이 깨어나려는 징후였다. 런던에는 스톤헨지가 자리하고 있으며 스톤헨지는 고대의 시계를 형상화한 것으로 지옥의 문이 연결된 곳이다. 이제 런던의 시계탑을 통로로 악마들이 깨어나게 된다."

새롭게 추가한 게임의 스토리가 완성되자 세계의 불가사의와 미스터리들을 모아 악마가 깨어나기 전의 징후들로 설정하고 광고 영상을 다큐멘터리처럼 만들자는 아이디어에 도달했다. 많은 사람이 알고 있는 미스터리들을 통해 게임과의 연관성을 높이는 작업을 진행하게 된 것이다. 이후 새로운 게임 스토리를 바탕으로 온라인 바이럴 영상이나 이미지를 만들 수 있었고 프로모션 아이디어까지 완성할 수 있었다. 티징^{Teasing} 광고는 고대의 건축물들과 악마의 존재를 소개하여 소비자의 호기심을 자극했고 자연스럽게 게임에 주목하도록 만들었다. 그리고 순차적으로 게임의 광고 캠페인을 진행할 수 있었다.

이처럼 우리가 흔히 알고 있는 미스터리나 신화는 친숙하면서도 신비롭기 때문에 소비자들의 호기심을 자극할 수 있었고, 유저들 이외의 일반인들까지 관심을 끌어낼 수 있었다. 온라인 콘텐츠의 제작을 통한 바이럴의 가능성을 깨닫게 된 사례였다. 제품, 브랜드에 담겨 있는 스토리를 찾아내어 발전시키면 광고 아이디어와 영상 콘텐츠를 만드는 데 도움이 될 것이다.

03 완벽한 촬영준비와 촬영현장 작업 노하우

시나리오 작업을 마치면 다음 작업은 영상 콘텐츠 제작이다. 인터랙티브 카피라이터는 작업한 시나리오를 바탕으로 콘티를 만들고 프로덕션의 PD, 감독과 촬영할 내용에 대해 회의를 한다. 그리고 촬영계획을 세운 대로 촬영현장에서 호흡을 맞춰야 한다. 또한 촬영현장에서는 광고 제작물의 목적을 기억하면서 핵심을 놓치지 않도록 촬영을 살펴야 한다. 촬영현장에서 필요에 따라 카피 내용을 추가하거나 수정하면서 작업을 해야 한다. 현장에서 좋은 카피 아이디어가 떠오르거나 미흡한 부분이 보완되는 경우가 많다. 촬영현장은 광고 모델비와 스태프의 인력비, 촬영장비에 대한 비용 등이 투입되는 시간이기 때문에 촬영 사전에 철저히 준비해야 하고 현장에서도 체크해야 한다. 광고를 제작할 때의 촬영준비와 촬영현장에 대한 노하우를 정리해보았다.

동영상 광고 촬영준비와 현장업무

■ 영상에 관한 시나리오 작업 및 촬영준비

촬영을 위해서는 우선 완벽한 시나리오 작업이 선행되어야 한다. 이를 위해서는 프로덕션과 함께 영상 시나리오의 아이디어들을 공유하면서 시나리오를 정리하는 것이 좋다. 영상제작의 전문가들과 함께 아이디어 회의를 하면 시나리오를 발전시킬 수 있어서 큰 도움이 된다. 이 과정을 통해 프로덕션과 호흡을 맞추게 되어 촬영준비를 위한 좋은 밑거름이 될 수 있다.

완성된 시나리오를 바탕으로 AE가 광고주의 컨펌을 받고 온라인 광고 캠페인에 필요한 광고촬영 스케줄을 확정하면 확정된 시나리오로 콘티작업을 한다. 콘티는 촬영하는 영상을 그림으로 설명해놓은 것으로 영상의 내용을 빠짐없이 체크해서 확인할 수 있게 해준다. 촬영을 준비하는 모든 스태프는 콘티를 통해 동일한 그림을 머릿속으로 그리며 영상촬영을 준비한다.

이후 촬영장소를 비롯하여 소품과 의상, 모델의 포즈나 동작 등 참고가 될 만한 자료들을 체크해서 전체 촬영스태프와 미팅을 진행한다. 이후 광고주에게 온라인 광고 동영상의 촬영을 위한 준비가 잘 되었음을 보여 주기 위해 모델의 의상, 스튜디오, 감독, 소품 등의 구체적인 내용을 정리하여 보고한다. 이를 PPM^{Pre-Production Meeting}이라고 한다. PPM에서 협의된 사항들은 촬영 당일 전까지 모두 준비해야 한다.

■ 전반적인 촬영을 위한 계획 정리

인터랙티브 카피라이터는 준비된 촬영준비물을 바탕으로 촬영을 통해 완성될 최종 콘텐츠의 결과물을 머릿속에서 연상해보는 것이 좋다. 이를 통해 세부적인 내용을 확인하고 부족한 것을 보완하는 것이다. 메이킹 필름 제작, 모델 인터뷰 등 촬영에 빠지지 말아야 하는 요소들까지 세심하게 준비하면서 완벽한 촬영을 위해 전반적인 사항들을 체크해보아야 한다.

특히 인터랙티브 광고를 제작하기 위한 촬영은 영상을 보는 소비자와 어떻게 인터랙션을 이끌어내야 하는지 화면의 구도가 중요하기 때문에 면밀히 촬영을 확인해야 한다. 또한 디자인 작업을 통해 기술적으로 영상합성이 이뤄지려면 어떻게 찍어야 하는지도 회의를 통해 사전에 체크해야 한다.

촬영은 그 자체로 시간과 비용을 사용하는 중요한 일이기 때문에 콘티대로 진행되고 있는지

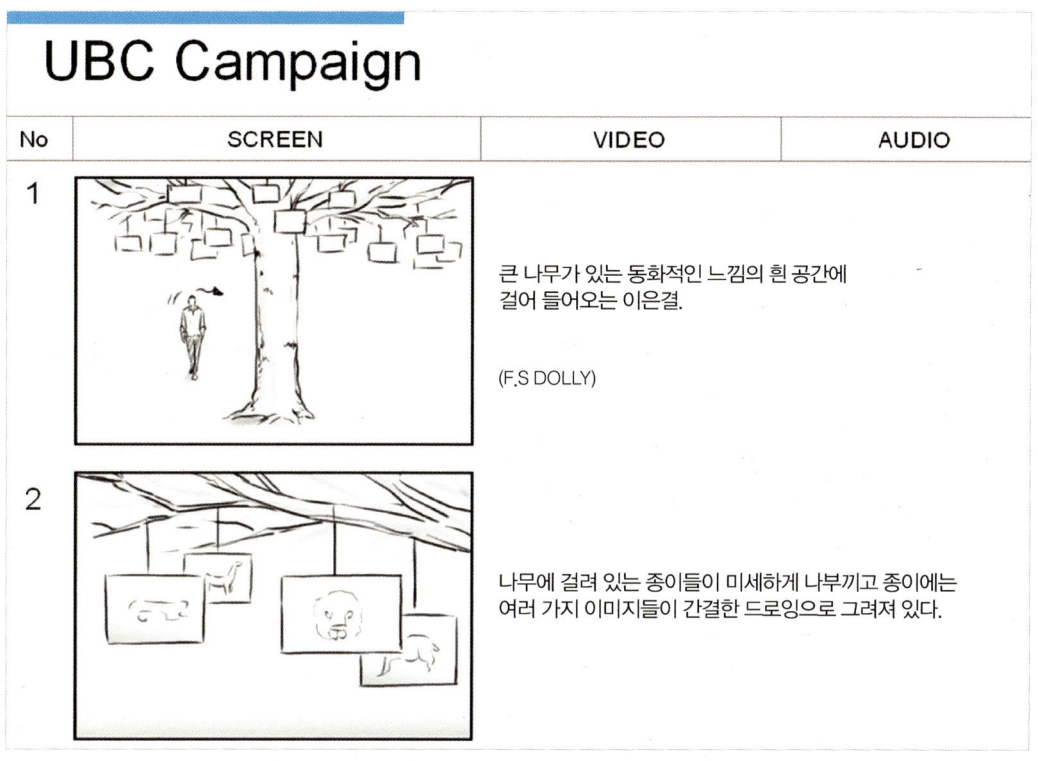

UBC Campaign

No	SCREEN	VIDEO	AUDIO
1		큰 나무가 있는 동화적인 느낌의 흰 공간에 걸어 들어오는 이은결. (F.S DOLLY)	
2		나무에 걸려 있는 종이들이 미세하게 나부끼고 종이에는 여러 가지 이미지들이 간결한 드로잉으로 그려져 있다.	

광고 영상 촬영을 위해 각 촬영장면을 표현한 콘티
* 광고주 : 인텔　* 광고회사 : digitalDigm　* 출처 : 울트라북 컨버터블 캠페인 촬영콘티

꼼꼼히 챙겨야 한다. 보통의 경우 촬영현장을 담은 메이킹 필름과 광고 모델의 인터뷰 내용, 그리고 스틸컷이 촬영되는데 이는 바이럴 용도로 활용되므로 바이럴에 대해 구체적으로 촬영 계획도 잘 갖춰졌는지 확인해야 한다.

■ 촬영현장에서 필요한 순발력

촬영현장에서 광고 모델의 대사가 수정되어야 하거나 추가되는 경우에는 카피라이터가 현장에서 바로 작업을 해야 한다. 촬영현장에 있으면 촬영 전에 준비를 많이 했어도 보완해야 할 사항들이 발견되기도 하고 촬영장에 온 광고주의 의견에 따라 일부 수정되기도 한다. 그렇기에 촬영상황을 지켜보면서 순발력 있는 대응이 필요하다. 또한 촬영장에서 분위기를 타면 광고 모델에 의해서 좋은 아이디어가 나오기도 한다. 현장에서 바이럴 영상으로 사용하고 싶은 아이디어가 생기는 경우에는 즉흥적으로 촬영해놓는 것이 좋다. 추후 광고주 시사 때 아이디

STYLE INTERVIEW
워너비를 말하다 04

이민호에게 연기란

스타일을 이해하는 것이
패션의 기본이듯, 연기의 기본도
캐릭터를 이해하는 것.
마치 실제처럼 그 인물이 되어
캐릭터의 스타일을 입고,
스타일을 만들어 나가는
힘들지만 즐거운 나의 직업 이다

다양한 준비와 연출이 필요한 패션화보 촬영, G마켓 스타샵

* 광고주 : 이베이 코리아 • 광고회사 : MOG Communications • 출처 : event.gmarket.co.kr

어를 설명하고 컨펌받아 진행할 수 있기 때문이다.

인터랙티브 카피라이터는 촬영현장을 보면서 최종 결과물이 어떻게 나올 것인가에 대해 파악할 수 있어야 한다. 때문에 촬영장 흐름을 확인하면서 카메라의 각도, 배우와 상황 설정, 대사 하나까지 살펴보고 확인하는 것이 좋다. 촬영한 영상을 바탕으로 디지털의 기술과 소비자 체험요소가 어떤 식으로 어우러져야 하는지 면밀히 살피면서 촬영상황을 체크해야 하는 것이다.

인터랙티브 광고 영상의 경우는 소비자의 사진이 영상에 합성되는 장면의 촬영이 중요하다. 또한 영상이 전개되다가 소비자의 선택에 의해 줄거리가 달라지는 것이 핵심이기 때문에 스토리의 전개를 적절히 구분하여 촬영해야 하므로 전반적인 스토리가 연결되는 섬세함이 필요하다. 이러한 경우 선택된 영상에서 다음 스토리로 연결이 자연스러울 수 있도록 설정해야 한다. 또한 영상에서 합성이 잘될 수 있도록 기술적인 부분을 검토하여 보완하기도 하고 소비자가 선택한 영상에 이어지는 흐름이 매끄러운지 확인한다. 또한 광고 영상에서 소비자의 영상 콘텐츠 참여가 모두 종료된 후에는 이를 확산시키기 위한 방법을 고민해야 한다.

04 광고 영상의 의미를 드러내는 편집의 중요성

인터랙티브 광고 영상은 일반 TV광고보다 긴 시간을 촬영해야 하므로 영상을 만드는 데 소요되는 시간과 에너지가 더 크다. 특히 영상의 길이에 제한이 없어서 분량이 길고 후반 편집 작업도 긴 시간을 요하게 된다. 이것은 마치 짧은 광고 영상이 아닌 단편영화나 드라마를 촬영하는 것과 같은 노력이 필요하다. 긴 영상의 흐름 탓에 광고 영상에 세부적인 부분을 고민해야 하기 때문에 영상 편집은 더 중요할 수밖에 없다. 따라서 인터랙티브 카피라이터는 광고 영상의 시나리오 작업부터 촬영현장까지 밀착해서 살펴봐야 한다. 그래야 편집 작업을 할 때 어떤 영상소스들이 있고 어떻게 편집해야 하는지 스토리 편집을 할 때 전체 맥락을 이해할 수 있기 때문이다. 따라서 카피라이터는 인터랙티브 광고 영상을 만들기 위해 필요에 따라 영상 편집 작업에 적극 참여할 수도 있고 적절한 편집 아이디어를 낼 수도 있어야 한다.

광고 영상에서 편집은 영상의 완성도를 높이는 중요한 일이다. 편집은 시나리오에서 표현하고자 했던 내용을 정리하고 핵심 메시지를 부각시키는 작업이다. 때로 촬영에서 부족했던 부분을 편집의 묘미를 통해서 살릴 수도 있다. 영상 편집은 원치 않는 영상 부분을 삭제하고 필요한 부분은 분리하여 새로운 부분으로 합성하고 정렬하는 것이다. 이를 후반 작업後半 作業 또는 포스트 프로덕션post production이라고 한다. 이는 녹음 및 녹화, 사진 촬영, 영화, 비디오, 텔레비전 프로그램, 디지털 아트의 제작 과정 중 하나를 가리키는 말로서, 실제 촬영이 모두 끝난 뒤에 이루어지는 생산 작업을 통틀어 말하는 일반 용어다.

1차적으로 촬영한 광고 영상 편집본은 촬영한 영상의 전반적인 흐름을 확인할 수 있도록 만든 가편집본을 말한다. 이를 토대로 광고 대행사의 담당자와 감독이 함께 의논하여 영상의 전반적인 부분에 대해 회의를 한다. 그리고 광고 영상으로서 꼭 필요한 부분을 중심으로 소비자 전달이 되도록 다듬는 작업을 거친다. 1차 시사 이후 약 2~3일의 시간을 들여 편집을 한 뒤에 수정본을 가지고 2차 시사를 진행하게 되는데, 광고주의 의견들로 보완하여 2차 영상 편집을 내부에서 확인하여 완성도를 높인 뒤에 담당 AE가 광고주 시사를 한다.

보통의 경우 1차 시사에서 광고주의 컨펌받는 경우는 드물다. 광고주 수정사항에 따라 추가 편집이 여러 번 이뤄지는 것이 보통이다. 수정사항이 발생하는 경우는 부정적인 장면이나 표현,

브랜드의 노출이 부적절한 경우, 기타 광고 영상의 내용에 추가나 보완하고 싶은 것이 있을 때다. 2차 시사에는 광고주의 요청사항이 보완되었는지 함께 확인하고 추가로 나온 의견을 최종 정리하여 보완하면 이후에 최종 컨펌을 받고 완료된다.

또한 편집 과정에서 음향은 지대한 영향을 미친다. 촬영된 영상 광고에 어떤 음악을 배경으로 정하느냐에 따라 영상의 전달 효과와 감동은 달라질 수 있다. 배경음악을 넣을 때 주의할 점은 반드시 저작권에 문제가 없어야 한다는 점이다. 브랜드송이 제작된 것이 있거나 저작권이 있는 음악을 사용할 때는 문제 될 것이 없지만 사용할 수 있는 곡이 없을 경우에는 한국음악저작권협회를 통해 저작권 문제를 해결하고 음악을 사용해야 한다. 보통의 경우 프로덕션에서 영상에 맞는 음원들을 찾아서 결정하도록 제공해준다. 그리고 선택된 음악은 저작권에 대한 문제를 해결하기 위해 음원에 대한 비용을 지불하게 된다.

편집이 완료된 이후 인터랙티브 광고 영상을 만들 때는 기술적인 부분들을 체크해보면서 영상을 온라인 사이트에서 체험할 수 있도록 만드는 작업을 한다. 이때 영상이 기술적으로 구현되는 것을 확인하고 전체 스토리가 의도된 것처럼 완성되는지 살펴봐야 한다. 자막이 필요하거나 카피가 삽입되어야 할 장면이 있다면 카피작업을 한다. 또한 인터랙티브 광고 영상의 체험이 끝난 후에는 확산 이벤트로 연결되는데, 이때의 엔딩 페이지에 들어갈 카피문구들에 대해서도 정리를 해야 한다.

05 광고 메시지 전달력을 높여주는 자막 디자인

광고 영상에서 자막은 전달하는 메시지를 더 강화시켜 준다. 영상의 흐름에서 부족한 부분을 보완해주기도 하고 디자인 요소를 추가하여 영상을 돋보이게 해준다. TV에서 예능 프로그램이나 다큐멘터리를 보면 화면으로 표현하지 못한 부분이나 강조할 점을 텍스트 자막으로 표기하는 경우가 많다. 광고 영상도 마찬가지로 소비자의 이해를 돕기 위해 자막을 활용한다.

카피라이터가 자막 작업을 하면 영상에서 꼭 전달해야 하는 내용의 맥을 짚어줄 수 있다. 소비자들이 영상을 봤을 때 이해하기가 한결 쉬워진다. 그리고 영상의 흐름에서 강조되어야 할 내용은 자막을 통해서 더 임팩트 있게 전달할 수 있다. 또한 광고에서 자막뿐 아니라 디자인을 통해서 자막의 텍스트를 꾸며 주면 영상을 더 풍성하게 만들 수 있기 때문이다. 예를 들어, 카레이싱 장면에서는 스피드가 느껴지는 디자인 자막을 넣으면 의미가 더 살아날 것이다. 만약 영상이 힙합에 대한 것이라면 그래피티의 느낌이나 자유로운 힙합을 연상시키는 디자인을 자막에 넣을 때 추가할 수 있을 것이다. 이를 통해서 영상의 전달력과 표현력은 더 극대화되어 소비자들은 영상의 내용에 집중할 수 있게 될 것이다. 이렇듯 자막 디자인은 소비자가 영상을 더 풍성하게 경험할 수 있도록 도와준다. 카피라이터가 자막 디자인 작업을 할 때 체크해야 할 부분을 정리해보았다.

광고 영상에 디자인 자막을 만들어 넣는 절차와 방법

■ 우선 광고 영상이 시나리오의 흐름이 맞게 편집되었는지 확인한다

자막 삽입을 위해서는 1차적으로 편집된 영상을 시나리오와 비교해보면서 확인한다. 그리고 영상에서 편집이 어색한 점이나 누락된 부분은 없는지 체크를 한다. 이후에 전체적으로 영상의 흐름을 살피면서 내용의 핵심을 파악한다. 그렇게 영상은 무엇을 표현하고 싶은 것인지 살펴보고 어떤 자막을 삽입할 것인지 확인하는 것이다.

■ 영상의 흐름에 맞게 전반적인 내용을 자막으로 정리해본다

영상에 어울릴 자막의 초안을 작업한 뒤에 나열하여 내용을 살펴본다. 자막을 보는 것만으로도 영상의 내용이 함축해서 보인다면 잘 정리된 자막이다. 우선 이렇게 영상과 별도로 자막의 기본 골격을 짜보는 것이 좋다. 그 후에 자막의 가독성이 좋아지도록 최대한 짧은 문장으로 자막을 정리해보는 것이 좋다. 이때는 어휘, 단어 선택, 문맥, 맞춤법 등에 대한 다양한 검토를 마쳐야 한다.

■ 광고 영상에 자막이 들어갈 부분을 캡처하여 자막을 올려본다

자막 내용들이 정리된 후에는 영상으로 돌아간다. 영상을 보면서 자막이 들어가야 할 부분들을 캡처한다. 영상 플레이어들은 기본적으로 화면을 캡처하는 기능을 가지고 있다. 때문에 모니터에서 광고 영상에 자막이 들어갈 부분들을 캡처한 뒤에 이를 PPT에 붙이는 작업을 한

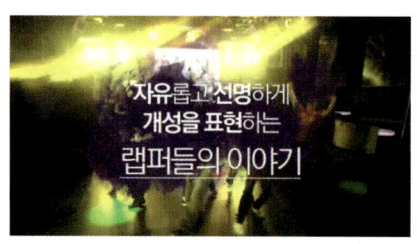

영상의 톤 앤 매너와 맞게 작업해 올리는 디자인 자막
* 광고주 : 삼성전자
* 광고회사 : Cheil Worldwide/MOG Communications
* 출처 : Daum TV팟 영상 캡처

다. PPT에 캡처된 화면을 일괄적으로 올리는 방법은 2007버전 마이크로소프트 오피스 프로그램 파워포인트를 사용하면 된다. 프로그램의 상단 메뉴에 삽입으로 들어가서 사진앨범을 누르면 '새 사진 앨범' 메뉴가 있다. 이것을 누르고 사진이 있는 곳을 찾아서 모든 캡처된 사진을 입력하면 PPT 1장에 1개의 캡처 이미지가 전부 자동으로 올라가게 된다. PPT를 통해 캡처된 이미지가 올라간 곳마다 자막 카피들을 올려서 자막 구성과 흐름에 맞게 배치해보면 작업이 수월해진다. 이때는 들어가야 할 자막이 영상과 잘 어우러지는지 확인해야 한다.

■ **디자이너에게 디자인 자막을 요청하고 자료를 전달한다**

광고 영상에 들어갈 자막 카피들이 모두 작성되었다면 이를 토대로 디자이너에게 자막 디자인을 요청하면 된다. 디자이너는 영상의 내용과 목적 등을 설명하기 위해 영상을 먼저 보여 준다. 그리고 영상의 자막이 어디에 들어가면 되는지 설명하는 PPT 문서를 전달하면 된다. 영상의 콘셉트에 따라 디자인 자막의 톤 앤 매너가 결정되기 때문에 분위기를 살리기 위해 어떻게 자막이 들어가면 좋을지 회의를 하는 것도 좋다.

■ **자막 삽입이 끝난 후 삽입이 잘 되었는지 최종 확인한다**

디자인 자막이 완성되면 편집실에서 영상에 자막을 넣는다. 편집실에서 디자인 자막 파일을 받으면 영상에 들어가는 디자인 파일을 확인한 후 영상의 레이아웃에 맞게 배치하여 노출효과를 주면 영상에 자막을 넣는 작업은 마무리된다. 영상의 내용을 위해 디자인 자막의 위치나 크기가 조정되기도 하므로, 최종 작업에서는 카피라이터가 최종 편집본을 확인하면서 디자인 자막을 수정하거나 영상을 수정하면서 완성도를 높여 간다.

■ **최종 작업 후 완성된 영상은 광고주 컨펌을 받는다**

마무리된 영상은 담당 AE에게 전달하여 내부 시사를 통해 보완할 점이 없는지 최종으로 점검한다. 내부적으로 완성도에 문제가 없다는 판단이 되면 광고주에게 영상을 시사한다. 광고주

시사를 마치면 요청이나 수정사항에 따라 추가 편집 작업을 진행하여 광고주에게 최종 시사를 진행하게 된다. 담당 AE를 통해 영상이 최종 컨펌되면 소비자에게 온라인 광고 캠페인을 통해 노출되고 광고 영상의 작업은 마무리된다.

06 완성된 광고 영상의 소비자 전달 및 확산방법

동영상 광고를 TV로만 접할 수 있었던 과거에는 광고 영상이 소비자에게 노출되려면 공중파 방송사에 광고 매체비를 지불하고 소비자에게 노출할 수 있었다. 하지만 오늘날 온라인에서는 사이트와 모바일 등에서 동영상 광고가 자유롭게 확산되고 있다. 디지털 미디어 환경에서는 콘텐츠의 힘 자체가 중요해진 시대가 온 것이다. 유튜브로 세계적인 스타가 된 가수 '싸이'는 유튜브의 영향력을 보여 주는 좋은 사례다. 전 세계적으로 그의 노래와 춤을 볼 수 있는 채널을 선택하여 소개했고 이것이 인기를 얻어 급속도로 확산되었기 때문이다. 어떤 영상 콘텐츠라도 온라인에서는 소비자에게 빠른 확산이 가능하다. 이러한 영향 때문에 국내 포털사이트들도 영상 콘텐츠의 확산을 자유롭고 다양하게 할 수 있게 만들었다.

온라인에서 접하는 모든 콘텐츠들은 기본적으로 확산에 최적화되어 있다. 각 포털사이트를 보면 트위터나 페이스북을 비롯한 다양한 SNS 서비스에 컨텐츠를 퍼갈 수 있도록 버튼을 달아둔 것을 보면 알 수 있다. 또한 블로그에 퍼갈 수 있도록 소스를 제공하는 것도 함께 제공된다. 온라인 공간의 특징은 바로 공유와 소통이라 할 수 있는데, 광고 콘텐츠 역시 마찬가지다. 온라인으로 유통되는 광고 콘텐츠는 기본적으로 SNS로 확산이 되도록 제작되어 노출되고 있다. 그리고 인터랙티브 광고 영상은 소비자의 상호작용으로 완성되는 것이기 때문에 소비자가 만든다고 해도 과언이 아니며, 영상의 확산도 소비자에게 달려 있다. 온라인 광고 영상이 어떻게 소비자에게 전달되고 확산되는지 살펴보기로 하자.

1 포털사이트와 제휴를 통한 노출과 확산

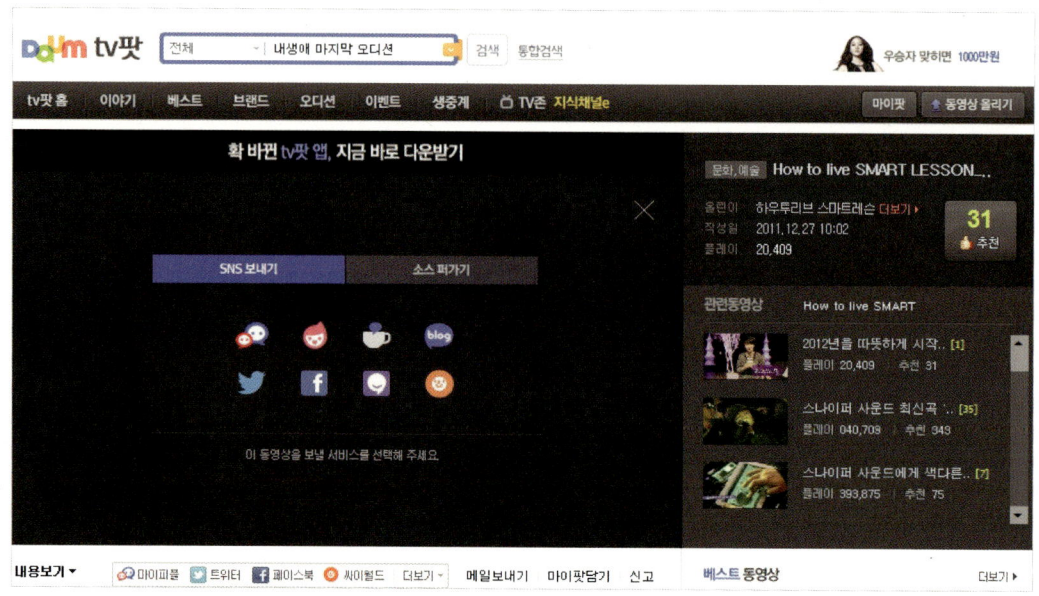

Daum TV팟의 동영상 콘텐츠의 다양한 SNS 확산 아이콘
* 출처 : Daum TV팟 캡처

  'Daum TV팟'에서는 동영상을 SMS로 보내거나 소스를 이용하여 블로그에 퍼갈 수 있도록 했으며, 국내외 다양한 SNS 채널을 제공한다. 요즘과 마이피플, 카페, 블로그, 트위터와 페이스북, 네이버의 미투데이와 싸이월드에 이르기까지 전반적인 확산경로를 제공하고 있다. 이와 같은 흐름을 보면 광고 영상은 온라인에서 다양한 확산을 유도하는 것이 매우 중요한 일임을 알 수 있다. 포털사이트뿐만 아니라 광고 캠페인이 진행되는 사이트에서도 영상 콘텐츠를 확산되도록 SNS 아이콘을 붙여놓는 것이 일반화되어 있다. 또한 광고 컨텐츠를 SNS나 블로그로 확산하면 이벤트에 자동 응모되도록 해서 광고 노출 효과를 극대화하는 방법도 보편화되고 있는 추세다.

2 온라인 광고 캠페인을 통한 노출과 확산

  크리니크에서 진행한 안티-블레미쉬 캠페인은 〈그 남자, 그 여자의 안티-블레미쉬 30일〉이라는 캠페인을 통해 광고 영상을 제작했고 체험단을 모집하는 이벤트를 진행했다. 영상에서는 두

남녀가 페이스북에서 호감을 갖게 되어 자연스레 만나려 하지만, 서로의 얼굴에 난 여드름 때문에 30일 후에 만나는 것으로 약속을 정한다. 그리고 30일 동안 크리니크 안티-블레미쉬를 사용하여 여드름을 해결한 후에 만나 사랑에 빠진다는 내용이다. 영상의 후반에는 누구나 여드름이 있다면 그 남자, 그 여자처럼 제품을 통해 해결할 수 있다고 말하고 체험단을 모집하는 이벤트 내용을 넣었다. 그렇기 때문에 영상 자체가 제품을 알리는 광고의 수단이자 이벤트 참여를 유도하는 광고 콘텐츠가 되는 것이다. 효과적으로 홍보를 하기 위해 페이스북과 트위

SNS로 영상을 공유하면 경품을 제공하는
크리니크 안티-블레미쉬 캠페인
• 광고주 : 크리니크 • 광고회사 : MOG Communications
• 출처 : anti-blemish.cliniquekorea.co.kr

터에 영상을 공유하면 경품을 제공하는 이벤트도 함께 진행하여 소비자에게 노출을 극대화시켰던 사례이며 체험단 남녀들의 오프라인 미팅까지 진행한 캠페인이었다.

③ SNS 플랫폼을 통한 영상의 체험과 확산

또한 인터랙티브 광고 무비의 경우 소비자가 주인공이 되는 영화가 만들어지고 완성된 영화가

페이스북이나 트위터를 통해 확산되는 방법이 있다. 페이스북을 기반으로 한 소셜 무비는 소비자가 체험하면 자신과 친구들의 페이스북 담벼락을 통해 자동으로 광고 메시지가 확산된다. 또한 블로그나 미니 홈페이지에 URL이나 HTML 소스로 퍼갈 수 있도록 했고 영상을

뉴트로지나맨 소셜 무비를 체험하면 나오는 확산 페이지
• 광고주 : 뉴트로지나 • 광고회사 : INNORED • 출처 : 뉴트로지나맨 페이스북

QR코드를 통해 스마트폰으로도 광고 캠페인을 진행한 보해 月 광고
*광고주 : 보해양조 *광고회사 : Cheil Worldwide/AdQUA Interactive *출처 : www.bohaemoon.com

다시 체험하거나 제품을 구매하도록 연결시킬 수 있다.

소비자의 페이스북 담벼락에 광고 콘텐츠를 올리는 것에 대해 동의를 얻는 것은 광고 캠페인에 참여하는 초기 도입부에서 하는 것이 보통이다. 캠페인 사이트를 중심으로 하는 경우에도 참여한 소비자의 페이스북 담벼락에 광고 콘텐츠의 광고를 올리는 것은 동의가 필요하다. 따라서 소셜무비가 시작되기 전에 소비자의 페이스북에 광고 내용을 올려도 되는지 동의를 구하고 시작하는 것이 일반적이다. 하지만 보해 月인터랙티브 광고 캠페인은 광고 영상의 중간 이벤트에서 소비자의 페이스북에 광고 내용을 올려도 되는지 확인했다. 소비자의 동의를 구하는 것도 영상의 흐름 안에서 자연스럽게 이뤄지도록 설계한 것이다. 이후 소비자의 페이스북 담벼락에는 광고 내용이 자연스럽게 노출되도록 했다. 그리고 소비자의 페이스북 담벼락을 통해서 광고 내용을 확인한 페이스북 친구들은 이 내용을 클릭하여 캠페인에 유입되도록 만든 것이다.

 ## 모바일을 통한 영상의 체험과 확산

마지막으로 모바일을 통해 캠페인을 체험시키는 아이디어가 있다. 광고 캠페인 사이트를 모바일로 연결시키는 것이며 소비자의 SNS로 콘텐츠를 전달하여 광고 효과를 얻을 수 있도록 한 것이 특징이다. 그러나 소비자의 페이스북 담벼락에 광고 게시물을 올리기 위해서는 반드시 소비자의 동의를 거쳐야 하므로, 광고 캠페인에 참여하는 소비자에게 페이스북 앱 허가를 요청하는 과정이 필수로 포함된다.

앞서 언급한 보해 月 광고는 오프라인 QR코드와 모바일을 통해서도 인터랙티브 광고 영상을 접할 수 있도록 만든 것이 특징이다. 스마트폰을 가지고 있는 소비자라면 언제 어디서나 다양한 채널을 통해서 광고 영상 콘텐츠를 접할 수 있게 되었고, 이를 통해 광고는 더 많은 확산을 일으킬 수 있었다. 기존에 시도되지 않았던 스마트폰을 이용한 광고영상 콘텐츠의 노출과 소비자의 영상스토리 선택이 가능해졌다. 이는 소비자들의 체험을 더욱 쉽고 빠르게 만들어 준 것이다.

이처럼 스마트폰을 중심으로 한 소비자의 디지털 미디어 커뮤니케이션은 앞으로도 활성화될 것이라 전망된다. 디지털 시대의 광고는 소비자가 있는 곳이라면 어디든지 자연스럽고 편리하게 찾아가 커뮤니케이션을 할 것이다. 그리고 상호작용적인 체험으로 브랜드와 소비자를 연결시킬 것이다.

07 선택형 구조의 인터랙티브 광고 무비 사례

인터랙티브 광고 무비는 온라인 사이트에서 소비자가 체험하는 상호작용적 영화를 뜻한다. 하지만 이것은 광고라는 목적을 가지고 있기 때문에 소비자가 영상을 체험하면 소비자의 SNS로 확산하여 마무리되는 것이 특징이다. 온라인 사이트에서 상호작용적으로 체험하는 영화 형태의 광고를 인터랙티브 광고 무비라 하며, 페이스북과 같은 SNS에서 영화 형태의 광고를 체험하는 것을 소셜 무비라고 한다. 지금까지의 영상광고가 소비자에게 일방향으로 보여 주는 것이었다면 이제 인터랙티브 광고 영상은 소비자의 참여와 소비자의 스토리 선택에 따라 광고 영상이 완성된다. 이 과정을 통해 인터랙티브 광고 영상에 담겨진 광고적인 메시지들을 자연스럽게 체험하는 것이다.

이처럼 온라인 기술이 발달함에 따라 소비자와 상호작용을 하는 광고 콘텐츠가 점차 늘어나고 있다. 소비자와의 상호작용은 더 긴밀해졌고, 광고는 소비자가 자연스럽게 제품을 체험할 수 있도록 영화의 형태로 노출되고 있으며, 더 많은 소비자들이 광고를 확산하게 만든다. 국내외 사례들 중에서 인터랙티브 광고 캠페인을 선별하여 이를 설명하고 스토리의 구조와 상호작용을 일으키는 요소들을 찾아 분석해보겠다.

　온라인을 통해 진행된 영화 광고의 사례는 2001년 BMW의 〈THE HIRE〉라는 단편영화가 유명하다. 약 7분 정도의 러닝타임을 가진 이 영화는 유명 배우들과 자동차, 그리고 BMW의 빠른 스피드의 액션을 담았다. 광고영화의 주인공은 액션배우 클라이브 오웬으로 미스터리한 분위기를 풍기는 운전기사 역할을 맡았다. 이 운전기사는 마돈나, 게리 올드만, 제임스 브라운 등과 같은 유명배우들을 추격하는 악당들로부터 안전하게 목적지로 이동시키는 역할이며 자동차 추격전과 긴박한 액션을 통해 BMW의 뛰어난 장점들을 선보인다. 이 단편영화는 BMWfilms.com에서 비디오 스트리밍 기법을 통해 전 세계적으로 상영되어 이슈가 되었는데, 당시에는 광고가 영화로 제작되었다는 것 자체가 새로운 시도였다. 이 당시 광고영화는 단편영화의 형태로 소비자에게 노출했다. 이후 온라인에서는 다양한 광고 영상이 제작되어 소비자들에게 노출되기 시작했다.

　현재에도 온라인에서는 다양한 광고 영상이 제작되어 노출되고 있다. 그리고 최근에는 인터랙티브 광고와 소셜 무비 등으로 광고 속 이야기를 소비자가 직접 체험하고 내용을 선택할 수 있게 되었다. 일방향으로 광고 영상이 소통되는 것이 아니라 쌍방향으로 소비자와 광고 영상이 완성되게 한 것이다. 대표적인 사례로 해외의 트윅스 캠페인과 국내의 뉴트로지나맨을 꼽을 수 있다. 트윅스의 경우 3인칭으로 주인공의 행동을 선택하게 만들었고, 뉴트로지나맨의 경우에는 소비자가 주인공이 된 느낌을 전달하기 위해서 1인칭 시점으로 주인공의 상황을 선택하게 만들었다. 여기서 광고 제품은 스토리에서 갈등을 해결하는 역할로 노출하게 된다. 이를 통해 소비자들은 광고에 더 몰입하게 되고 동시에 브랜드와 제품을 자연스럽게 체험하게 된다.

선택형 구조의 시나리오 분석

시작 → 갈등 상황 → 상황 선택 → 내용 전개 → 브랜드 체험 → 엔딩 → 확산 및 이벤트 응모

　선택형 구조의 인터랙티브 광고 무비는 단편영화 같은 스토리에 소비자를 주인공이 되게 한다. 그리고 극적인 요소들을 배치하고 소비자가 스토리를 선택하도록 만드는 것이 특징이다. 소비자는 온라인 웹사이트에서 진행되는 광고 스토리의 전개에 맞춰 마우스 클릭으로 이야기의 흐름을 끌고 가게 된다. 광고 스토리에서 제품과 브랜드는 갈등이나 문제해결의 열쇠가 되고 결말을 이끄는 중요한 역할을 하게 된다. 따라서 소비자는 스토리 안에서 경험한 브랜드와 제품에 대한 호감을 느끼게 된다.

사례 1 **해외 : 트윅스 〈Get the girl〉 유튜브 인터랙티브 러브 스토리** YouTube & Web 기반

트윅스Twix의 인터랙티브 광고 무비 〈Get the girl〉은 주인공 남자의 행동을 소비자가 선택하게 하여 여자친구의 사랑을 얻게 만드는 스토리다. 트윅스 인터랙티브 광고 무비는 3인칭 전지적 시점으로 구성되어 있고, 스토리의 중간 중간에 소비자가 마우스로 에피소드에 대한 대답이나 행동을 선택할 수 있게 만들었다. 인터랙티브 광고 무비가 시작되면 소비자는 PC 속의 남자 캐릭터의 행동이나 말을 마우스로 클릭하여 여자주인공의 마음을 사로잡아야 한다. 여자주인공에게 잘못된 답변이나 행동을 선택하는 경우에는 예측하지 못한 돌발 상황이 펼쳐지기 때문에 적절한 선택을 해야 한다. 인터랙티브 광고 무비에서 제품인 트윅스의 역할은 남자주인공이 적절한 선택을 할 수 있도록 시간을 벌어주는 역할이다. PC 앞의 소비자가 상황에 맞는 답이나 행동을 선택할 때까지 남자 주인공은 트윅스를 먹으며 생각을 하는 영상이 노출되는 것이다. 이를 통해 소비자는 트윅스 제품을 반복적으로 보게 되고 제품의 콘셉트를 학습하게 된다.

이처럼 트윅스 〈Get the girl〉 스토리는 소비자의 참여와 선택으로 결정된다. 소비자가 적절한 답변이나 행동을 하지 못하는 경우 여자 주인공의 마음을 얻는 데 실패하게 된다. 따라서 남자 주인공의 작업을 성공시키기 위해서는 소비자의 선택이 중요할 수밖에 없다. 혹시라도 소비자가 선택한 말이나 행동이 잘못된 것이라면 여자주인공에게 따귀를 맞거나 그녀를 다른 이에게 빼앗기는 엔딩을 경험하게 된다. 하지만 잘못된 선택을 했을지라도 그것이 끝은 아니다. 영상에서 잘못된 선택을 바꿀 수 있도록 영상이 되감기되면서 다시 기회를 준다. 잘못 선택했다고 해서 처음부터 영상을 재시작할 필요는 없다.

트윅스 〈Get the girl〉 인터랙티브 광고 무비 내용소개

트윅스 〈Get the girl〉 인터랙티브 광고 무비의 내용을 살펴보자. 남자주인공은 저녁에 만난 아름다운 그녀의 마음을 얻기 위해 작업을 시작한다. 일단 그녀와 자신의 아파트로 가려는 순간부터 도착할 때까지 온갖 남자들이 끼어들어 방해를 한다. 마음에 들지 않는 남자들을 쫓아내기 위해서는 어떻게 해야

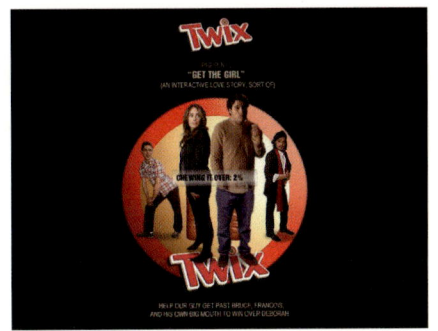

Twix의 인터랙티브 러브 스토리 〈Get the girl〉 사이트 메인 화면
* 광고주 : Twix | 광고회사 : BBDO New york
출처 : Twix 'Get the girl' Site

할까? 이때부터 트윅스를 먹으면서 고민이 시작된다. 소비자는 주인공을 위한 최선의 방법을 선택하면 된다.

　소비자가 최선의 선택을 했다면 우여곡절 끝에 여러 경쟁자들을 쫓아내고 마침내 여자를 자신의 아파트로 데려오는 데 성공한 남자주인공을 볼 수 있다. 하지만 아파트 문을 열고 안으로 들어가니 여자가 인상을 찌푸릴 정도로 방 안은 무척이나 지저분하다. 청소가 안 된 아파트 상황을 어떻게 둘러대면 좋을지 트윅스를 먹으며 마지막 고민을 하게 된다. 여기서도 역시 소비자의 마우스 클릭이 있기까지 트윅스를 반복해서 먹고 고민하는 남자주인공의 모습을 볼 수 있다. 이제 남은 것은 여자의 마음을 얻느냐 못 얻느냐의 엔딩이 남았을 뿐이다. 하지만 마지막 선택이기에 잘못된 판단을 하게 되면 각각 다른 결말을 보게 된다. 마지막 선택이라 할지라도 음흉한 속내를 드러내면 여자주인공의 가방에서 나온 휴대용 전기충격기를 맛보게 된다. 그리고 남자주인공은 바닥을 뒹구는 결말로 마무리되는 것이다. 그러나 적절한 답변을 선택하면 마침내 여자와의 로맨틱한 분위기가 연출되는 해피엔딩으로 막을 내리게 된다. 이는 바로 남자주인공이 트윅스를 먹으며 여유를 가지고 올바른 선택을 한 결과다. 남자주인공에게 아름다운 여자친구를 연결시켜준 소비자들은 대리만족을 느끼게 되며, 영상의 끝에는 트윅스 제품을 자세히 볼 수 있는 메뉴가 노출된다.

트윅스의 〈Get the Girl〉 인터랙티브 광고 무비는 3인칭 시점에서 남자를 지켜보면서 그가 할 말이나 행동을 마우스로 선택하게 만들어 몰입을 유도한다. 그리고 영화에서 제품은 반복적으로 노출되어 광고 효과를 볼 수 있다. 소비자로 하여금 자연스럽게 간접적인 제품 체험을 유도하는 것이다. 이처럼 인터랙티브 광고 무비는 영상의 스토리를 통해 자연스러운 제품의 체험을 이끌어낼 수 있으며 이를 위한 인터랙티브 카피라이터의 시나리오 작성 능력이 매우 중요하다.

 ## 사례 2 국내 : 뉴트로지나맨 론칭 캠페인 소셜 무비 Facebook 기반

뉴트로지나 브랜드 최초로 남성전용 제품이 출시되었다. 그리고 남성 소비자들에게 알리기 위한 뉴트로지나맨Neutrogena Men 론칭 캠페인을 진행하게 되었다. 먼저 주 타깃인 30대 남성을 분석해 보니 30대 타깃들은 TV를 잘 보지 않으며 주로 컴퓨터를 이용하는 것으로 조사되었다. 그래서 30대 남성 타깃과 가장 효과적으로 커뮤니케이션할 수 있는 온라인 중심의 광고 캠페인을 진행하기로 했다. 따라서 남성들이 좋아할 흥미로운 광고 콘텐츠를 만들고 이를 SNS로 확산시킬 소셜 무비를 만들게 되었다. 그리하여 페이스북을 통해 진행된 뉴트로지나맨 캠페인은 제품의 핵심 속성인 'Cool'을 콘셉트로 '쿨한 남자가 성공한다'는 메시지가 도출되었고 이를 토대로 시나리오를 작성하여 광고를 제작했다.

뉴트로지나맨 소셜 무비는 광고회사 팀장인 이하늬가 뉴트로지나맨 론칭 광고를 맡게 되면서 남자모델을 찾는 내용이다. 뉴트로지나맨 제품의 광고 모델을 찾는 이하늬는 세계적으로 성공한 사업가인 소비자에게 제품의 모델이 되어 달라는 부탁을 해야 한다. 그러나 이하늬와 소비자는 과거에 연인이었다는 사실이 밝혀지면서 재미있는 스토리로 전개된다.

뉴트로지나맨 소셜 무비는 페이스북 기반으로 진행되었기 때문에 참여한 소비자의 프로필 사진과 페이스북 친구들의 사진은 소비자의 동의를 거쳐 모두 활용할 수 있다. 참여하는 소비자는 영화의 주인공으로서 세계적으로 성공한 사업가로 출연하게 된다. 그리고 페이스북 친구들은 조연으로 등장하면서 재미를 준다. 이처럼 소비자와 페이스북 친구들이 영화의 주인공과 조연으로 캐스팅되기 때문에 재미요소를 더 극대화시킬 수 있었다. 또한 영상의 중간 중간에 소비자가 스토리를 선택하면서 자연스럽게 제품을 체험할 수 있게 했다.

또한 뉴트로지나맨 소셜 무비는 제품의 타깃이 남자인 점을 고려하여 광고를 체험하는 소비자는 반드시 남자만 참여하도록 설정되게 했다. 만약 여성 소비자가 영상을 체험하려면 자신의 페이스북 친구들 중에서 남자를 대신 설정해야 한다. 그리고 자신은 조연으로 출연하게 되어 영상의 스토리에 혼선을 주지 않도록 했다. 이후 아류작으로 나온 화장품 브랜드의 소셜 무비를 보면, 영상의 주인공은 여성이어야 함에도 불구하고 남성 소비자가 참여할 수 있게 설정하여 혼란을 주기도 했다. 이런 부분은 세심하게 참여자를 고려하지 않아서 발생하는 문제이므로 광고 제작에서 주의해야 한다.

뉴트로지나맨 〈Be Cool〉 인터랙티브 광고 무비 내용소개

초기 페이지에서 소셜 무비의 캐스팅이 완료되면 인터랙티브 광고 무비가 시작된다. 로딩 시간에는 영화의 배경을 설명하여 소비자들의 이해를 돕는다. "광고회사 팀장인 이하늬는 남자 화장품인 뉴트로지나맨 출시를 앞두고 쿨한 이미지의 광고 모델을 찾고 있지만 마땅한 모델이 없다. 그러나 제품의 출시 날짜는 점점 다가오는데……"라는 설명으로 영상이 시작된다.

출근하기 전, 집에서 운동을 하고 있는 이하늬 팀장의 모습. 날씬한 몸매가 화면에 보이면서 참여한 소비자의 시선을 사로잡는다. 경쾌한 음악과 함께 이하늬의 프로필이 소개되는데 이하늬는 뉴트로지나맨을 담당하는 광고회사의 팀장이다.

집에서 운동을 하다가 모니터를 통해 뉴트로지나맨 광고 모델의 후보를 확인하는 이하늬 팀장의 모습이 보인다. 이때 등장하는 남자 광고 모델 후보들은 참여한 소비자의 페이스북에 등록된 친구들이다. 친구들의 사진은 이하늬가 고개를 저으며 평가하는 모습을 재미있게 볼 수 있다. 마땅히 모델을 찾을 수 없는 이하늬 팀장은 고개를 흔들며 한숨을 내쉰다. 그리고 뉴트로지나맨 제품을 보며 혼잣말로 속삭인다.

"너처럼 쿨~한 남자, 어디 없니?"

운동을 마친 뒤 회사로 출근하는 이하늬 팀

뉴트로지나맨 론칭 캠페인 소셜무비 페이스북 기반의 메인 화면
• 광고주 : 뉴트로지나 • 광고회사 : INNORED
• 출처 : 뉴트로지나맨 페이스북

장의 모습이 보인다. 회사 건물에 도착하면 1층 게시판에는 동료들의 재미있는 소식이 펼쳐진다. '이달의 지각왕', '이달의 우수사원', '결혼한 사내커플' 등이 참여자의 페이스북 친구들로 합성되어 재미를 준다. 회사 사무실로 들어간 이하늬 팀장은 자신의 책상 위에서 서류봉투와 함께 메모를 확인한다. 그것은 바로 뉴트로지나맨 광고 모델로 가장 적합한 사람을 찾았고 꼭 캐스팅하라는 국장님의 메모였다. 그리고 서류 봉투를 열어 보던 이하늬는 그 사람의 얼굴사진이 보이자 놀라게 된다. 그것은 바로 영상을 체험하고 있는 소비자의 사진인 것이다. 그리고 함께 들어 있는 신문기사에는 그 남자(소비자)는 매출 100조를 달성한 사업가라는 내용이 보인다. 이러한 설정을 통해 참여한 소비자는 자신을 소셜무비의 주인공으로 인지되게 하고 성공한 남자로서 이하늬와 특별한 관계가 있음을 느끼게 된다. 늦은 밤 이하늬는 침울한 표정으로 책상 서랍에 있는 다이어리를 꺼내어 펼친다. 그 안에는 국장님이 섭외하라고 했던 남자와 다정하게 찍은 사진이 보인다. 소비자는 이하늬의 헤어진 남자친구였던 것이다. 이하늬 팀장은 옛 남친인 소비자를 광고모델로 섭외까지 해야 하는 난처한 상황에 직면한 것이다. 하지만 곧 마음을 진정시킨 이하늬는 용기를 내어 옛 남자친구인 소비자의 페이스북 담벼락에 광고 모델을 제의하는 글을 남긴다. 이하늬의 페이스북 담벼락의 광고 모델 제의 건을 확인한 소비자는 마우스를 통해 'Yes' 또는 'No'를 선택하여 영화의 내용을 바꿀 수 있게 된다. 잘못된 선택을 하는 경우는 엔딩을 넘어가지만 다시 올바른 선택을 할 수 있도록 상황을 되돌려준다.

광고 캠페인은 성공시켜야 하는데 꼭 섭외되어야 할 광고 모델은 헤어진 남자친구라는 극적인 설정이 갈등을 빛나게 해준다. 그리고 뉴트로지나맨 제품이 갈등 해결의 매개체가 되어 스토리가 전개되므로 광고적인 묘미가 더해지는 것이다. 이처럼 뉴트로지나맨 소셜 무비를 살펴보면 갈등의 구조가 확실하다. 광고회사 팀장 이하늬가 맡은 브랜드 뉴트로지나맨의 광고 모델 선택에 대한 고민이 헤어진 옛 남자친구인 소비자로 연결되면서 갈등은 아주 구체화되는 것이다.

Yes를 선택하면 이하늬와의 광고 모델 계약이 체결되고 옛 여자친구였던 이하늬의 호감을 살수 있다. 광고 모델 제의를 수락하면 장면이 전환되어 계약서를 체결하는 장면이 연출되고 이하늬가 웃는 얼굴로 말한다.

"헤어진 여자친구의 부탁도 들어주는 쿨한 남자구나? 고마워, 근데 너 아직도 비누 쓰니?"

"피부가 까칠하네. …… 네가 모델 할 제품이야, 한번 써봐."

이때 이하늬가 기분 좋게 뉴트로지나맨 제품을 권한다. 그리고 1인칭 시점에서 이하늬가 피부

걱정을 해주면서 얼굴을 만져주는데 마치 모니터 앞의 참여자를 직접 만져주는 것처럼 심장이 두근거리는 SE^{Sound Effect}와 함께 이하늬의 매력에 빠지게 된다. 마침내 옛 남자친구를 광고 모델로 섭외한 이하늬 팀장은 광고주들 앞에 최종 프레젠테이션을 하게 된다.

이하늬는 파워포인트에 지금껏 후보로 고민한 모델이었던 소비자의 페이스북 친구들의 사진을 보여주면서 '다중인격', '바람둥이', '피부트러블' 등의 이유로 탈락했다고 보고한다. 그리고 섭외에 성공한 옛 남자친구인 소비자의 사진을 소개한다.

"뉴트로지나맨에 어울리는 최고의 모델, 바로 이 사람입니다!"

최고의 광고 모델 섭외에 성공한 이하늬 팀장에게 모든 광고주가 환호와 박수를 보낸다. 이후 광고촬영이 완료되고 뉴트로지나맨 광고는 세계 곳곳에서 주목을 받으며 성공한 광고 캠페인이 된다. 또한 광고 모델인 소비자의 사진은 전 세계 도시의 옥외광고를 비롯하여 뉴스에도 나오고 신문에 대서 특필되는 등 놀라운 성공을 거두게 된다. 최고의 광고 모델 덕분에 광고 캠페인이 성공하자 이하늬 팀장도 행복해한다. 그리고 이제부터 성공을 축하하는 둘만의 데이트가 시작된다. 이하늬로부터 온 데이트 초대에 참여자는 수락할 것인가, 거절할 것인가를 마우스로 선택하게 된다. 'Yes'를 선택하면 함께 데이트를 하려고 준비하는 모습을 볼 수 있다. 그리고 소비자는 두 가지 타입의 데이트 중 하나를 선택할 수 있다. 오페라 공연에 함께 갈 초대권과 미니드레스를 선물로 보내거나 놀이공원 초대권과 함께 캐주얼 커플룩을 선물로 보내는 것이다. 어떤 데이트를 할 것인가 선택하면 각각의 엔딩을 볼 수 있다. 선물을 받고 옷을 입어 보는 이하늬의 행복한 모습이 보인다. 소비자는 인터랙티브 광고 무비 속에서 선물한 오페라 공연 티켓과 편지에 이름이 합성된 것을 볼 수 있다. 데이트 준비가 다 된 이하늬의 행복한 표정을 엔딩으로 볼 수 있다. 소비자와의 데이트를 하기 위해 걸어 나오는 이하늬의 모습과 함께 제품의 이미지와 제품명이 함께 노출되며 마무리된다. 이처럼 여러 가지 재미요소들을 통해 참여자가 이하늬의 남자친구가 된 것 같은 느낌을 갖게 만든다. 이러한 체험이 소비자에게 제품의 인지도와 호감도를 향상시켜 주는 것이다.

인터랙티브 광고 무비가 끝나면 소비자와 이하늬가 주인공으로 출연한 한 편의 동영상을 자신의 트위터나 페이스북, 블로그에 퍼갈 수 있게 소스를 제공하여 확산을 유도한다. 또한 영상을 처음부터 다시 만들 수도 있기 때문에 여러 번 체험해볼 수도 있다. 이 영상은 흥미를 주는 요소들이 많지만 광고 효과를 충분히 갖게 만든다. 따라서 많은 사람이 보고 참여할 수 있도록 만드는 것이 중요하다. 따라서 트위터로 확산할 때의 광고 카피도 호기심을 자극하도록 만들었다.

"나와 이하늬가 함께 찍은 영화, 드디어 개봉!"이라는 표현을 써서 소비자와 트위터로 관계를 맺은 다수의 사람들이 URL을 클릭하여 유입되게 만든 것이다. 또한 소비자의 영상에 출연한 친구들의 페이스북 담벼락에도 광고 메시지가 자동으로 붙어 확산된다. 이는 페이스북 친구들의 호기심을 자극하게 만든다. 그리고 페이스북 담벼락 메시지를 클릭한 친구들은 소셜 무비를 체험하게 되는 것이다. 이처럼 SNS는 별도의 광고비용을 지불하지 않아도 소비자가 페이스북이나 트위터를 통해 확산하게 되므로 유료로 광고를 집행하는 것 이상의 광고 효과를 거둘 수 있다. SNS를 활용한 소셜 무비가 지속적인 확산을 거듭하여 오픈 직후 15일 동안 약 10만 명이 영상을 보는 폭발적인 반응을 끌어냈다.

선택형 구조의 시나리오 작성 시 유의사항

■ 소비자가 어떤 역할로 참여하는지 알려준다

소비자가 영상에서 어떤 역할을 하게 되는지 먼저 이해시키면 참여자는 영상의 내용에 더 깊이 몰입할 수 있을 것이다. 또한 영상에 대한 이해를 쉽게 할 수 있도록 배경을 설명하고 인터랙티브 무비의 기능을 설명해주는 것이 좋다.

■ 순간 순간의 선택적 요소들로 흥미있는 인터랙션을 만든다

영상의 내용이 전개되면서 소비자의 선택에 의해 이야기의 흐름이 바뀌도록 설정해야 한다. 소비자의 선택이 명확하게 이뤄지도록 'Yes'나 'No' 혹은 각각의 행동들로 나뉘어지게 만든다. 이때 소비자의 선택에는 재미요소를 부여하여 영상에 대한 지속적인 호기심을 유발해야 중간에 소비자들이 이탈하지 않을 것이다. 경우에 따라 게임적 요소를 넣어 소비자 체험에 재미를 주는 경우도 있다.

■ 논리적으로 이야기의 흐름이 이어지는지 확인한다

소비자들의 선택에 의해서 각각 영상의 내용이 바뀌게 되므로 여기에 대한 논리적 전개가 뒷받침 되어야 한다. 선택하는 경우의 수를 복잡하게 만들면 촬영해야 하는 영상의 분량이 늘어나게 되므로 이 점에 유의해서 제작해야 한다. 흔히 올바른 선택과 잘못된 선택으로 나누고 선택이 잘못 되었을 때 다시 올바른 선택을 할 수 있도록 기회를 주는 방식으로 진행한다. 혹은 결말이 바뀌지 않는 내용을 기준으로 다양한 과정을 보여주면서 소비자 선택을 유도하는 식으로 제작하기도 한다.

■ 브랜드나 제품이 갈등이나 문제를 해결하게 만든다

이야기의 중심은 브랜드나 제품이 되게 만든다. 갈등이 해결되는 체험을 통해 소비자들은 제품의 효능이나 성능에 대해 인지하게 될 것이다. 따라서 최대한 자연스럽게 브랜드나 제품을 스토리에 담아내는 것이 관건이다. 이를 위한 스토리텔링 능력은 카피라이터에게 꼭 필요한 것이기도 하다.

■ 엔딩 부분 역시 소비자 선택에 의해 다르게 만든다

모든 이야기는 결말이 중요하다. 이에 따라 감동이 좌우되기 때문이다. 인터랙티브 광고 무비에서도 소비자의 선택에 의해서 결말이 달라지도록 만들면 소비자들에게 더 흥미있는 체험을 선사할 수 있을 것이다. 결말에도 역시 브랜드나 제품에 대한 요소들을 넣어서 영상의 마무리도 광고효과가 이뤄지게 하는 것이 좋다.

■ 완성된 인터랙티브 광고 무비는 확산을 시킨다

인터랙티브 광고 무비는 소비자에 의해 콘텐츠가 완성된다. 그리고 이것을 SNS나 블로그 등에 완성된 영상을 퍼갈 수 있도록 만들어 최대한 확산시킨다. 이를 통해 소비자의 지인들에게 흥미로운 광고 콘텐츠가 알려질 것이고 참여율은 더욱 증대될 것이다.

08 시멘틱 검색형 인터랙티브 광고 무비 사례

소비자가 온라인 영상광고의 대화창에 키워드를 입력하면 그에 해당되는 광고 영상을 볼 수 있었던 사례가 있다. 가장 대표적인 사례는 2004년에 제작되어 큰 인기를 끌었던 버거킹의 〈Subservient Chicken복종하는 닭〉 캠페인이 있다. 이 캠페인은 버거킹의 신제품이었던 텐더 크리스피 치킨 샌드위치를 알리기 위해 제작된 새로운 방식의 광고였다.

소비자가 모니터 안의 닭에게 검색어를 입력하면 이를 무엇이든 실행하는 닭의 모습을 통해 흥미를 유발했다. 이 광고 캠페인이 시작할 때 단 20명에게 이 사이트 정보를 알렸고 1주일 만에 약 4,600만 회에서 3주가 지났을 때는 약 1억 4,300만 회에 이르는 방문 수를 기록했다. 온라인을 통해 바이럴 마케팅을 진행하여 성공한 캠페인이었다. 이후 국내에서도 유사한 사례를 벤치마킹하여 진행하기도 했다.

2004년 버거킹 텐더 크리스피를 위해 제작된
〈Subservient Chicken복종하는 닭〉 캠페인

* 광고주 : burgerking
* 광고회사 : The Barbarian Group
* 출처 : www.subservientchicken.com

소비자가 키워드를 입력하는 대로 행동하는 복종하는 닭

버거킹의 〈복종하는 닭〉 캠페인의 영상의 노출 방식은 시멘틱 검색을 통해서다. 시멘틱 검색이란 검색 사용자의 키워드에 따라 정보를 분류하고 제공하는 검색 기술을 말한다. 소비자들에게 광고 영상 콘텐츠를 보여 주고 직접 키워드를 검색하도록 권한을 주고 그에 해당하는 영상을 보여 주는 방식을 말한다. 최근에는 이를 광고에 활용한 사례들이 많아졌다. 시멘틱 검색을 활용한 인터랙티브 광고 캠페인은 스토리의 다양함을 기반으로 무엇이든 검색하면 영상이 제공되는 형태다. 시멘틱 검색 방식의 인터랙티브 영상을 만들기 위해서는 우선 광고 영상의 다양한 경우들을 촬영해야 한다. 그리고 소비자들의 예상 가능한 검색 키워드들을 추출한 뒤 그룹을 묶어 놓고 관련된 영상으로 매칭시켜서 노출시키는 것이다.

시멘틱 검색형 인터랙티브 광고 무비의 구조
시작 → 배경 설명 → 검색창 노출 → 다양한 검색 → 각각의 영상 노출 → 브랜드 및 제품의 체험 → 영상의 확산 → 이벤트 응모

시멘틱 검색형 광고는 소비자에게 광고 영상의 선택권을 준다. 광고 영상을 통해 소비자에게 상황을 설명하고 화면에 검색창을 제공하여 어떤 내용이든 키워드로 검색하게 만든다. 키워드를 입력할 수 있게 만든 검색창은 소비자가 입력한 키워드에 맞는 영상으로 연결시켜 주기 때문에 소비자로 하여금 재미를 느끼게 한다. 이러한 체험으로 소비자들은 제품에 대한 호감을 갖게 된다. 또한 검색한 영상들은 SNS로 확산하여 광고 효과를 극대화할 수 있다.

 사례 3 **해외 : Tipp-Ex의 〈A hunter shoots a bear〉 시멘틱 검색 무비** YouTube & Web 기반

프랑스의 Tipp-Ex는 무언가를 잘못 썼을 때 지우고 다시 쓸 수 있는 수정 테이프다. 이 제품의 속성인 지웠다 다시 쓸 수 있다는 특성을 각인시키기 위해 시멘틱 무비를 제작했다. 소비자에게 흥미 있는 방법으로 이야기를 전달하기 위해 사냥꾼과 곰의 이야기가 시작된다. 사냥꾼은 곰을 총으로 쏴서 사냥해야 하지만 마음이 약해진다. 결국 사냥꾼은 곰을 쏠 수 없다고 외치며 광고는

시작된다. 앞서 설명한 버거킹의 〈복종하
는 닭〉 캠페인과 유사한 방식으로 사냥꾼
에게 키워드를 입력하여 곰을 어떻게 할지
지시할 수 있다. Tipp-Ex 온라인 광고 캠
페인은 약 40여 개의 다양한 영상들이 소
비자가 입력한 키워드에 따라 노출되도록
제작되었다. 소비자는 다양한 검색을 통해
노출되는 영상을 기대하며 여러 번 키워드

Tipp-Ex의 유튜브 채널을 활용한 〈A hunter shoots a bear〉 메인 화면
• 광고주 : BIC • 광고회사 : Buzzman • 출처 : Youtube Tipp-Ex

를 입력하게 된다. 국내에도 알려져 인기를 끌었던 시멘틱 무비 방식의 온라인 광고 캠페인은 지
속적으로 벤치마킹되고 있다. 소비자가 키워드를 입력하는 영역에 동사를 넣을 때마다 예상치
못한 다양한 영상이 나오는 재미를 준다.

Tipp-Ex의 〈A hunter shoots a bear 〉 내용 소개

　텐트 옆에서 사냥꾼이 양치를 하고 있던 중 갑자기 곰이 나타나 텐트 옆으로 다가온다. 당황한
사냥꾼은 곰을 총으로 쏠 것처럼 겨누게 된다. 이때 영상 화면에 두 가지의 행동을 선택할 수 있
도록 버튼이 노출되고 소비자가 선택하여 클릭하게 한다. '곰을 쏜다', '곰을 쏘지 않는다'의 버튼
중에서 무엇을 택하든지 사냥꾼은 모니터 너머의 소비자를 쳐다보고 한숨 쉬며 말한다.

　"난 곰을 쏠 수 없어."

　그런 뒤에 사냥꾼은 동영상 영역을 넘어 우측 배너영역으로 팔을 뻗고 수정테이프 Tipp-Ex
를 집어 든다. 이런 효과는 유튜브와 미디어 제휴를 통해 지면 전체를 구매한 것이기에 가능하다.
유튜브 페이지에 맞는 디자인으로 작업한 뒤에 플래시 작업으로 영역을 넘나드는 것처럼 표현
한 것이다. 영상의 주인공이 영상 밖에 있는 제품을 집어 드는 순간부터 소비자는 흥미를 느끼
게 된다.

　유튜브 페이지의 우측 배너에 있던 수정테이프 Tipp-Ex를 손을 뻗어서 꺼내들고 'A hunter
shoots a beer'라고 쓰인 타이틀의 'shoots'를 지운다. 그리고 수정테이프로 지워진 자리에는
소비자가 마음대로 동사를 입력하여 사냥꾼과 곰의 이야기를 감상할 수 있게 했다. 소비자의 선
택에 의해서 곰과 사냥꾼의 다양한 이야기가 전개되도록 참여를 유도하는 것이다.

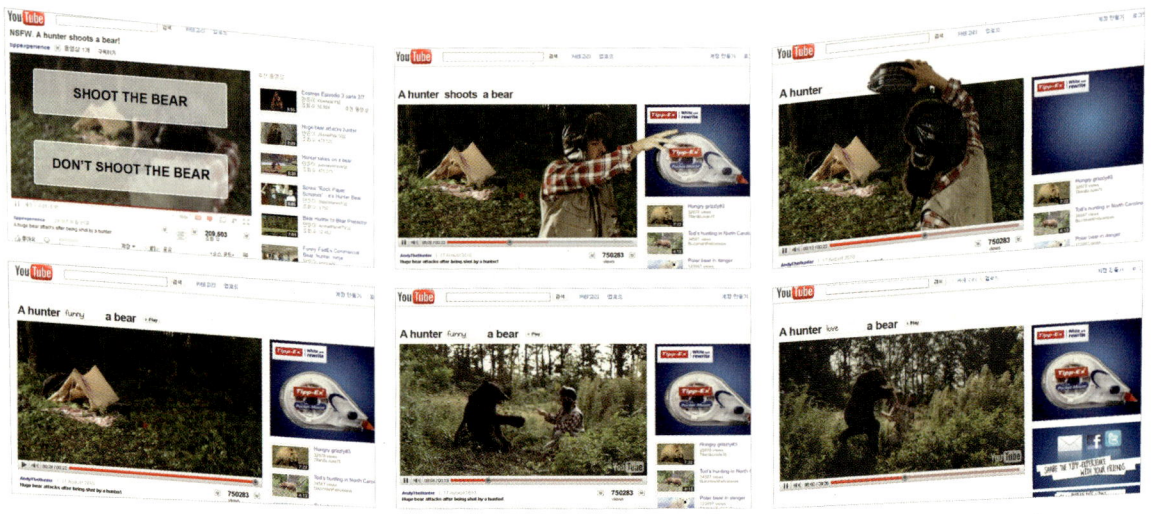

예를 들어, 'Funny'라는 키워드를 넣은 경우 사냥꾼과 곰이 풀밭에서 즐겁게 가위바위보를 하면서 게임을 즐기는 영상이 나온다. Tipp-Ex로 지운 타이틀에 소비자가 입력한 'Funny'에 대한 내용이 20초 정도의 짧은 영상으로 노출된 것이다. 그리고 영상이 끝나면 다시 텐트 옆에 곰이 있는 초기 상황으로 영상이 초기화되고 수정 테이프로 지운 영역에 새로운 명령어를 넣고 새로운 영상을 볼 수 있게 된다. 'Love'라는 단어를 입력하면 곰에게 프러포즈를 하는 사냥꾼의 모습을 볼 수 있다. 무릎을 꿇고 다이아 반지를 주면서 청혼을 하고 있고, 곰은 행복해하면서 구강청결제를 입 안에 뿌리고 사냥꾼을 덮치는 모습을 통해 웃음을 유발한다. 이와 같이 키워드로 동영상이 나오는 경우의 수를 다양하게 준비했으며, 소비자들은 의외의 키워드를 입력하여 동영상이 나올 때 흥미를 갖게 된다.

키워드 입력으로 인한 영상이 마무리되면 이 영상들을 친구들에게 공유하라는 메시지가 노출되고 이메일·페이스북·트위터를 통해 공유할 수 있게 된다. 또한 곰을 죽이지 않고 보호하자는 메시지로도 연결될 수 있었기 때문에 자연동물보호 캠페인과 연계하여 긍정적인 광고 효과를 만들어냈다. Tipp-Ex의 〈A hunter shoots a bear〉 캠페인은 소비자의 자유로운 검색어 입력에 의해 다양한 재미를 주면서 제품을 각인시켰던 성공사례로 꼽을 수 있다.

필립스에서 나온 신제품 에어프라이어^{Air Fryer}는 기름을 사용하지 않고 공기 열로 튀김을 만드는 간편하고 신기한 제품이다. 다양한 재료를 튀김으로 만들 수 있다는 것을 많은 이에게 알릴 수 있도록 온라인 사이트와 SNS 기반의 시멘틱^{Semantic} 검색으로 영상을 볼 수 있도록 제작한 인터랙티브 광고다. 필립스 에어프라이어 〈무엇

페이스북과 사이트에서 동시 진행된 필립스 에어프라이어 〈무엇이든 튀겨보세요〉 메인 화면
＊광고주 : 필립스 ＊광고회사 : INNORED ＊출처 : www.airfryer.kr

이든 튀겨보세요〉는 절대 미각을 가진 비평가^{참여한 소비자}가 기름이 많은 튀김이 몸에 좋지 않다는 선입견을 깨고 기름 없이 바삭바삭한 튀김요리를 만든다는 음식점에 찾아가 맛을 확인하는 내용이다.

절대미각의 비평가가 튀김요리를 시식하러 온다는 급박함 속에서 식당은 최고의 튀김요리 재료들과 에어프라이어를 준비한다. 이윽고 비평가가 식당으로 방문하자 테이블 위에 놓여진 재료들을 보여주며 어떤 튀김요리든지 검색창에 입력하면 튀겨주겠다고 한다. 절대미각의 비평가가 된 소비자는 검색창에 튀김요리 혹은 재료를 입력하면 튀김요리를 만들어주는 에피소드를 다양하게 즐길 수 있게 된다. 이 영상은 자칫 평범해 보일 수 있는 스토리를 재미있는 연기로 표현한 것이 특징이다. 재미있는 영상을 통해 제품의 혁신적인 기술은 페이스북으로 널리 확산되었고, 이 캠페인은 '2011년 대한민국 광고대상 사이버부문' 은상을 수상했다.

필립스 에어프라이어 〈무엇이든 튀겨보세요〉 내용 소개

페이스북 필립스 에어프라이어 페이지에 접속하여 〈무엇이든 튀겨보세요〉라는 카테고리를 클릭하여 소셜 무비를 체험할 수 있다. 시작하기 버튼을 누르면 필립스 에어프라이어 소셜 무비를 위해 자신의 페이스북 정보에 대한 사용을 허가해 달라는 팝업창이 뜨는데 동의를 누르면 로딩을 거쳐 무비의 캐스팅 페이지로 이동한다.

　캠페인 초기화면에서는 참여자의 페이스북 친구들이 자동으로 캐스팅되어 있다. 주인공인 나를 중심으로 영상에 출연할 친구들의 정보를 확인할 수 있으며, 친구들의 캐스팅이 마음에 들지 않을 경우 친구의 사진을 클릭하면 원하는 친구로 바꿀 수 있다. 만들어진 영상은 본인의 페이스북 담벼락은 물론이고 출연한 친구들의 담벼락에 영상이 남겨진다는 것을 명시하고 있다. SNS를 통한 광고 영상의 확산을 일으키는 것이다.

　기름진 음식에 대한 논란이 가득한 신문 기사를 보던 어느 음식점의 주방장은 절대 미각의 비평가가 튀김요리에 대한 평가를 하기 위해 한국으로 온다는 기사를 보게 된다. 그리고 그 날짜가 오늘이라는 것을 알게 된 주방장은 깜짝 놀라게 된다. 당황한 주방장은 주방에 외친다.

　"어서 당장! 준비해!"

　바쁘게 음식점을 청소하고 튀김요리에 사용할 재료를 준비하느라 분주한 여주인공이 보인다.

더불어 부랴부랴 튀김요리의 재료를 준비하는 스태프 모습이 보인다. 음식점 내부에는 그동안 식당을 찾은 유명인들의 사진이 보인다. 액자에는 소비자의 페이스북 친구들의 얼굴이 각각 한류스타, 아이돌, 월드스타 등으로 소개되고 있어 웃음을 유발한다. 분주하게 에어프라이어를 비롯한 튀김요리의 재료들까지 모든 준비가 끝나자 흐뭇한 표정의 주방장이 보인다. 그리고 이어서 절대 미각의 비평가인 소비자가 식당에 등장하게 된다. 이후 영상은 1인칭 시점으로 전환되며 컴퓨터 모니터를 보고 있는 소비자의 시선에서 영상을 보게 한다. 이때 식당의 문을 활짝 열어주며 주방장이 반갑게 인사를 하고 내부에 들어가면 내 이름이 적힌 플래카드가 걸려 있다.

"절대미각 비평가 ○○○님^{소비자의 페이스북 이름}, 환영합니다!'"

식당으로 들어와 테이블에 앉으면 광고 제품인 에어프라이어와 튀김재료들이 보인다. 주방장과 여자주인공인 매니저가 '무엇이든 튀겨보세요'라는 안내문구가 작성된 검색창을 들고 테이블 앞에 놓는다. 이후 절대 미각인 나^{소비자}에게 어떤 튀김요리를 대령할지 물어 보는데, 이제부터는 그들이 올려놓은 테이블 위의 검색창에 튀김요리를 위한 재료를 입력하면 된다. '오징어', '돈가스', '야채' 등 무엇이든 검색창에 넣기만 하면 준비된 약 40가지의 동영상이 해당 검색어에 맞게 노출된다. 음식재료가 주로 표현되지만 음식이 아닌 키워드들을 입력할 경우의 영상도 준비되어 있다. '돈', '사람' 등의 키워드를 입력하면 예상치 못한 재미있는 영상으로 연결된다. 이러한 의외성이 광고의 크리에이티브를 한층 더 높여 준다. 우선 '돈가스', '돼지' 등을 입력하면 돼지가 나와서 자신의 살을 떼어주고 마이클 잭슨의 춤을 추면서 퇴장하는 모습 등으로 해당 튀김요리 에피소드가 표현된다. '야채'를 입력하면 야채를 배달하는 총각이 오고 이를 본 식당의 매니저인 여자주인공이 싱싱한 팔뚝을 보면서 감탄하게 된다. 재미있는 상황과 대화들이 모니터를 보고 있는 절대 미각의 비평가인 당신을 웃게 만든다.

키워드로 음식재료가 아닌 '돈'을 튀겨 달라고 입력하는 경우, 매니저는 재치 있게 큰돈을 들고 나와서 '부자 되세요~'라는 멘트를 한다. 참여자가 장난삼아 '사람'을 튀겨 달라는 키워드를 입력하면 식당의 종업원인 신보라가 당신의 페이스북 친구 중에서 한 명을 납치해온다. 포대자루에 납치해온 사람을 두고 내 페이스북 친구들 사진 중 하나를 꺼내며 이 사람 아니었냐고 물어 보는 모습이 재치 있게 느껴진다. 그러나 이 사람이 아니라는 반응에 자루에 넣은 사람을 다시 돌려보낸다. 이러한 방식으로 페이스북 친구들의 사진이 출연하기 때문에 재미를 느끼게 되는 것이다. 검색창에 재료를 세 차례 입력하면 각각의 튀김요리 에피소드가 소개되고 시식은 마무리된다. 튀김요리 영상과 함께 제품에 대한 소개를 보여 주는 에어프라이어의 광고가 노출되고 절대 미각의 평론가인 소비자는 식당방문 기념촬영으로 시식을 마무리하게 된다.

이때 매니저가 찍은 즉석 사진기에서는 나의 페이스북 사진이 합성되어 마치 방금 찍은 사진처럼 노출된다. 그리고 내 사진 위에 사인을 해달라는 요청을 받고 마우스로 사인을 하면 절대미각의 비평가인 나의 사진과 사인을 액자로 만들어 벽에 거는 모습이 나온다. 모든 식당의 스태프가 박수를 치며 기뻐하기 때문에 모니터를 보고 있는 소비자는 절대 미각의 비평가로서 뿌듯한 느낌을 갖게 된다.

엔딩 화면에서는 필립스 에어프라이어 제품으로 만든 튀김요리를 맛있게 먹는 모습을 보여 주고 마무리된다. 소비자가 주인공이 되어 만든 영상은 페이스북과 트위터, 블로그에 퍼갈 수 있으며 지인들이나 친구들에 공유할 수 있도록 소스를 제공한다. 〈무엇이든 튀겨보세요〉 역시 다른 소셜 무비와 마찬가지로 영상에 출연한 페이스북 친구들은 그들의 페이스북 담벼락에 자동으로 영상 콘텐츠의 내용이 붙어 광고 기능을 하게 된다. 또한 페이스북을 사용하지 않는 사람들을 위해 웹사이트를 만들어 캠페인 영상을 체험할 수 있도록 배려했다. 이 경우에는 참여자의 사진과 친구들 사진을 사이트에 수동으로 올려서 참여하도록 했다.

시멘틱 검색형 시나리오 작성 시 유의사항

- 다양한 경우의 수가 나올 수 있는 스토리를 설정해야 한다

  시멘틱 동영상 시나리오를 작성할 때 가장 중요한 것은 소비자가 다양한 검색을 해보고 싶도록 사건과 스토리를 만드는 것이다. 호기심을 유발하는 상황을 설정해 놓으면 소비자가 입력해야 할 키워드의 숫자들은 자연스럽게 늘어날 것이기 때문이다. 키워드 검색 후 어떤 결과가 영상으로 나올지 모르기 때문에 호기심이 극대화되는 것이다. 하지만 광고의 목적에 충실해야 하기 때문에 스토리의 상황과 브랜드, 제품의 연관성을 중심으로 스토리를 설정해야 한다.

- 참여자가 흥미를 가지고 검색할 수 있도록 만들어야 한다

  시멘틱 영상은 소비자의 몰입이 중요하다. 참여하는 소비자가 흥미를 느끼지 못하면 사이트에서 이탈할 우려가 있다. 스토리에서 본격적으로 키워드 검색창을 제공하는 순간까지 소비가 흥미를 느낄 수 있게 이야기를 만들어야 한다. 소비자가 적극적으로 영상을 검색할수록 광

고의 효과는 높아질 수 있다.

■ **다양한 영상 키워드의 입력을 고려하여 키워드를 추출한다**

참여한 소비자들이 입력한 각각의 키워드에 맞게 영상이 노출되기 때문에 다양한 검색어를 정리하는 것이 중요하다. 사람마다 제각각 키워드를 생각하는 방식에 차이가 있기 때문에 주변의 동료 혹은 지인들에게 광고 스토리를 설명하고 어떤 키워드를 입력하고 싶은지 조사한다. 그 이후에 예상 키워드를 나열해보면 키워드 입력의 빈도수가 보일 것이다. 수집된 키워드 정보를 바탕으로 어떤 키워드들이 우선순위로 검색되는지 확인하고, 부족한 것이 생각나면 추가로 적어서 꼼꼼히 정리해야 한다.

■ **검색 키워드를 유사한 것들로 묶어서 분류한다**

다양한 검색어들이 수집되었다면 이를 그룹으로 묶어야 한다. 유사한 언어는 유사한 검색어로 설정하는 작업이다. 예를 들어, '밥을 먹는다'라는 상황을 유도하기 위해서 사용되는 유사 검색어 그룹은 '밥, 먹다, 식사, 음식, 쌀밥, 쌀' 등으로 파생되는 키워드를 정리할 수 있다. 그리고 이러한 그룹의 키워드를 소비자가 검색할 경우 촬영된 '밥을 먹는' 동영상을 보여 주는 하나의 에피소드와 연결시키는 것이다. 유사 검색어 그룹과 영상을 매칭시켜 노출되도록 하는 것이다. 이처럼 동일한 개념의 다양한 키워드를 하나의 영상으로 연결시키면 다양한 키워드로 접목되기 때문에 소비자가 영상의 숫자를 풍성하게 느끼게 된다.

■ **의외의 키워드를 검색어에 추가하여 재미를 추구한다**

시멘틱 검색 광고의 재미는 의외성에 있다. 소비자들은 재미있는 영상에 대한 기대감을 갖고 엉뚱한 키워드를 검색해보기 때문에 일반적인 상황만을 영상으로 노출하면 재미가 없어진다. 소비자들은 의외의 단어들을 검색하는 경우가 많으므로 이를 고려해서 의외의 영상을 준비하여 보여줄 필요가 있다. '설마, 이런 단어로 검색해도 영상이 나올까?' 하는 검색어들을 촬영하여 준비하고 노출시킨다면 소비자들은 더 재미있게 몰입할 수 있고 광고 브랜드와 제품에 매력을 느끼게 될 것이다.

■ 마지막으로 광고 콘텐츠가 확산될 수 있도록 유도한다

재미있게 광고 영상을 확인한 참여자들이 이를 확산할 수 있도록 만들어야 한다. 이 광고 콘텐츠를 참여한 뒤에 확산이벤트를 연결시켜 응모되도록 만드는 것이 효과적이다. 이를 통해 소비자들은 SNS와 블로그 등을 통해 최대한 많은 사람에게 확산시킬 수 있고 광고 콘텐츠를 체험하게 만들 수 있다.

09 모바일을 이용한 인터랙티브 광고 무비 사례

광고의 크리에이티브에 디지털 미디어의 기술이 더해지면 새로운 광고가 탄생된다. 새로운 디지털 미디어의 기술을 활용하여 소비자와 소통하는 것은 그 자체로 신선한 커뮤니케이션 방법이 될 수 있다. 디지털 기술에 감성이 더해지면 광고의 크리에이티브는 업그레이드된다. 필립스 센소터치 3D 광고 캠페인은 국내에서 인터랙티브 광고 무비가 진행되던 때의 초창기 작품이다. 또한 PC 앞에 앉은 소비자의 휴대폰에 실시간으로 광고 영상의 주인공이 전화를 걸어 선택을 요청하는 사례로는 국내 최초로 진행됐다. 필립스 센소터치 3D 인터랙티브 광고 캠페인은 남자편, 여자편이 나누어져 있고 소비자의 성별에 맞게 각각 다른 스토리가 펼쳐진다. 또한 남성 소비자의 경우 자신의 수염 스타일을 가상으로 합성하여 미녀평가단의 평가를 받을 수 있는 콘텐츠도 함께 제작되었다. 일반적인 인터랙티브 광고의 경우에는 스토리 전개 중 소비자의 선택이 필요한 상황에서 컴퓨터 마우스 혹은 키보드로 조작을 하는 경우가 보통이다. 하지만 필립스 센소터치 3D 캠페인의 경우는 영상 속의 주인공이 휴대폰으로 소비자에게 실시간으로 전화를 걸어 소비자에게 의견을 묻기 때문에 소비자가 휴대폰 키패드로 선택한 것에 따라 결과에 다른 영상이 진행되도록 만들었다.

모바일을 이용한 인터랙티브 광고 무비의 구조

소비자 정보입력 → 시작 → 상황 전개 → 갈등 발생 → 소비자에게 전화 → 문제 해결 → 엔딩 → 확산 및 이벤트 응모

필립스 센소터치 3D 인터랙티브 광고 무비는 온라인 사이트와 모바일을 무선으로 이어주는

기술로 광고 크리에이티브를 구현한 것이 특징이다. 스토리에서 중요한 문제에 직면한 영상의 주인공이 이를 보는 소비자에게 전화를 걸어 도움을 요청하게 되고 소비자가 문제를 해결해주는 방식이다.

해외에서는 독일의 공포·서스펜스 영화전문 케이블채널 13TH STREET의 광고 사례가 있다. 13TH STREET는 〈Last Call〉이라는 공포 인터랙티브 무비를 극장에서 상영했다. 이 영화는 폐쇄된 한 요양병원에서 여자주인공이 살인마와 사투를 벌이는 내용이다. 영화 속에서 주인공은 살인마에게 쫓겨 다니면서 도움을 청하기 위해 전화를 걸게 된다. 이때 주인공이 거는

독일의 공포·서스펜스 영화전문 케이블채널
13TH STREET의 〈Last Call〉 인터랙티브 무비
＊ 광고주 : 독일 케이블채널 13TH STREET ＊ 출처 : Last Call capture

전화의 벨소리는 영화관 객석에 있는 관람객에게 들린다. 전화를 받은 관람객은 영화 속의 주인공과 통화를 하게 된다. 이에 영화 속 주인공은 관람객에게 왼쪽으로 가야 하는지 오른쪽으로 가야 하는지, 아래층으로 갈지 위층으로 도망가야 하는지, 다른 희생자를 구할지 그냥 도망칠지 선택해달라고 물어 본다. 이에 맞춰 관람객은 전화로 길을 알려준다. 이렇게 모바일을 활용한 방식은 극장 매표소에서 자신의 휴대폰 번호를 적어낸 관람객에게 전화를 했기 때문에 가능한 것이다. 영상도 경우의 수에 따라 영상을 준비했다가 관람객의 선택에 맞게 영화를 틀어준 것이었다. 이는 2010년 칸 광고제에서 수상하며 크리에이티브를 인정받았다.

 사례 5 **국내 : 필립스 센소터치 3D 인터랙티브 광고 무비** Web 기반

필립스 센소터치 3D 캠페인은 '남자의 Face Style을 완성하는 3D 입체면도'라는 광고 카피를 중심으로 기존까지의 면도기가 말해왔던 '탁월한 절삭력'에 초점을 맞추지 않고 '수염의 스타일'을 만들 수 있다는 접근을 했다. 현빈과 함께 만드는 〈필립스 센소터치 3D 인터랙티브 광고 무비〉를 체험하기 위해 소비자는 본인의 성별 선택과 사진, 그리고 휴대폰 번호를 사전에 입력해

모니터의 주인공이 모니터 밖의 소비자에게 실시간으로 전화를 걸었던
신개념 인터랙티브 무비 〈필립스 센소터치 3D〉 메인 화면
* 광고주 : 필립스　* 광고회사 : INNORED　* 출처 : www.sensotouch.co.kr

야 하며 주어진 항목을 모두 입력하면 인터랙티브 광고 무비가 실행된다. 남녀의 성별에 따라 스토리가 달라지기 때문에 인터랙티브 광고 무비의 참여자는 본인의 사진과 휴대폰을 통해 흥미로운 인터랙션을 경험하게 된다.

소비자가 남자인 경우 자신의 사진을 업로드하면 인터랙티브 광고 무비의 영상에 사진이 합성되어 세계 최고의 인기남으로 출연하게 된다. 남성 소비자의 스타일을 질투하는 현빈의 모습을 볼 수 있으며, 참여한 소비자에게 전화를 걸어 자신의 수염 스타일을 선택해 달라는 부탁을 하기 때문에 흥미로운 온라인 광고 캠페인이었다. 또한 여자 소비자가 참여할 경우 현빈의 여자친구로 출연하게 된다. 현빈의 집 안 곳곳에 여성 참여자의 사진이 노출되는데 침대 옆 액자, 디지털 액자, 휴대폰 배경화면, 지갑 속에 다양하게 노출되어 현빈의 사랑을 받게 된다. 이 외에도 남성 소비자의 사진을 통해 원하는 수염 스타일을 합성해보고 거리의 미녀들에게 직접 평가를 받는 콘텐츠도 진행되어 새로운 인터랙티브 광고 사례로 꼽을 수 있었다.

남성 소비자가 인터랙티브 광고 무비를 실행한 경우

클럽에 들어온 현빈은 입구부터 여성들이 한곳을 바라보며 감탄하고 있는 것을 목격한다. 그녀들은 어떤 남자의 사진을 보고 감탄하는 중이다. 모두의 시선이 멈춰 있는 곳은 바로 인터랙티브 광고 무비에 참여한 남성 소비자의 사진이다. 현빈은 이를 보며 남성 소비자를 잘 알고 있는 듯 혼잣말을 한다.

"자식, 요즘 잘나가네."

인터랙티브 광고 무비에 참여한 남성 소비자는 클럽의 곳곳마다 붙어 있고 모든 여자는 환호한다. 이를 보며 질투하는 현빈의 모습을 볼 수 있다. DJ가 있는 전광판에도 남성 소비자의 사진이 'World Best Hot Guy'로 소개되고 있다. 클럽은 이미 남성 소비자의 인기로 열기가 가득하다. 어디를 가든지 모든 여자는 남성 소비자의 사진에 푹 빠져 있을 뿐이다. 현빈은 결국 여자들

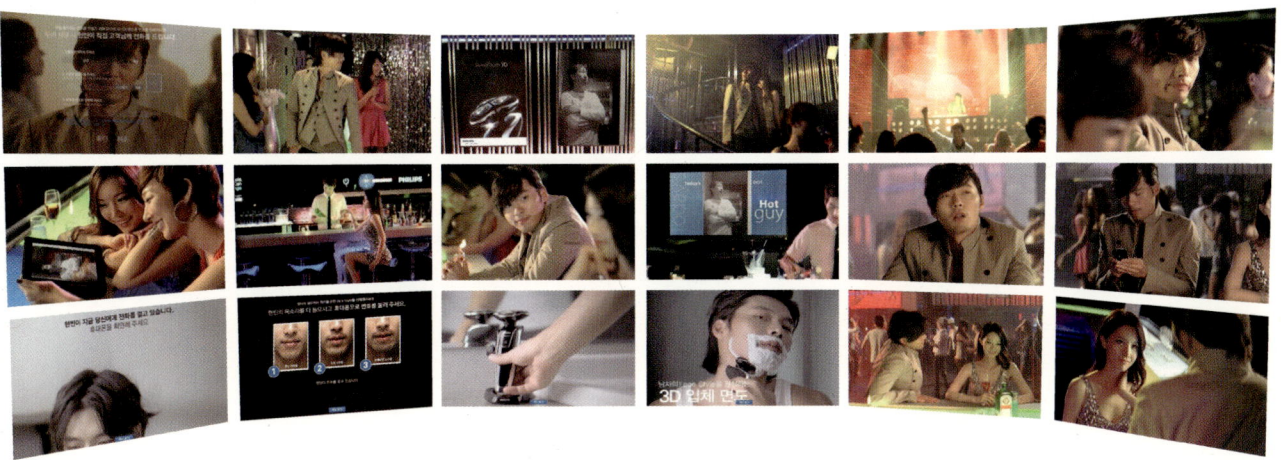

의 시선을 사로잡은 소비자의 사진을 보며 질투와 소외감을 느끼게 된다. 그러던 중 자신의 눈을 사로잡은 매력적인 여성을 발견한다.

　바텐더의 앞에 앉아 있는 도도하고 우아한 여성에게 반한 현빈은 옆자리에 앉아 그녀를 지켜보기 시작한다. 그러나 그 여성도 자신을 쳐다보지 않는다. 그녀의 시선 또한 이미 바텐더 너머에 있는 남성 소비자의 사진에 푹 빠져 있다. 인기 없는 자신의 모습을 아쉬워하던 현빈은 어떻게 해야 그녀의 마음을 사로잡을 수 있을지 고민한다. 초조해진 현빈은 그녀의 마음을 얻기 위해 컴퓨터 모니터 밖의 남성 소비자에게 전화를 건다. 이때 실제로 PC 밖에 있는 남성 소비자의 휴대폰으로 현빈의 전화가 온다. 모니터 안의 현빈과 모니터 밖의 내가 휴대폰으로 연결되는 순간을 경험하게 되는 것이다. 울리는 전화기를 받으면 현빈의 목소리가 들린다.

　"어, 나 빈인데, 네가 내 스타일 좀 선택해줘야겠다. 1, 2, 3번 중에서 하나 골라."

　현빈이 당신에게 수염 스타일을 선택해 달라는 요청이다. 모니터에는 세 가지의 'Face Style'이 노출된다. 이에 참여자는 자신의 휴대폰 키패드를 통해서 1~3번 중 한 개의 스타일을 선택해서 키패드를 누르면 현빈이 'OK'라고 답하며 통화를 종료한다(전화비용은 광고주 필립스에서 부담했기 때문에 소비자에게는 부담이 없었다).

　남성 소비자가 휴대폰 키패드로 선택해준 스타일 그대로 면도를 하는 현빈의 모습이 보이면서 제품은 자연스럽게 노출된다. '남자의 Face Style을 완성하는 3D 입체면도'라는 광고 카피문구와 함께 광고 영상을 보여 주는 것이다. 인터랙티브 광고 무비의 내용 중에서 가장 적절한 시점에서 광고 메시지가 노출되므로 광고 효과는 확실하다고 볼 수 있다. 스타일을 변화시킨 현빈은 다시 클럽으로 돌아가 마음에 들었던 여성에게 대시한다. 그러자 달라진 수염 스타일에 반한 그녀의 마음을 사로잡으면서 해피엔딩으로 마무리된다. 영상의 마지막에 현빈은 컴퓨터 모니터를 보고 있는 소비자에게 말한다.

"네 덕분에 성공했어, 고마워."

참여자가 선택해준 페이스 스타일별로 마지막 여성의 반응과 대사가 조금씩 다른 점도 재미요소다. 이후 완성된 영상은 소비자들이 페이스북, 트위터, 이메일, 블로그 등에 자유롭게 퍼갈 수 있도록 제공하여 확산되도록 했다.

여성 소비자가 인터랙티브 광고 무비를 실행한 경우

소비자가 여성인 경우에는 다른 스토리가 펼쳐진다. 남자 소비자들의 스토리와 다르게 여성 소비자는 현빈의 여자친구로 영상에 출연한다. 현빈의 여자친구가 된다는 설정은 그 자체로 당시 여성 소비자들에게 열광적인 인기였다. 또한 현빈이 사랑을 표현하며 소비자에게 전화를 걸어주기 때문에 인터랙티브 광고 무비가 끝난 뒤에는 여성 소비자들이 능동적으로 영상을 바이럴하여 큰 광고 효과를 얻을 수 있었다. 〈필립스 센소터치 3D 인터랙티브 광고 무비〉의 내용을 자세히 살펴보자.

따뜻한 아침 햇살이 쏟아지자 현빈은 잠에서 깨어나 침대 옆에 있는 액자 속 여성 소비자의 사진을 사랑스럽게 바라본다. 그리고 액자에 부드럽게 키스를 하며 속삭인다.

"잘 잤어? 우리 아기."

잠에서 깨어나 커튼을 열고 모닝커피를 마시려 주방으로 이동하는 현빈의 모습. 집 안의 대형 액자, 디지털 액자 등 모든 곳에 여성 소비자의 사진이 도배되어 있다. 현빈은 커피잔을 들고 다시 한 번 테이블에 있는 여성 소비자의 사진을 보면서 아침인사를 건넨다.

"어때? 향기가 좋지?"

오늘 날짜로 표기되는 디지털 액자를 보면서 현빈은 여자친구와 특별한 기념일임을 깨닫는다. 그리고 전화기를 꺼내어 PC 모니터 밖의 여성 참여자의 휴대폰으로 전화를 건다. 모니터 앞에 있던 여성 소비자는 현빈의 전화를 받게 된다. 그리고 현빈의 목소리가 수화기 너머로 들려온다.

"오늘 특별한 날인 거 알지? 어떤 스타일로 준비할까? 1, 2, 3번 중에서 골라."

참여자가 휴대폰 키패드를 1~3번 중에서 선택하면, 현빈의 'OK'라는 답변과 함께 전화통화

가 종료되고 바로 면도하는 영상을 통해 '남자의 Face Style을 완성하는 3D 입체면도'라는 광고 카피문구와 함께 광고 영상을 보여 준다. 소비자에게 자연스럽게 광고가 노출되는 것이다. 면도가 모두 끝난 현빈은 수염의 스타일에 맞게 옷을 입고 데이트를 위해 외출을 준비한다. 그리고 현빈의 지갑에 있는 여성 소비자의 사진을 보면서 말한다.

"이런 스타일을 좋아하는구나. 지금 만나러 갈게, 기다려."

영상이 끝나면 필립스 로고가 노출되고 소비자가 참여한 인터랙티브 광고 무비는 한 편의 영화가 되어 페이스북, 트위터, 메일, 블로그 등을 통해 확산할 수 있게 된다.

수염 스타일을 합성해보고 미녀평가단에게 평가받기

남자라면 한 번쯤 면도를 하면서 내 얼굴은 어떤 수염이 어울릴까 궁금해한다. 필립스 센소터치 3D는 깔끔한 면도는 물론이고 다양한 페이스 스타일Face Style을 만들 수 있는 제품이다. 이런 소비자의 심리를 바탕으로 필립스 센소터치 3D는 남자들에게 평소에 해보고 싶었던 수염 스타일을 사진에 합성해보고 평가도 받을 수 있는 인터랙티브 캠페인을 함께 진행했다. 세 가지 수염의 스타일을 다섯 명의 미녀에게 마치 실시간 평가를 받는 것처럼 제작한 것이다. 소비자의 얼굴형과 수염을 분석하여 미녀의 평가를 받는 이색적인 경험을 선보인 인터랙티브 광고를 통해 제품을 간접체험하며 광고 효과를 얻을 수 있었다. 이제 'Face Style'을 만들어주는 필립스 센소터치

3D를 통해 자신의 얼굴에 가장 잘 맞는 수염스타일을 합성해보고 미녀들에게 평가를 받아보자.

　우선 남성 소비자는 자신의 사진을 사이트에 업로드한다. 그리고 업로드된 얼굴에 자신의 얼굴형을 입력하고 가장 잘 어울리는 수염 스타일을 합성한다. 이때 수염은 자연스럽게 사이즈를 조절하여 합성할 수 있다. 합성이 완료되면 마치 수염을 기른 것처럼 자연스러운 얼굴이 된다. 평가받기 버튼을 누르면 나의 수염 스타일은 태블릿PC에 합성되어 거리의 곳곳에 있는 다섯 명의 미녀들에게 평가받게 된다. 얼굴형과 수염의 매칭이 잘 맞는지, 얼굴은 어떤 느낌인지 등등 미녀들의 평가는 솔직하게 진행된다. 미녀는 총 다섯 명으로 다양한 직업군이다. 뮤지컬 배우, 레이싱 모델, 회사원, 대학생, 비서이며, 각자 당신에 대한 페이스 스타일 평가가 끝나면 이들이 매긴 점수가 평균으로 합산된다. 미녀들에게 스타일을 평가받고 난 뒤에는 '다시 하기'를 눌러서 다른 수염스타일로 처음부터 다시 평가를 받을 수 있게 했다. 이를 통해 소비자들은 필립스 센소터치 3D를 단지 성능 좋은 면도기가 아니라 스타일을 완성하는 면도기로서 인지하게 되었다.

모바일을 활용한 시나리오를 만들 때 유의사항

■ 휴대폰 번호를 비롯한 소비자의 정보를 요청한다

　소비자에게 모바일로 선택을 요청하는 인터랙티브 광고 무비를 진행하려면 소비자의 휴대폰 번호는 필수다. 이외에도 광고, 마케팅을 위해 필요한 정보를 설정하여 받으면 된다. 그러나 과도한 정보를 요청할 경우에는 소비자가 이탈할 수 있으므로 꼭 필요한 수준의 항목들로 구성하는 것이 좋다.

■ 극적인 상황에서 소비자와의 상호작용을 이끌어낸다

인터랙티브 광고 무비 시나리오를 제작할 때는 가장 극적인 순간에 소비자 참여를 이끌어내는 것이 좋다. 중요한 순간에 제품을 경험할 수 있도록 스토리를 구상한다면 광고 효과를 극대화시킬 수 있게 된다. 또한 인터랙티브 광고 영상에서 무언가 소비자에게 선택하도록 요청할 때에는 가능한 답을 여러 개로 두어 선택하는 재미를 주는 것이 좋다.

■ 모바일을 통한 체험을 비롯하여 새로운 편익을 제공한다

모바일로 인터랙티브 광고를 체험한 후에는 이 정보를 바탕으로 추가적인 소통이 가능해진다. 소비자에게 광고, 마케팅 활용에 동의를 얻은 정보들은 이후에 유용한 정보가 된다. 그리고 인터랙티브 광고 무비가 종료된 후에는 모바일을 통해 샘플쿠폰이나 기프티콘을 제공할 수 있기 때문에 소비자와의 소통은 더욱 쉬워지고 제품에 대해 재인지시킬 수 있는 효과적인 접근을 낳을 수 있다.

■ 자연스러운 상호작용을 위해 논리적 콘텐츠 구조를 설계하자

디지털 디바이스를 바탕으로 한 인터랙티브 광고 크리에이티브는 실현 가능한 콘텐츠를 제작하여 진행할 수 있도록 설계하고 시나리오가 더해져야 한다. 소비자의 체험은 제작된 인터랙티브 광고의 세밀함이 받쳐줘야 완벽해지기 때문이다. 논리적으로 스토리의 선택과 결과가 이어지도록 만들어야 한다.

■ 기술적인 부분에 대한 반복적인 테스트가 필요하다

온라인 사이트와 모바일이 연동되는 기술은 여러 차례의 기술적 점검이 필요하다. 소비자와 광고가 기술적으로도 자연스럽게 연결되지 못하면 광고는 효과적으로 상호작용을 일으킬 수 없다. 기술과 크리에이티브가 결합되기 위해서는 광고 제작에 빈틈이 없어야 한다. 이것은 여러 차례의 테스트를 거쳐 완성될 수밖에 없다. 인터랙티브 광고를 제작하기 위해서는 기술과 크리에이티브를 면밀히 파악해야 한다.

PART 4

인터랙티브 광고
제작 노하우

다양한 종류의
인터랙티브 광고 제작 방법은
?

●과거 온라인 광고는 아주 단순했다. 그러나 최근 온라인 광고는 기술의 발달, 새로운 서비스의 등장과 디지털 디바이스 발달로 새로운 형태의 광고가 제작되고 있으며, 소통의 방법도 다양해졌다. 점차적으로 온라인 광고 캠페인이 발달하여 소비자에게 새로운 체험을 위해 다양한 콘텐츠로 커뮤니케이션을 시도하고 있다.

인터랙티브 광고라 말할 수 있는 최신의 광고들은 디지털 기술과 크리에이티브의 만남이라 설명할 수 있다. SNS를 이용한 광고 캠페인과 스마트폰 애플을 이용한 광고 콘텐츠 제작과 확산 등은 기존에 없었던 온라인 광고였다. 또한 기존의 온라인 광고였던 배너광고, eDM, 키워드 광고, 위젯이나 스크린세이버 등도 새로운 형태로 진화하고 있다. 소비자의 환경에 따라 모든 광고들이 최적화되고 있는 것이다. 모든 커뮤니케이션은 개별적으로 진행되기도 하고 통합적으로 어우러지기도 한다. 때때로 온·오프라인 통합 광고 캠페인이 진행되는 경우에는 온라인 광고 캠페인을 중심으로 공중파 광고와 인쇄 광고, 오프라인 프로모션 등을 통합적으로 진행하기도 한다.

따라서 광고를 제작할 때는 각각의 미디어 특성을 고려하여 광고 메시지를 만드는 작업이 더욱 필요해졌다. 소비자가 광고를 접하는 디지털 미디어 환경을 이용해서 참신한 시도를 거듭한다면 더 효과적인 소통이 가능해질 것이라 생각된다. 이제 온라인 광고 캠페인에서 진행되었거나 진행 중인 다양한 형태의 광고들을 살펴보고, 각 미디어의 특성에 따른 광고 제작법을 전반적으로 살펴보기로 하자.

01 온라인 배너 광고 : 소비자의 클릭을 유도하는 방법

배너 광고는 온라인 광고 제작에서 가장 기본적인 것이다. 온라인 광고 상품은 크게 두 가지로 나눌 수 있다. 하나는 디스플레이 광고라 불리는 배너광고이고, 또 하나는 검색 광고라 불리는 키워드 광고다. 배너광고는 다양한 효과를 통해 클릭을 유도할 수 있도록 진화했으며, 키워드 광고 역시 검색엔진의 발달로 소비자들의 제품구매에 큰 영향을 미치고 있다.

배너 광고는 기본적으로 카피 메시지와 디자인의 조화를 통해 만들어진다. 배너 광고의 역할은 클릭을 유도하기 위한 메시지를 통해 소비자를 광고 캠페인 사이트로 연결시켜 온라인 프로모션에 참여하게 만드는 것이다. 배너 광고는 많은 소비자가 이용하는 포털사이트 혹은 광고하려는 제품의 소비자층이 이용하는 사이트에서 주로 집행된다. 흔히 신문에도 기사 영역과 광고 영역이 분리되어 있듯 온라인 사이트에서의 배너 광고 영역도 마찬가지다. 소비자들이 이용하는 사이트의 한편에는 배너 광고가 있다. 온라인 광고의 가장 큰 특성은 TV나 라디오, 신문과 잡지라는 일방향 광고들에 비해 '클릭'을 통한 광고 효과 측정이 가능하다는 점이다. CTR^{Click Through Ratio}이라 부르는 노출대비 클릭 수를 통해 얼마나 많은 타깃이 배너 광고를 보고 클릭하여 광고 캠페인 사이트에 유입되었는지 체크할 수 있다. CTR은 인터넷상에서 배너 하나가 노출될 때 클릭되는 횟수를 뜻한다. 보통은 '클릭률'이라고 한다. CTR은 소비자가 클릭한 숫자 나누기 노출 수에 곱하기 100을 하면 알 수 있다. 예컨대, 특정 배너가 1백 번 노출됐을 때 3번 클릭된다면 CTR은 3%가 되는데, 일반적으로 1~1.5%가 광고를 할 만한 수치라 할 수 있다.

초기 온라인 광고는 크리에이티브를 기술적으로 표현할 수 있는 범위가 제한적이었다. 초창기 배너 광고는 단순히 이미지 한 컷으로 제작되었거나 간단한 플래시를 활용하여 시선을 사로잡는 정도였다. 그렇기 때문에 크리에이티브한 요소보다는 어떤 경품을 준다는 메시지가 중요했다. 배너 광고는 클릭이 가장 중요한 효과 측정의 지표이기 때문이다. 카피를 쓸 때도 경품을 우선순위로 강조하기 위해 '푸짐한 경품이 팡팡'이라든지 '지금 오면 선착순 ○○○의 기회'라는 카피를 통해 클릭을 유도해야 하는 것이 공식화되어 있었다. 특히 광고의 콘셉트가 부재한 상태에서 과도한 경품으로 온라인 프로모션을 진행하는 경우 소비자들이 경품만을 위해 이벤트에 참여하는 문제가 발생하기도 했다. 하지만 최근에는 이런 단순한 배너의 공식을 벗어나 다양한 방법을 통해 클릭을 유도하여 브랜드나 광고의 메시지에 관심을 갖게 만들 수 있게 되었다. 최근에도 소비자의 관심을 유발하기 위해서 경품을 제공하는 프로모션이 진행되고 있지만 이제는 제품과 브랜드에 대한 체험을 중심으로 진행하는 경우가 많아졌다.

배너 광고는 광고가 게재되는 각각의 사이트마다 광고의 크기와 용량이 다르기 때문에 배너 광고를 제작할 때에는 각 사이트의 배너 광고 제작정보를 모아놓은 '광고 제작 가이드'를 미디어렙에서 받아 제작한다. 따라서 온라인 광고회사의 AE는 미디어렙에 소비자 타깃의 연령과 성별을 바탕으로 소비자들이 많이 방문하는 사이트들을 선별하도록 요청하고 이를 바탕으로 사이트의 광고 지면들을 정리해 달라고 한다. 이렇게 미디어렙에서 미디어 플랜^{Media Plan}과 광고 예산에 맞게 정리된 배너 광고 집행기획을 미디어 믹스^{Media Mix}라고 한다. 미디어 믹스를 광고주에게 컨펌받으면 담당 AE는 제작팀인 카피라이터와 디자이너에게 제작 가이드를 전달하여 배너 광고의 제작을 요청한다. 배너 광고는 카피 메시지가 뼈대를 이루기 때문에 먼저 카피라이터가 2종 이상의 카피를 작성하고 광고주에게 컨펌받는 것이 보통이다. 광고주는 다수의 카피들 중에서 디자인을 제작하여 보고 싶은 안을 선택하면 AE는 카피 메시지가 컨펌되었다는 것을 이야기해준 후에 결정된 카피 메시지를 디자이너에게 전달한다. 전달된 카피 메시지들은 디자이너가 각 배너 광고 컷을 스토리보드의 형태로 정리해서 담당 AE에게 전달한다. 이를 전달받은 AE는 확인 후 광고주에게 보여주고 수정사항을 받아서 몇 차례 보완한 뒤에 최종 컨펌을 받게 된다. 그 이후에는 디자인 배너시안을 다시 플래시 소재로 제작하여 최종 컨펌을 받고 배너 광고 제작이 완료된다.

하지만 최종 작업된 배너 광고는 할 일이 하나 더 있다. 배너 광고가 노출될 사이트의 배너광고 지면과 용량이 각각 다르기 때문에 이에 맞게 배너광고를 각각 편집하여 미디어렙에 전달해야 한다. 이 작업을 배너 광고 베리에이션^{Variation}이라고 한다. 각각 베리에이션된 배너 광고 제작물은 미디어렙을 통해 사이트 매체사에 전달되어 광고를 집행한다. 경우에 따라 용량이 초과되거나 새로운 효과를 시도하는 배너광고의 경우는 담당 AE가 미디어렙을 통해 사이트 측과 협의하여 용량이나 기술적인 부분들의 협의를 이끌어내기도 한다.

특히 방문자의 이용이 많은 포털사이트는 다양한 형태의 배너 광고가 상품으로 개발되어 있다. 포털사이트의 초기화면 광고는 소비자의 클릭을 유도하는 인터랙티브 광고가 진행되는데, 이는 대다수 방문자들의 시선을 주목시킬 뿐만 아니라 클릭률이 높아 인기 많은 광고 상품이다.

온라인 사이트의 기술이 발달하면서 배너 광고 역시 크리에이티브가 다양해지고 있으며, 광고를 제작하는 아이디어도 다양해지고 있다. 배너 광고도 늘 새로운 시도가 이뤄지고 있는 것이다.

 ① 배너 광고의 제작부터 완료까지의 과정

배너 광고는 어떻게 만드는지 전반적인 흐름을 살펴보자. 배너 광고를 만드는 절차는 각 광고 대행사마다 약간의 차이가 있을 수 있지만, 배너 광고 제작의 전반적인 단계를 세밀하게 설명한다면 대략적인 이해가 될 것이라 생각한다. 배너 광고가 효과적으로 제작되려면, 우선 광고주의 생각과 자료를 토대로 광고 목표를 분명히 숙지해야 한다. 특히 카피라이터는 광고 제작의 핵심이 되는 메시지를 만드는 사람이기 때문에 배너 광고 제작에 있어서 중추적인 역할을 담당하고 있다 해도 과언이 아니다. 전반적인 배너 광고 제작 흐름을 함께 살펴보자.

10단계로 살펴본 배너 광고 제작 과정

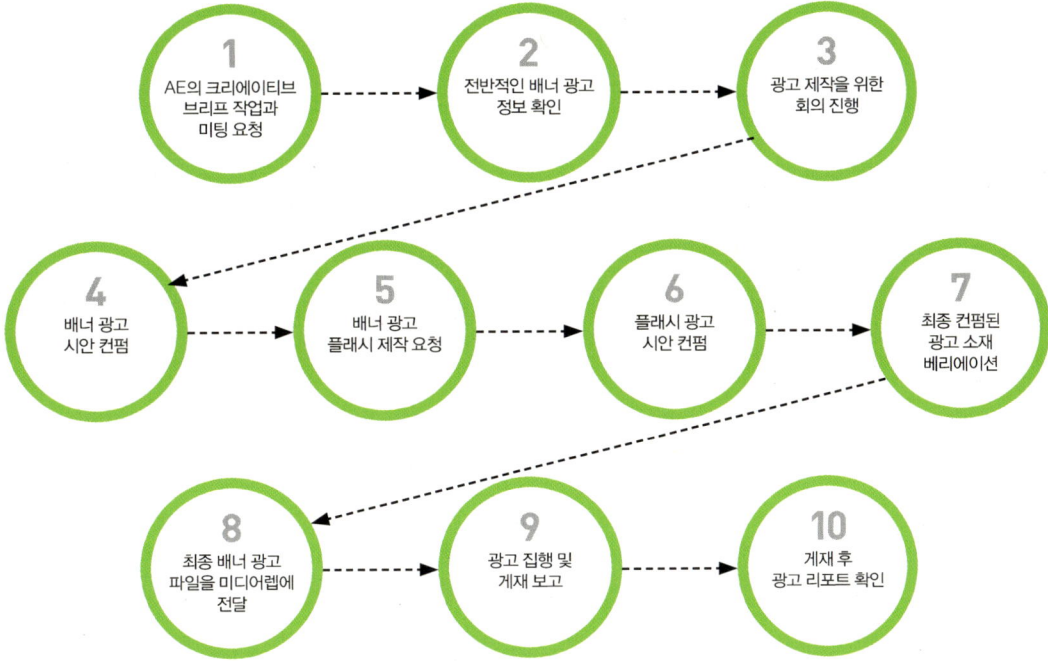

■ 1단계 : AE의 크리에이티브 브리프 작업과 미팅 요청

광고 담당 AE가 광고주의 광고 목표와 콘셉트, 제품의 설명과 제작 스케줄 등을 정리하여 크리에이티브 브리프^{Creative Brief}를 만들면 이를 토대로 회의를 한다.

■ 2단계 : 전반적인 배너 광고 정보 확인

담당 AE가 작성한 광고 크리에이티브 브리프에는 배너 광고 제작을 위한 정보들이 있다. 카피라이터와 디자이너는 이를 토대로 광고 시안의 수, 스케줄, 광고 제작 시 유의할 점에 대해 물어 보게 된다. 담당 AE는 크리에이티브 브리프에 정리된 내용을 바탕으로 내용을 설명하고 제작팀의 요청을 체크하여 배너 광고 제작을 도와야 한다.

■ 3단계 : 광고 제작을 위한 회의 진행

AE와 미팅을 마친 제작팀은 별도 회의를 진행하여 광고의 크리에이티브 아이디어를 결정한다. 이후 결정된 아이디어를 바탕으로 카피라이터는 다수의 카피안을 작성하고 1차로 광고주 컨펌을 받는다. 카피가 컨펌되면 디자이너는 배너 광고 카피대로 디자인 작업을 진행하여 정해진 스케줄에 따라 배너 광고 시안을 만든다.

■ 4단계 : 배너 광고 시안 컨펌

초안으로 완성된 배너 광고 시안은 담당 AE에게 전달된다. AE는 광고주의 입장에서 광고요소들이 적합한지 체크하고 내부적으로 제작팀의 설명을 통해 의견을 나눈다. 그 후 배너 광고를 광고주에게 보여 주고 설명하여 컨펌을 받는다. 배너광고 시안은 섬네일 형태로 각 이미지 컷을 나열하여 배너광고의 흐름과 디자인을 볼 수 있게 만든 것이다.

■ 5단계 : 배너 광고 플래시 제작 요청

담당 AE가 배너 광고 시안에 대한 의견을 광고주에게 확인한 뒤 수정사항이 있으면 다시 카피라이터와 디자이너가 미흡한 점을 보완하여 최종으로 배너 광고 시안을 컨펌받는다. 배너 광고 시안이 컨펌된 후에는 이를 플래시 배너로 제작한다. 플래시 배너는 앞서 제작한 이미지 컷들에 움직임을 부여하여 애니메이션 효과를 넣은 것을 말한다.

■ 6단계 : 최종 플래시 광고 컨펌

담당 AE가 최종으로 완성된 플래시 배너를 광고주에게 전달하여 설명한다. 이때 광고주의 컨펌을 받으면 배너 광고는 거의 제작이 완료된 것이다. 그러나 수정사항이 발생하면 컨펌을 받을 때까지 수정작업을 계속한다. 광고주의 의견이 최종 반영된 것으로 수정이 완료되면 담당 AE가 광고주에게 최종 컨펌을 받는다.

■ 7단계 : 최종 컨펌된 광고 소재 베리에이션

최종으로 완성된 플래시 배너 광고 제작물은 광고가 게재될 사이트 영역의 사이즈와 용량에 맞게 배너 광고 소재를 베리에이션Variation 한다. 예를 들어, 광고가 노출되는 사이트가 네이버, 네이트, KBS 사이트인 경우 각 사이트의 배너 광고 지면마다 사이즈와 용량이 다르기 때문에 각각에 맞게 크기와 용량을 다르게 제작해야 하는 것이다.

■ 8단계 : 최종 배너 광고 파일을 미디어렙에 전달

디자이너의 배너 광고 베리에이션 파일은 담당 AE에게 전달한다. AE는 배너 광고 소재를 광고 라이브 스케줄에 맞춰서 미디어렙에 보낸다. 미디어렙은 광고 소재를 각 사이트에 보내고 광고가 게재되도록 한다. 각 미디어에 보낸 소재에 사이즈나 용량 등의 문제가 발생했을 때는 대행사의 AE를 통해 배너 광고 수정 요청을 한다.

■ 9단계 : 광고 집행 및 게재 보고

모든 배너 광고 소재가 이상 없이 전달되어 광고가 게재될 준비를 모두 마쳤다면 스케줄에 맞춰 광고가 집행된다. 광고주에게는 배너 광고가 집행되었다는 보고를 위해 미디어렙에서는 각각 노출된 배너 광고의 사이트 지면을 캡처하여 광고 대행사의 담당 AE에게 전달한다. AE는 광고 게재가 이상 없는지 확인 후 캡처된 광고 게재보고서를 광고주에게 전달하여 보고를 완료한다. 그리고 배너 광고 리포트 스케줄을 광고주와 상의한다. 광고가 어떻게 진행되고 있는지 일간·주간별로 정리하여 제공할 수 있다. 배너 광고 기간이 장기적인 경우에는 광고주에게 월간·중간 리포트를 정리해서 전달하는 것이 좋다.

■ 10단계 : 게재 후 최종 결과 리포트 전달

배너 광고 집행이 종료되면 광고 제작물에 대한 사후평가를 바탕으로 최종 결과 리포트를 광고주에게 보고한다. 이후 내부적으로 제작팀과도 배너 광고 결과를 평가하여 향후 배너 광고 집행에 참고할 자료로 정리하여 마무리한다.

온라인 배너 광고는 광고 자체가 브랜드나 제품의 정보를 제공하는 목적도 있지만 클릭을 통해 사이트로 이동시켜 온라인 프로모션에 참여를 유도하는 것이 더 중요하다. 소비자의 프로모션 참여율과 직결되기 때문이다. 이를 위해 광고주는 진행 중인 배너 광고의 효과가 좋지 않다고 판단되거나 내용을 변경하여 진행하고 싶은 경우, 수정작업이나 추가작업을 요청하여 진행하기도 한다. 배너 광고는 온라인 광고 캠페인의 프로모션 유입을 이끌어내는 중요한 역할을 하므로 소비자의 클릭을 극대화할 수 있어야 한다.

2 배너 광고의 클릭을 유도하는 세 가지 방법

배너 광고 카피는 정보의 전달과 함께 소비자의 클릭을 유도하기 위한 문장을 쓰는 작업이다. 온라인 배너 광고 카피는 소비자의 주목을 끌어야 하고 클릭을 유도해야 하며 소비자를 참여시킬 수 있어야 한다. 소비자의 클릭을 유도하여 광고 캠페인 사이트로 유입시키는 것을 목표로 카피를 써야 하며 얼마나 많은 클릭을 이끌어냈는가가 중요하다. 이를 위해 카피라이터는 다양한 방법을 고민해야 한다. 소비자의 마음을 움직이기 위한 다양한 방법이 필요하다. 좋은 배너 광고는 바로 클릭이 많이 이뤄지는 광고다. 광고주의 제품과 브랜드의 정보를 전달하면서도 크리에이티브한 표현이나 방법을 고민하는 것이 중요하다.

광고 용어 중에서 USP고유판매제안, Unique Selling Proposition를 기억해야 한다. 제품을 구매함으로써 얻을 수 있는 특출한 이점을 소비자에게 강조하는 전략은 여전히 온라인 광고에도 유효하다. 왜냐하면 온라인 광고도 사람인 소비자를 향해서 진행하는 것이기 때문이다. 소비자 혜택을 약속한 광고는 그렇지 않은 광고보다 더 많은 클릭을 유도할 수 있고 온라인 프로모션의 참여율을 극대화시킬 수 있다. 그렇다면 클릭을 극대화시키는 방법은 어떤 것이 있는지 살펴보자.

(첫 번째) 호기심을 유발하여 배너를 클릭하게 만들어라

    배너 광고를 통해 소비자의 호기심을 최대한 자극시키자. 그러면 소비자들은 호기심 때문에 클릭하게 될 것이다. 호기심을 유발하는 광고 카피를 위해서는 영화 예고편, 드라마 예고편에서 쓰는 카피 전략을 활용하는 것도 도움이 된다. 다음 이야기가 궁금하게, 더 알고 싶어지도록 쓰는 것이 방법이다. 온라인 사이트에 광고영화가 노출된다거나 광고 뮤직비디오 등 새로운 콘텐츠가 있다면, 이를 배너 광고에 알리고 직접 확인해보고 싶도록 클릭을 유도하는 것이다. 배너 광고를 예고편의 형식으로 제작하여 소비자에게 노출하고 클릭을 하면 사이트에서 전체 스토리를 확인할 수 있다고 설명하는 것이다. 또한 제품과 브랜드를 사용하는 소비자들이 가장 궁금해하고 듣고 싶어 하는 이야기가 무엇일지 고민해보는 것도 카피의 실마리를 푸는 방법이 될 것이다. 모든 소비자는 사람이고 사람은 이야기에 약하다. 이야기를 듣고 싶은 호기심을 자극하는 것은 배너 광고 클릭을 높이는 좋은 방법이다.

    배너 광고에 넣을 새로운 메시지나 특징이 없다면 새로운 광고 기술을 더해서 호기심을 유발할 수도 있다. 배너 광고에 호기심을 주는 기술적인 효과를 삽입하여 그 자체로 클릭을 하게 만드는 것도 방법이다. 배너 광고의 클릭을 높이기 위해서는 다양한 크리에이티브를 실험해보는 습관이 중요하다. 또한 포털사이트에서는 클릭을 높일 수 있게 자체 개발한 '특수 배너 광고 상품'이 판매되고 있으며, 이를 통해 높은 주목도는 물론 클릭을 유도할 수 있다. 이처럼 소비자들의 반응과 참여를 이끌어내기 위해서 다양한 방법이 사용되고 있다.

호기심을 자극하는 온라인 배너 광고 카피 유형

스토리 확인 ----▶ *"○○○가 ○○○했던 까닭은? 지금 영상을 확인해보세요."*

새로운 이슈 ----▶ *"대한민국을 놀라게 한 ○○○의 비결이 공개됩니다!"*

호기심 유발 ----▶ *"영화배우 ○○○가 가수 데뷔? 그녀가 부른 신곡은?"*

자극적 도발 ----▶ *"지금 클릭하지 않으면, 사이트가 폭파됩니다! 5, 4, 3……."*

선착순 혜택 ----▶ *"지금 사이트에 오면 선착순 ○○○명에게 할인쿠폰을!"*

소비자 편익 ----▶ *"이벤트에 응모하면 최신 ○○○ 증정! 경품받기 클릭!"*

인터랙티브 광고 무비를 체험시키기 위한 Daum 배너광고

＊광고주 : 필립스 ＊광고회사 : INNORED ＊출처 : Daum

배너 광고의 클릭을 위해서라면 소비자가 흥미를 가질 만한 요소들을 총동원하는 것이 좋다. 소비자는 새로운 정보를 주거나 호기심을 유발하거나 자극적이거나 혜택이 있어야 클릭을 하게 된다. 광고에서 인기 연예인을 활용하는 경우도 소비자의 시선을 사로잡고 브랜드의 가치를 높이기 위함이다. 온라인 배너 광고에서도 마찬가지지만 클릭도 매우 중요하다. 영화의 경우 어떤 배우가 출연했는가에 따라 흥행이 결정되듯 광고의 경우에도 누가 모델인가에 따라 주목도가 달라진다. 그렇기 때문에 광고 모델은 소비자 타깃의 선호도에 의해 선정된다. 소비자들은 광고인 줄 알면서도 호감이 가는 모델을 주목하고 그가 전하는 메시지를 확인하게 된다. 따라서 온라인 배너광고에서도 인기 연예인이 소비자를 향해 질문을 하거나 호기심을 유발하는 메시지를 함께 노출하여 배너 클릭률을 높일 수 있다.

다양한 혜택을 제공해서 클릭하게 만들어라

소비자의 클릭을 이끌어내는 방법 중 가장 보편화된 원칙은 혜택을 제공하는 것이다. 통상적으로 소비자의 온라인 프로모션 참여를 극대화하기 위해 배너 광고에서는 경품을 제공한다는 카피와 이미지가 들어간다. 그리고 이 경품을 가지려면 지금 클릭을 하고 이벤트에 참여하라는 내용으로 꾸며진다. 하지만 소비자들에게는 광고하는 제품이 더 중요하게 인지되어야 하므로 가급적 광고하는 제품이나 샘플로 경품을 제공하는 것이 좋다. 배너 광고의 컷은 보통 브랜드나 제품을 설명하는 것으로 약 70%를 쓰고 나머지 30% 정도를 엔딩으로 경품 이미지와 함께 클릭을 유발하는 카피를 쓴다.

혜택을 제공하는 온라인 배너 광고 카피 유형

경품 증정 ----▶ *"지금 이벤트 참여하면, 최신형 OOO가 내 것!"*

모델 활용 ----▶ *"최고의 아이돌 OOO와 함께하는 이벤트에 참여하면? OOO 기회가!"*

정보 제공 ----▶ *"지금까지 없었던 새로운 OOO의 출시! 확인하면 OOO을 드립니다!"*

소비자의 혜택이 잘 드러나는 경품 중심의 배너 광고는 소비자의 클릭을 이끌어내기 쉽고 사이트로 이동하여 프로모션에 참여할 확률도 높아진다. 따라서 배너 광고는 마지막 컷에 경품 혜택을 거듭 강조하고 '바로 가기' 혹은 '클릭하기' 버튼을 넣는 것이 보통이다. 그리고 이 버튼은 클릭을 유도하는 것이 목적이기 때문에 다양하게 구성해도 좋다. '지금, OOO 받기'라든지 '클릭! OOO 찬스'와 같은 마지막 버튼은 소비자의 클릭을 유도하기 좋다. 배너 광고를 클릭한 소비자는 캠페인 사이트로 이동한 뒤에 경품을 받으려 적극적으로 이벤트에 참여할 것이다.

초창기 온라인 배너 광고는 기술의 한계로 한 컷 정도의 배너 광고가 대부분이었다. 그래서 소비자들의 클릭을 유도하기 위해서 가장 효율적인 방법은 경품을 제공한다는 메시지였을 것이다. 하지만 온라인 광고의 기술이 발달했음에도 불구하고 현재까지 소비자의 클릭을 유도하는 방법으로 경품을 활용한 광고는 지속되고 있다.

"지금 이벤트에 참여하면, 푸짐한 경품이 팡팡!"

"다양한 경품을 받으려면? 지금 바로 클릭하세요!"

광고하는 제품이나 메시지에 비해 경품만 돋보이는 배너 광고의 경우, 클릭 수가 높게 나온다고 해도 정작 알려야 하는 제품의 특장점^{USP : Unique Selling Proposition}이나 돋보여야 하는 제품이 가려질 수 있다. 또한 경품에만 집착하여 광고나 제품은 제대로 보지 않고 경품을 위해 이벤트만 응모하고 이탈할 가능성이 높다. 클릭도 중요하지만 광고하는 제품 자체를 주인공이 되도록 만들어야 한다.

경품 관련 배너 광고를 작성할 때의 주의사항

① 기획 측면 : 지나치게 비싼 경품으로 전체 광고 예산에 무리가 가지 않게 해야 한다.

② 제작 측면 : 경품은 광고하는 제품보다 돋보여선 안 된다. 제품과의 연관성도 따져봐야 한다.

③ 공익 측면 : 경품은 건전한 것으로 브랜드 이미지를 해치지 않아야 한다.

④ 결과 측면 : 경품보다 광고 브랜드나 제품이 인지되도록 소비자 참여를 유도해야 한다.

⑤ 효과 측면 : 되도록이면 광고하는 제품을 경품으로 증정하는 것이 브랜딩을 위해 좋다.

광고 캠페인과 경품을 조화시킨 필립스 아벤트 배너 광고 사례

• 광고주 : 필립스 • 광고회사 : INNORED(Innobus)

배너 광고가 경품을 말할 때도 제품이나 브랜드가 전하고자 하는 메시지가 담겨 있어야 한다. 배너 광고를 접한 소비자가 광고 내용이 아닌 경품만 기억한다면 이는 실패한 광고가 될 것이다. 경품소구 배너 광고의 단점을 피하기 위해서는 제품이나 브랜드를 경품으로 제공하고 체험단을 연결시키는 방법으로 진행하는 것이 좋다. 제품 체험단의 경우 온라인에서 여론을 조성하고 입소문을 확대하기에 좋은 역할을 하게 된다. 그리고 제품의 효과나 성능을 증언식으로 광고할 때 활용할 수 있어서 더욱 좋을 것이다. 배너 광고의 효과를 위해서 경품을 강조하는 것은 필요하지만 배너 광고를 만드는 카피라이터나 디자이너들은 경품소구보다 창의적인 아이디어로 클릭을 유도하는 것이 좋다. 경품을 통한 클릭보다 크리에이티브 아이디어를 통한 클릭이 효과적일 때 훌륭한 배너 광고였다고 말할 수 있을 것이다.

세 번째 배너광고 성과를 확인하고 이를 보완하라

온라인 배너광고의 성과를 가늠할 수 있는 것은 바로 소비자의 클릭률이다. 광고를 제작한 모든이에게 클릭률은 성적표와도 같다. 그렇기 때문에 자신이 쓴 광고 카피의 소비자 클릭이 어떻게 이뤄졌는지 효과를 따져보고 분석하는 것은 향후 광고 메시지를 개발할 때 큰 도움이 된다. 카피라이터나 디자이너는 배너 광고 리포트를 확인할 수 있도록 담당 AE에게 리포트를 요청해야 한다. 일반적으로 담당 AE는 미디어렙을 통해서 배너 광고 리포트 수치를 받아 확인하고 광고주에게 보고하기 때문에 AE에게 수치를 받아볼 수 있다. 이렇게 연구를 하다 보면 어떤 메시지와 디자인이 소비자들의 클릭을 유도하는지 확인할 수 있게 된다. 시간이 지날수록 배너 광고 크리에이티브가 표현할 수 있는 기술이 다양해지고 있다. 온라인 배너 광고를 제작하는 효과적인 요소들이 무엇이 있는지 살펴보자. 마지막으로 성공적인 배너 광고의 특징 7가지를 종합적으로 정리해봤다.

효과적인 배너 광고 크리에이티브의 7가지 특징

① 호기심을 통해 클릭을 유도하는 카피 메시지와 임팩트 있는 비주얼로 이슈화한다.
② 빅모델^{인기 연예인}을 활용해 호기심을 자극하는 비주얼과 스토리를 전달한다.
③ 제품에 관련된 정보를 이슈화시키며 해당 정보를 클릭하여 확인하라고 유도한다.
④ 온라인 프로모션에 참여하면 경품을 받을 수 있다는 혜택^{Benefit}을 전달한다.
⑤ 배너 광고의 인터랙티브^{Interactive} 효과로 호기심을 자극하여 클릭을 유도한다.
⑥ 선착순으로 제품의 쿠폰이나 샘플을 무료로 제공한다는 메시지를 전달한다.
⑦ 흥미를 유발하는 광고 콘텐츠를 통해 소비자들이 클릭하도록 유도한다.

배너 광고의 클릭이 있어야 온라인 사이트에 소비자들이 유입할 수 있다. 그 후에 광고 콘텐츠를 체험하게 만들거나 이벤트에 응모가 가능해진다. 따라서 배너 광고는 온라인 광고 캠페인의 성공을 좌우하는 중요한 요소들 중 하나다. 배너 광고의 클릭은 소비자 유입과 직결된다. 카피라이터는 배너 광고의 클릭을 높이는 방법을 찾기 위한 다양한 노력이 필요하다. 어떻게든 배너 광고는 소비자의 시선을 사로잡을 수 있도록 제작되어야 한다.

02 광고 캠페인 사이트 : 광고 캠페인 사이트 제작과 활성화 방법

온라인 광고 캠페인은 브랜드 사이트 혹은 마이크로 사이트, 페이스북 등을 중심으로 진행된다. 여기서 소비자들은 광고 콘텐츠나 이벤트를 체험한 뒤에 광고 콘텐츠를 확산시키기도 한다. 따라서 가장 이상적인 형태의 온라인 광고 캠페인 사이트는 유입, 체험, 확산의 3단계로 이뤄진다. 온라인 사이트에서는 제품 정보나 캠페인 소개를 비롯하여 인터랙티브 광고 무비, 브랜드송, 다양한 프로모션 체험 등을 가능하게 만든다. 또한 온라인에서는 소비자가 경험한 광고 콘텐츠를 SNS트위터, 페이스북 등나 블로그 스크랩으로 확산시킬 수 있다. 소비자의 광고 콘텐츠 체험과 확산을 위해서 광고 콘텐츠는 상호작용적 체험을 일으킬 수 있도록 제작되어야 한다.

이 모든 것을 위해 소비자들에게 광고 콘텐츠를 체험시키는 캠페인 사이트를 만들어야 한다. 캠페인 사이트를 제작하기 위해서는 사이트 화면기획안 작업이 먼저 진행되어야 한다. 스토리보드라고 불리는 화면기획안은 웹 기획자 혹은 담당 AE에 의해 만들어진다. 화면기획안이란 온라인 사이트의 제작을 위해 사이트의 메뉴 구조, 내용 구성, 이벤트의 참여 프로세스를 디자이너와 개발자가 확인할 수 있도록 PPT로 작업된 사이트 설계도를 말한다. 이 설계도를 바탕으로 디자이너는 디자인을, 카피라이터는 메시지의 작성과 메뉴와 구성의 정리를, 개발자는 기술적인 검토를 통한 사이트 작업을 할 수 있게 된다.

캠페인 사이트나 화면 기획안 작업은 기획자의 숙련도에 따라 다르지만 대략 1~2년차 정도면 작업할 수 있다. 그 이유는 경험을 통해 사이트 제작 방법과 사이트 구성에 대한 이해가 있어야 하기 때문이다. 화면기획안은 시작 페이지부터 이벤트 페이지, 제품 설명 페이지를 일목요연하게 설계해야 한다. 제작하려는 사이트는 참여하는 소비자가 어떻게 이용할 수 있는지 자세하게 머릿속으로 그려 보면서 작업하는 것이 좋다. 그리고 구성상의 부족한 점은 없는지 메시지적인 부분은 카피라이터가 확인하고 디자이너와 개발자가 함께 전반적인 사항들을 체크하면서 수정하고 완성된다. 사이트의 구성이 복잡하고 어려운 경우에는 전문 웹 기획자에게 작업을 의뢰하기도 한다. 기본적인 화면기획안의 구성이 끝나면 다시 한번 카피라이터는 사이트에 포함된 광고 콘텐츠와 카피, 메뉴명을 최종으로 다듬어 완성도 높은 사이트가 제작되도록 기여한다.

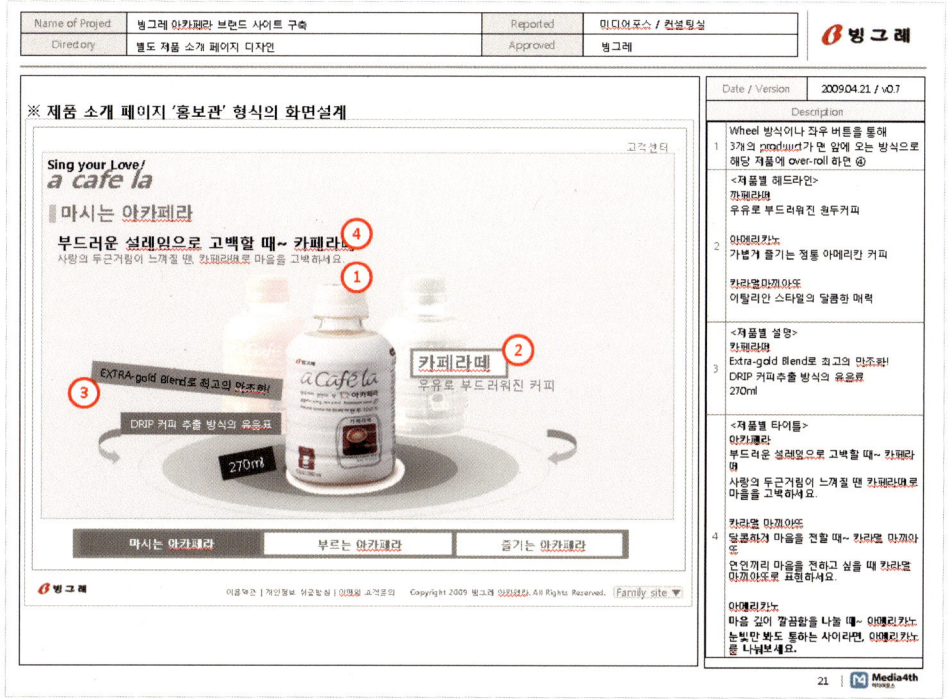

브랜드 사이트 제작을 위한 스토리보드

* 광고주 : 빙그레　* 광고회사 : Media4th/INNORED　* 출처 : 화면기획안 캡처

화면기획안 작업과 사이트 제작 시 유의사항

① 온라인 광고 캠페인에서 사이트의 콘셉트와 역할을 명확히 이해한다.

② 사이트에서 가장 중요한 것이 무엇인지 중점적으로 파악하고 이를 표현한다.

③ 스토리보드의 초안이 완성되면 전반적인 메뉴 구성에 이상이 없는지 체크한다.

④ 카피라이터는 사이트에 들어갈 타이틀과 카피, 메뉴명을 작성하여 넣는다.

⑤ 화면기획안의 구성이 제대로 정리될 때까지 반복하여 완벽하게 다듬는다.

⑥ 디자이너를 통해 시안이 작업하기 전에 개발자와 잘못된 구성이 없는지 확인한다.

⑦ 디자인이 컨펌되면 코딩과 개발작업이 진행된 뒤에는 테스트해본 후에 보완한다.

⑧ 사이트는 가능하면 스마트폰이나 태블릿PC 등에서도 확인이 가능하도록 제작한다.

⑨ 사이트의 활성화를 위해 URL이 확산될 수 있는 이벤트를 적절히 진행한다.

⑩ 어떤 광고 콘텐츠든 소비자가 원하면 SNS나 블로그로 옮길 수 있도록 만든다.

온라인 사이트를 중심으로 한 성공적인 광고 캠페인의 흐름

완성도가 높은 사이트를 제작하기 위해서는 구성원들이 사전 테스트에 참여하여 수정해야 할 사항이나 기술적인 오류가 없는지 체크해야 한다. 소비자들이 유입된 후의 사용이 불편하지는 않을지 광고 콘텐츠의 구성이 잘 정리되었는지 살펴보고 완성도를 높여 주는 작업을 해야 한다. 또한 사이트는 PC뿐만 아니라 스마트폰이나 태블릿PC 등에서도 확인과 이용이 가능하도록 만드는 것이 좋다. 그리고 사이트가 지속적으로 활성화되도록 소비자들의 유입을 위한 이벤트를 기획하여 사이트가 확산되도록 해야 한다.

온라인 사이트를 확산시킬 수 있는 방법 중에서는 소비자에게 광고 콘텐츠를 확산시키도록 유도하는 방법이 효과적이다. 소비자들의 많은 참여를 이끌어낸 인터랙티브 광고 캠페인을 보면 소비자가 온라인 사이트에서 체험한 광고 콘텐츠를 블로그나 SNS 등에 퍼갈 수 있도록 유도하여 큰 광고 효과를 만들어내는 것을 볼 수 있다. 이는 유료 광고를 집행하지 않아도 사이트 URL 주소가 소비자들의 채널을 통해 바이럴되므로 광고 효과를 볼 수 있다. 특히 SNS는 나와 다수의 사람들을 연결시켜 주는 통로다. 따라서 많은 사람이 있는 곳에 사이트의 광고 콘텐츠나 이벤트 내용이 노출되도록 만들면 확산의 속도는 크게 증가한다. 따라서 광고 콘텐츠를 소비자들이 확산할 수 있도록 흥미 있는 이벤트로 소비자 혜택을 제공하는 온라인 광고 캠페인이 보편화되고 있다. 뿐만 아니라 이런 확산은 포털사이트의 실시간 검색순위 등으로 이슈를 만들 수도 있다. 이는 더 많은 캠페인 참여자들을 만들어낼 수 있는 것이다. 따라서 소비자들이 광고 콘텐츠의 확산에 동참할 수 있도록 보상을 제공하는 것이 효과적이다. 소비자들의 미디어를 광고의 채널로 활용하면 광고비용 대비 고효율적인 성과를 만들어낼 수 있다.

온라인 사이트의 광고 콘텐츠를 확산하는 유형

콘텐츠 퍼가기 ----▶ "지금, 이벤트 내용을 SNS나 블로그에 올리면? 추첨을 통해 OOO를 드립니다."

선물로 보내기 ----▶ "친구나 연인에게 온라인 카드를 보내면 기프티콘을 함께 보내드립니다."

선착순 100% 나눠주기 ----▶ "광고 영상을 공유하면 OOO의 선착순 OO명에게 신곡 BGM을 드립니다!"

　소비자가 확산을 해주는 경우 100% 당첨 이벤트 경품을 제공하는 것이 효과적이다. 예를 들어, 제품 할인쿠폰이나 샘플, 추첨을 통한 경품 증정을 약속하면서 소비자들의 SNS로 확산되게 만드는 것이다. 물론 광고 콘텐츠 자체로 재미있고 이슈가 될 수 있다면 소비자들의 자발적인 확산으로 연결될 수도 있다.

03 광고 콘텐츠 : 소비자의 참여를 통한 체험의 극대화

　온라인 광고 캠페인은 다양한 광고 콘텐츠로 소비자와 커뮤니케이션할 수 있다. 그중에서도 브랜드와 제품의 필요성을 소비자에게 테스트 혹은 진단 형태의 콘텐츠로 제작하는 방법이 있다. 진단형 광고 콘텐츠는 소비자들이 현재를 분석한 뒤에 꼭 알아야 하는 정보를 제공하는 것이 특징이다. 따라서 카피라이터는 자가 진단 형태의 광고 콘텐츠를 제작하여 소비자가 호기심을 갖고 이에 참여하도록 이슈를 끌어내야 한다. 또한 전반적으로 신뢰감 있는 정보를 확인할 수 있

한샘 〈부엌내조지수〉 진단 프로그램 초기 화면
* 광고주 : 한샘 * 광고회사 : Media4th/INNORED 이미지
* 출처 : www.hanssem.com

도록 논리적인 근거도 고려해야 한다. 이는 소비자가 원하는 것이 무엇인지 고민하고 광고 콘텐츠에 이를 어떻게 녹일 것인지 구성하는 일이다.

또한 온라인 광고 캠페인에서는 진단이나 테스트뿐만 아니라 광고 드라마, 광고 단편영화 등의 다양한 콘텐츠를 체험할 수 있다. 광고 콘텐츠를 제작할 때는 시나리오 작업의 경우 프리랜서 방송작가나 시나리오작가가 작업하는 경우도 있다. 하지만 광고 캠페인의 목적을 가장 잘 이해하고 소비자와의 인터랙션이 필요한 부분을 제품 중심으로 설계하는 것은 인터랙티브 카피라이터가 더 잘할 수 있기 때문에 직접 시나리오를 쓰는 것이 좋다. 이제 인터랙티브 광고 콘텐츠를 만들기 위한 방법을 살펴보자.

 ## 소비자 진단형 광고 콘텐츠 제작 사례

한샘의 〈부엌내조지수〉와 존슨즈베이비 핑크 〈아기교감지수〉 그리고 필립스 아벤트 〈아기숙면 테스트〉 캠페인의 세 가지 사례를 통해 소비자 진단형 광고 콘텐츠를 설명하려 한다. 부엌가구와 로션, 그리고 젖병의 공통점은 무엇일까. 그것은 바로 소비자 타깃이 주부라는 점이다. 주부들이 읽는 여성잡지를 살펴보면 주부가 꼭 알아야 하는 정보들은 체크리스트를 통해 진단해보도록 만든 것이 있다. 이는 평소에 주부들이 궁금해하는 내용을 바탕으로 만들어졌기 때문에 볼펜을 들고 체크해보게 만든다. 같은 정보를 제공하더라도 문장의 나열로 전달하기보다는 OO진단, OO체크 등과 같은 자가 진단 콘텐츠로 구성해서 정보를 제공하면 더 확인해보고 싶은 욕구가 생기게 된다. 바로 이러한 점을 이용하여 제품정보와 캠페인 메시지를 콘텐츠로 체험할 수 있도록 했다.

■ 소비자를 위한 맞춤형 부엌가구 진단 콘텐츠 한샘 〈부엌내조지수〉

한샘 부엌가구는 대한민국 부엌가구 선도 브랜드이다. 하지만 사제 부엌가구들이 증가하는 것이 문제였다. 부엌가구는 제대로 된 것을 사야 오래 사용할 수 있는 것은 물론이고 부엌은 집의 중심이 되는 공간이므로 잘 가꿔야 화목하고 아름다운 가정이 된다는 것을 알려야 했다. 따라서 'Hanssem or Not'이라는 콘셉트를 바탕으로 소비자의 부엌환경을 점수로 측정할 수 있는 〈부엌내조지수〉 진단 프로그램과 부엌가구의 중요성을 알리는 재밌는 바이럴 영상을 제작했다. 주부들을 대상으로 제작된 〈부엌내조지수〉 체크하기 콘텐츠는 부엌에 대한 소중함을 인지시키기 위해 제작되었다. 제작된 〈부엌내조지수〉 광고 콘텐츠를 널리 알리기 위해 〈개그콘서트〉 성공시대 코너의 개그맨들을 섭외하여 한샘 부엌가구와 사제 부엌가구를 사용하는 사람들의 생활을 재미있게 비교하여

부엌 분위기, 가족 간의 대화, 위생과 안전에 관한 체크

영상 콘텐츠가 온라인으로 바이럴되게 했다. 여기에 영상의 끝에는 포털사이트의 검색창에 〈부엌내조지수〉를 확인해 보라는 메시지를 넣어 사이트 유입을 극대화했다.

한샘 부엌가구의 〈부엌내조지수〉 제작을 위해 여러 차례에 걸쳐 소비자 설문을 진행하여 이를 바탕으로 체크 내용을 만들었으며 모든 내용은 부엌전문가의 감수를 통해 제작했다. 설문자의 정보를 포함하여 분위기, 가족 간의 대화, 위생과 안전의 세 가지 항목에 각각 5개씩의 질문을 통해 부엌내조지수를 산정하도록 만들었다. 그리고 각 설문에 체크를 하여 진단결과가 나오면 총 참여자 중에서 몇 등인지 상위 몇 %인지 보여 주면서 분위기지수, 대화지수, 위생과 안전지수를 높일 수 있는 방법을 제시했다. 그리고 마지막으로 나에게 맞는 한샘 부엌가구를 추천받을 수 있게 만들었다. 이렇게 진행된 온라인 광고 콘텐츠는 많은 주부에게 입소문이 나도록 체크를 한 본인이 콘텐츠를 블로그 등에 퍼갈 수 있도록 만들었다. 덕분에 온라인 광고 콘텐츠는 소비자들의 방문이 확대되어 큰 효과를 볼 수 있었고 제품의 정보를 알리는 데도 큰 도움이 되었다. 아날로그 방식으로 검증된 콘텐츠의 형식을 빌려 디지털 미디어에 광고 콘텐츠로 만든 것이 큰 효과가 있었던 것이다.

엄마와 아기의 교감지수를 평가해주는 〈아기교감지수〉

* 광고주 : 존슨즈베이비 * 광고회사 : Media4th/INNORED이미지 * 출처 : www.johnsonsbaby.co.kr/johnsons/pink

■ 엄마와 아기의 교감지수를 체크하는 존슨즈베이비 핑크 〈아기교감지수〉

엄마와 아기를 이어주는 100년 전통의 존슨즈베이비 핑크는 엄마가 아기에게 어릴 적 발라주
던 로션이라는 이미지가 있었다. 존슨즈베이비 핑크는 엄마와 아기의 유대감을 높여주는 제
품이라는 콘셉트를 바탕으로 광고 캠페인을 진행했다. 본래 엄마와 아이는 탯줄로 이어진 하
나였기 때문에 기본적인 유대감이 있다. 이러한 엄마와 아기만의 특별한 유대감을 지속적으
로 이어갈 수 있는 방법을 존슨즈베이비 핑크로 찾게 만드는 아이디어가 필요했다. 먼저 주부
들의 특성을 살펴보니, 아기를 키우기 때문에 주로 집에 있는 시간이 많았고 육아 정보는 주로
온라인 육아 커뮤니티에서 확인하는 것을 알 수 있었다. 따라서 온라인을 중심으로 광고 캠페
인을 진행하는 것으로 방향이 정해졌다. 또한 광고 콘텐츠의 제작은 체크하기나 진단하기처
럼 여성잡지에서 주부들이 쉽게 접할 수 있는 친숙한 형태로 작업하게 되었다.

엄마와 아기가 나누는 교감의 방법은 크게 눈 맞춤, 웃음, 포옹, 옹알이 네 가지다. 이를 토대로
엄마와 아기가 평소에도 잘 교감하고 있는지 진단할 수 있는 콘텐츠를 설계하고 〈아기교감지
수〉라는 이름을 붙였다. 그리고 네 가지 신호를 연상시키는 8개의 문항을 직접 만들어 전문가

의 감수를 받아 콘텐츠로 만들었다. 체크 후 결과 페이지에서는 엄마와 아기의 교감이 아기의 정서 발달에 얼마나 큰 영향을 주는지 확인하도록 했다. 아기와의 교감지수를 체크한 소비자는 결과자료와 더불어 존슨즈베이비 핑크가 제공한 교감 노하우를 전문가 동영상으로 제공했고 이를 퍼갈 수 있도록 했다. 이후 〈아기교감지수〉는 각 소비자의 블로그나 육아 커뮤니티 등에 확산될 수 있었다. 이를 통해 소비자들은 존슨즈베이비 핑크를 바르는 순간이 바로 엄마와 아기의 교감이 극대화되는 순간임을 알게 되었다. 이를 통해 콘텐츠를 통한 제품과 소비자의 상호작용이 얼마나 중요한 것인지 알 수 있었다.

■ 우리 아기 숙면 상태를 진단하는 필립스 아벤트 〈아기 숙면 테스트〉 캠페인

필립스 아벤트 젖병은 공기 방울이 젖병 속 수면에 뜨게 되어 아기의 헛공기 섭취가 감소되기 때문에 아기의 소화가 편안하고 배 속에 부담을 주지 않는다. 따라서 아기가 편안하게 잠들게 된다. 이 때문에 엄마들 사이에서는 수면젖병이라는 별명이 붙은 것이 필립스 아벤트 젖병의 특징이었다. 소비자들 사이에 입소문 난 제품의 장점을 살리고 제품의 우수성을 널리 알리기 위한 캠페인을 준비하게 되었다. 바로 아기의 숙면에 이상이 없는지 체크해보는 〈아기 숙면 테스트〉다. 아기가 숙면을 잘하고 있는지 체크해볼 수 있는 콘텐츠를 준비해서 엄마가 자가진단을 해볼 수 있도록 만든 진단형 콘텐츠였다.

〈아기 숙면 테스트〉 사이트 페이지

• 광고주 : 필립스 아벤트 • 광고회사 : INNORED(Innobus) • 출처 : www.philips-avent.co.kr

〈아기 숙면 테스트〉 프로그램을 만들기 위해 수면 전문가 의사선생님의 감수를 받고 광고 캠페인 콘텐츠를 제작했다. 전문가 선생님의 이름과 얼굴, 그리고 캠페인 소개 내용을 콘텐츠 시작 페이지에 노출하여 신뢰도를 높였다. 〈아기 숙면 테스트〉를 체크하고 난 뒤에는 아기의 숙면을 위한 가이드와 함께 필립스 아벤트 젖병에 대해 알려준 것이 특징이다.

〈아기 숙면 테스트〉는 엄마들이 흔히 아기의 숙면에 대해서 생각하는 지식이 올바른 것인지 확인해보도록 만들었다. 문제에 대한 답을 체크하면 정답과 오답을 설명해주는 페이지로 연결되고 아기 숙면 가이드 페이지로 정리되어 틀린 답에 대한 설명과 아기 숙면을 위한 10계명, 필립스 아벤트 젖병에 대한 정보를 제공했다. 또한 블로그나 이메일 등으로 확산시키는 이벤트를 진행했다.

소비자에게 필요한 정보를 광고 캠페인으로 만들어 체험시키고 이를 확산한 것이 바로 〈아기 숙면 테스트〉 캠페인이다. 제품의 USP에서 비롯된 '아기 숙면'이라는 콘셉트가 엄마들이 고민하는 아기 숙면에 대한 이슈와 접목되어 전문가의 테스트로 발전한 것이다. 소비자가 주체가 되어 체험하는 콘텐츠는 광고 이상의 힘을 내며 확산되는 힘이 있다.

진단형 광고 콘텐츠를 제작할 때는 콘텐츠 구성을 위한 정확한 자료가 확보되어야 한다. 그리고 전문가의 감수를 통해 잘못된 정보는 없는지 확인해야 한다. 그런 후 소비자에게 효과적으로 전달할 수 있도록 흥미 있는 광고 콘텐츠로 구성하여 설계한다. 최근에는 이러한 온라인 콘텐츠가 스마트폰에서 확인 가능한 애플리케이션으로 제작되기도 한다.

② 소비자 관리형 광고 콘텐츠 제작 사례

온라인 환경에서는 브랜드가 소비자를 직접 관리해줄 수 있다. 예전에는 병원에 가야 전문의의 상담과 진료를 받을 수 있었지만 현재는 포털사이트에 의학지식 검색을 할 수도 있고 질병에 대해 실시간으로 묻고 답할 수도 있게 되었다. 또한 다양한 스마트폰 애플리케이션을 통해 건강에 대한 다양한 측정과 관리가 가능해졌다. 수면의 질이 어떠한지 측정하는 애플도 있고 출산을 위한 임산부용 진통 애플도 개발되어 있다. 뿐만 아니라 건강을 위해 운동량을 측정해주는 애플도 있다.

소비자의 운동량을 측정해주는 나이키 러닝 애플
* 광고주 : 나이키 * 출처 : http://nikeplus.com

나이키에서는 러닝 애플을 개발하여 소비자들을 관리해준다. 러닝 횟수를 비롯하여 칼로리와 평균속도를 측정하여 알려준다. 또한 달린 거리를 지도상으로 표시하여 보여주며 이 기록을 소비자의 SNS로 공유할 수도 있다. 소비자는 달리면서 생각한 내용들을 메모로 표기할 수 있어서 향후 마라톤에 대비하여 자신의 운동일지를 기록할 수도 있다. 이처럼 온라인, 디지털 환경에서는 소비자의 관리가 가능하기 때문에 건강을 위한 캠페인을 진행할 수 있다. 금연을 도와준 〈니코레트 즐거운 금연〉 캠페인과 통증을 관리해준 〈타이레놀 통증관리연구소〉 캠페인 사례를 통해 소비자를 관리하는 광고 콘텐츠 설계에 대해 살펴보자.

■ 소비자를 24시간 지켜준다! 금연 프로그램 〈니코레트 즐거운 금연〉

금연보조제 니코레트의 온라인 광고 캠페인은 금연을 결심한 소비자들의 금연의지를 지속적으로 지켜주기 위해 시작되었다. 소비자의 금연의지를 지속시키는 해답은 바로 인터랙티브 광고에 있었다. 소비자와 함께하는 휴대폰과 업무용 컴퓨터 등의 온라인 환경을 이용하여 금연을 결심한 소비자를 지켜주는 캠페인을 만든 것이다. 먼저 금연보조제 '니코레트'는 온라인 사이트에서 금연에 좋은 습관과 음식 등을 알려주는 가이드를 제공했다. 그리고 모바일 문자서비스로 유용한 금연정보들을 보내주었고, 흡연욕구가 높아지는 시간대별로 욕구를 억제시

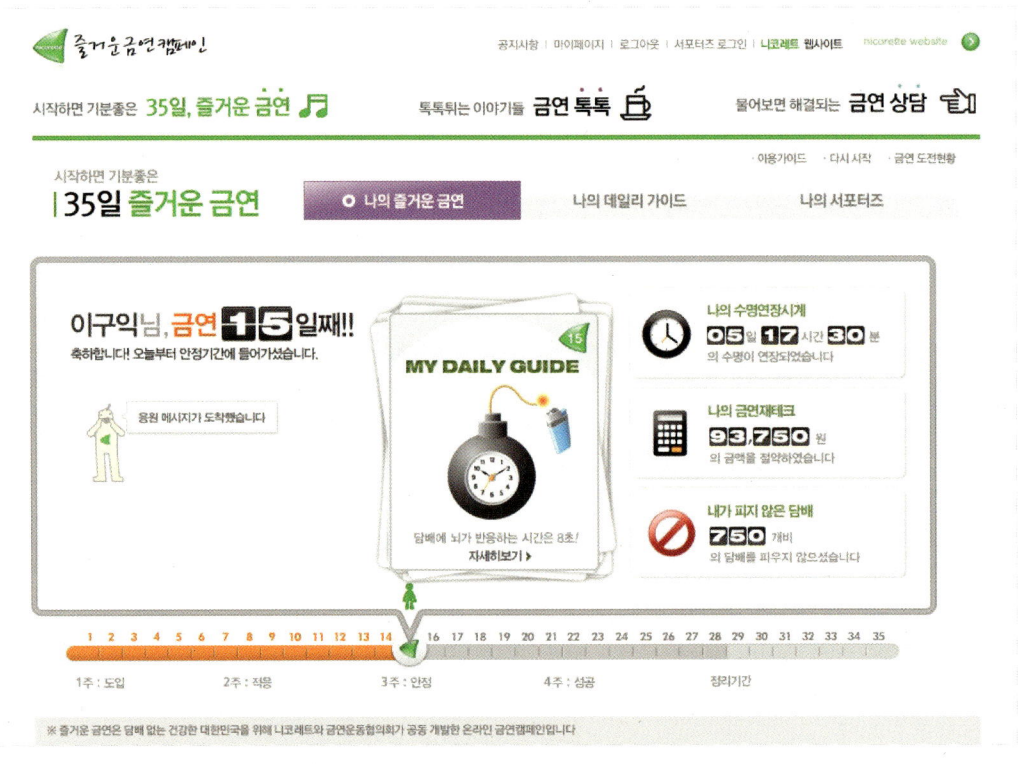

금연보조제 니코레트의 〈즐거운 금연〉 캠페인 사이트

* 광고주 : 한국존슨앤드존슨 니코레트 * 광고회사 : Media4th/INNORED * 출처 : www.nicorette.co.kr

키기 위해 금연에 대한 응원과 금연 정보를 제공했다. 브랜드가 금연생활에 실질적인 도움을 주는 파트너로 인식되도록 프로그램을 제공한 것이다. 그것이 바로 〈니코레트 즐거운 금연〉 캠페인의 핵심이다.

이 캠페인은 소비자들의 생활패턴을 고려해 매일 출근 전, 오전 업무 중, 점심시간, 오후 업무 시간, 퇴근시간에 맞춰 금연정보와 응원의 문자메시지를 컴퓨터나 모바일로 전달했다. 또한 금연한 성과를 알려주기 위해 금연으로 얻게 되는 이익을 비용으로 환산하여 알려주었다. 금연으로 인해 지금까지 연장된 수명은 며칠이나 되는지, 경제적인 이익은 어떻게 되는지 알려주면서 계속적으로 금연을 이어갈 수 있도록 응원하는 캠페인이었다.

이 밖에도 매일 흡연 유혹에 시달리는 참여자를 위해 운동, 음식, 기분전환 등의 정보를 제공하여 건강한 금연을 도와주었다. 또한 금연 프로그램에 참여한 소비자를 효과적으로 돕기 위해 참여자의 컴퓨터에 위젯을 설치하도록 했고 가족이나 친구, 애인의 응원 메시지를 문자와

쪽지로 받을 수 있도록 했다. 주변의 사람들이 응원을 한다면 금연 성공률이 더욱 높아진다는 연구결과에 따라 캠페인이 진행된 것이다. 〈니코레트 즐거운 금연〉 캠페인에 참여한 소비자들은 니코레트가 직접 금연을 도와준다는 생각을 하게 되었고 전문의사의 상담게시판을 지원하여 금연을 하면서 겪는 고민이나 궁금한 점을 해결할 수 있게 했다.

또한 시즌2로 진행된 니코레트 〈금연 파이터〉 캠페인은 네이버 카페를 기반으로 스마트폰과 SNS, 블로그를 활용하여 금

니코레트 즐거운 금연 시즌2 〈금연 파이터〉
* 광고주 : 한국존슨앤드존슨 니코레트 * 광고회사 : Media4th/INNORED
* 출처 : www.nicorette.co.kr

연 프로젝트를 진행했다. 앞서 진행했던 〈즐거운 금연〉이 주변의 친구나 애인의 응원메시지를 연결시켜 주는 것이 핵심이었다면, 시즌2에서는 '연지낭자'라는 캐릭터와 40일간의 금연비법을 촬영하여 금연 커뮤니티에 영상을 업데이트한 것이 특징이다. 미모의 연지낭자는 트위터를 통해서 콘텐츠가 바이럴되는 효과를 낳았다. 또한 온라인 카페 커뮤니티에서는 실시간으로 금연에 대한 이야기를 금연에 참여한 소비자들이 함께 나누는 등 효과적인 금연 캠페인으로 진행할 수 있었다.

■ 당신의 통증을 관리해주는 연구소 〈타이레놀 통증관리연구소〉

타이레놀은 '이소프로필 안티피린'처럼 위험한 성분이 없는 '아세트아미노펜' 단일성분으로 구성된 안전한 약이다. 성분에 대한 안전함은 소비자에게 신뢰를 줄 수 있기 때문에 이를 바탕으로 안전을 먼저 생각하는 브랜드로 커뮤니케이션할 수 있었다. 소비자의 안전을 먼저 생각하는 제품처럼 생활 속에서도 소비자를 케어할 수는 없을까 하는 고민에 대한 답으로 온라인 사이트에서 생활 속 통증관리법을 소개하는 '통증관리연구소'를 만들었다. 소비자가 사이트에 유입되면 두통, 생리통, 치통, 근육통, 요통, 어린이 통증에 대한 원인을 비롯하여 생활 속 예방법과 개선방법을 확인할 수 있도록 만들었다.

생활 속 안전한 통증케어를 위한 통증관리연구소 사이트
* 광고주 : 한국존슨앤드존슨 타이레놀 * 광고회사 : Media4th/INNORED
* 출처 : www.paincarelab.co.kr

생활 속 통증에 대해 자세히 설명하는 콘텐츠

또한 통증관리연구소를 소비자들에게 효과적으로 알리기 위해 소비자가 통증관리라는 키워드를 흥미롭게 느끼도록 스토리를 입혔다. 두통은 걱정이 많은 엄마, 치통은 일할 때마다 집중하기 힘든 아빠, 생리통은 세련된 직장인 이모, 근육통은 농구를 좋아하는 삼촌, 관절통은 나이 많은 할아버지, 그리고 어린이 통증은 지수라는 어린이의 목소리를 통해서 각 통증 증상의 원인과 예방, 그리고 개선방법을 이야기로 담아냈다. 각 통증의 정보를 쉽게 알리기 위해 각각의 통증을 대변하는 캐릭터들을 가족으로 표현한 것이다. 이를 위해 온라인에서 동영상으로 구현되는 각 캐릭터의 통증 관련 스토리를 촬영하기 위해 콘티부터 사이트 제작과 광고에 사용되는 카피와 콘텐츠의 모든 것을 정교하게 작업해야 했다. 게다가 전문적인 의학 콘텐츠를 만들어야 했기

때문에 통증에 관한 콘텐츠 작업을 위해 통증에 관한 온라인, 오프라인 서적, 논문 등을 찾아 연구를 했고 이렇게 정리된 것을 의사 선생님께 감수를 받아 콘텐츠를 제작했다. 마지막으로 식약청의 검수를 통과하면서 모든 콘텐츠 작업이 마무리되었다.

이처럼 콘텐츠 라이팅Contents Writing을 하기 위해서는 다양한 자료를 분석해야 한다. 또한 꼭 전달해야 할 내용을 소비자가 이해하기 쉽도록 스토리로 만들어 표현할 수 있어야 한다. 전문적인 내용을 소비자에게 전달해야 하는 경우에는 작업된 콘텐츠를 전문가 리뷰와 검수를 거쳐서 완성하는 것이 안정적이다.

3 소비자 참여형 광고 콘텐츠 제작 사례

모든 온라인 광고 캠페인과 콘텐츠는 소비자의 참여로 이뤄지고 완성된다. 소비자의 체험을 위해서는 스토리텔링을 통해 소비자와 광고 콘텐츠가 어우러지도록 해야 한다. 이를 위해서는 무엇보다도 소비자와 제품의 특성을 긴밀히 연구해야 하며 이 둘의 공통분모를 통해 시나리오가 구성되어야 한다. 결국 소비자와 제품과 이를 묶어주는 스토리가 하나가 될 때 소비자가 참여하는 광고 콘텐츠가 완성되는 것이다. 이에 필립스 면도기 HQ912의 사례를 통해 설명하고자 한다.

필립스 면도기 HQ912는 첫 면도를 하는 10대를 위한 제품이다. 그러나 HQ912의 제품명칭이 어려웠기 때문에 쉽게 기억될 수 있도록 필립스 Wing 면도기라는 별명을 지어 주었다(전기 면도기는 날 면도기와 달리 스위치를 켜면 '윙'이라는 기계소리가 나기 때문이었다. 그 외에도 10대들의 꿈과 자유로움을 상징하는 '날개'라는 의미가 있다). 소비자 분석을 해보니 첫 면도를 시작하는 소비자들의 면도는 일회용 면도기였다. '일회용 면도기'로 어설프게 면도를 하다 턱에 상처를 입는 경우도 많은 것으로 밝혀졌다. 이에 필립스 Wing 면도기는 경쟁제품을 '일회용 면도기', '날 면도기'로 정의했고 첫 면도에 상처받지 말고 데이트 준비를 하라는 스토리를 만들 수

'첫 데이트를 위한 면도'라는 스토리로 캠페인을 진행한 필립스 드래곤 플라이
* 광고주 : 필립스 * 광고회사 : INNORED(Innobus) * 출처 : www.wing.philips.co.kr

있었다. 전기면도기의 강점은 턱에 상처 없이 깔끔하고 안전하게 면도할 수 있다는 것이기에 여자친구와의 데이트 준비도 깨끗한 면도로 완성됨을 표현했다. 그리고 이러한 스토리를 부각시키기 위해서 면도기의 모델은 남자가 아닌 여성으로 정했다.

여자친구와의 데이트를 위한 '첫 면도'라는 상황을 웹사이트에서 어떻게 구현할 것인지 시나리오를 구성했다. 시나리오가 온라인 사이트를 통해 표현되어 소비자인 청소년층에 재미있게 전달되었다. 특히 인기가 있었던 것은 10대 남자 소비자가 자신의 이름을 넣어 영상 스크린세이버를 다운로드하게 만든 것이었다. 스크린세이버의 내용은 남자 소비자의 1인칭 시점에서 유명 여자 연예인 여자친구가 면도를 해주는 영상이었고, 이는 큰 인기를 끌게 되었다. 필립스 윙 제품으로 여자친구의 면도가 마무리되면 깨끗해진 턱에 뽀뽀를 받는 내용이었다. 이는 10대 남성 소비자들의 마음을 설레게 만드는 것이 핵심이었고, 이러한 간접체험은 필립스 윙 면도기에 대한 제품 인지도와 호감도를 증가시켰다.

이처럼 광고 콘텐츠는 온라인 프로모션으로 연결되어야 한다. 소비자와의 인터랙션을 위해 제작된 온라인 사이트에서는 자신의 상처받은 기억을 텍스트로 입력하면 주인공인 10대 남자 모델의 턱 주변에 텍스트들이 수염 모양으로 붙게 했다. 그런 후에 면도는 두 가지 선택을 할 수 있게 만들었다. 하나는 일회용 면도기, 하나는 필립스 윙 면도기였다. 일회용 면도기를 선택한 경우에는 남자 모델이 아파하면서 면도를 거부하게 되도록 하여 필립스 윙 면도기로 깨끗하게 면도를 하도록 만들었다. 일회용 면도기로 첫 면도를 시작하는 청소년들에게 전기면도기의 사용을 권하면서 동시에 마음의 상처까지 위로해주는 것이었다. 이를 통해 10대 남성 소비자들은 제품에 대한 체험을 통해 공감을 불러일으켰고 좋은 광고 효과를 이끌어낼 수 있었다. 이 광고 콘텐츠를 통해 프로모션에 응모한 소비자들은 광고 모델과 오프라인 데이트를 할 수 있게 했다.

인터랙티브 광고 콘텐츠를 만들기 위한 가이드

■ 우선 광고 목표를 명확하게 설정하라

무엇보다도 광고 콘텐츠는 만드는 목적이 분명하게 존재해야 한다. 특히 광고 효과, 마케팅을 위해 제작되는 콘텐츠는 광고 캠페인의 목적이 반드시 포함되어 있어야 한다. 광고 시나리오를 만들 때는 이야기의 기승전결 안에서 소비자가 제품을 체험할 때 어떤 점이 중요하게 전달되어야 하는지 정해야 한다. 그러기 위해 이야기의 흐름과 제품이 어떤 연관성을 가져야 하는지 분명하게 보여야 한다. 이를 바탕으로 재미있는 요소들을 엮어 가면서 시나리오를 정리해야 할 것이다.

■ 광고 콘텐츠 제작을 위한 자료를 수집하라

콘텐츠는 광고의 역할을 하면서 동시에 소비자에게 전달될 유익한 정보들이어야 한다. 따라서 광고 콘텐츠 제작을 위해 제품, 소비자, 콘텐츠의 정보 등을 충분히 살펴봐야 한다. 그리고 얻어진 정보는 출처가 정확하고 신뢰할 수 있는 것이어야 한다. 정보의 출처가 불분명하다면 전문가를 섭외하여 필요한 내용에 대해 직접 묻고 답하는 것도 방법이 될 것이다.

■ 자료를 바탕으로 광고 콘텐츠 주제를 만들라

효율적인 작업을 위해서 콘텐츠에 사용될 자료들의 분량을 정리하는 작업이 필요하다. 자료를 카테고리로 분류하여 가장 핵심적인 내용만 추리는 작업을 한다. 수집된 정보들을 확인하면서 이를 바탕으로 소비자에게 어떤 광고 콘텐츠를 만들어 제공할 것인지 주제를 찾아야 한다. 소비자가 궁금해하는 것이거나 호기심을 유발하는 주제일수록 소비자의 광고 콘텐츠 참여가 높을 것이다. 주제는 소비자와 제품과의 연관성이 있는 것이어야 하며, 무엇보다 흥미 있는 것으로 정해야 한다. 좋은 주제를 도출해야 좋은 광고 콘텐츠를 만들 수 있다.

■ 광고 콘텐츠를 만들어야 하는 목적을 설정하라

먼저 콘텐츠 제작 전에 무엇을 소비자에게 체험시키고 싶은지 생각해야 한다. 그다음 이것을 가장 효과적으로 표현하는 방법이 무엇인지 찾는다. 광고 콘텐츠를 소비자에게 전달하는 방식은 영화나 음악 혹은 전시회 등 어떤 것으로 소비자와 커뮤니케이션을 할 것인지 구체적인 광고 콘텐츠의 형태를 정한다. 그 후에 온라인 공간에서 제품과 소비자의 인터랙션을 이끌어내는 아이디어를 결합하는 것이다. 또한 광고 콘텐츠는 제품에 대한 메시지와 정보를 어떻게 전달할 것인지 목적을 정해야 한다. 예를 들어, 아기의 숙면 상태를 체크해보는 콘텐츠라면 엄마들이 이를 통해 아기가 충분히 잘 자고 있는지, 엄마가 아기를 잘 재우려면 어떻게 해야 하는지를 확인할 수 있도록 만든다. 모든 체크리스트 항목에는 전문가가 보증하는 정답을 제시하고 제품이 이를 잘 도와줄 수 있는 해결책임을 전달하는 것이 바람직하다.

■ 광고 콘텐츠 구조를 논리적으로 설계하자

광고 콘텐츠가 소비자 진단을 위한 것이라면 이를 위한 기초 자료들을 모아서 정리한 후에 구조화시켜야 한다. 다양한 자료들 중에서 핵심만 골라내어 정교하게 다듬는 것이다. 또한 소비자가 광고 콘텐츠를 체험할 때 상호작용을 일으키는 지점마다 어떻게 연결돼야 하는지 논리적으로 정리하여 도식화해야 한다. 그리고 온라인 사이트에서 콘텐츠가 개발이 가능한지 살펴보고 개발자와 회의를 통해 흐름을 다듬어 보는 작업이 필요하다.

■ 광고 콘텐츠를 체험하고 제품을 인지하도록 만들자

광고 콘텐츠를 소비자에게 체험시키려면 새로운 것이거나 재미가 있어야 한다. 소비자가 참여함으로써 광고 콘텐츠는 커뮤니케이션이 가능해지기 때문이다. 새로운 기술을 통해 광고 콘텐츠를 체험하게 하는 것은 어렵지만 효과적인 접근방법이 될 수 있다. 처음 QR코드가 등장했을 때 소비자들은 호기심 어린 눈으로 스마트폰으로 찍어 봤던 것을 사례로 꼽을 수 있다. 따라서 광고 콘텐츠는 새로운 기술로 표현되거나 재미를 통해 제품과 브랜드를 접할 수 있게 만드는 것이 좋다. 이와 함께 소비자가 광고 콘텐츠를 체험한 후에는 제품의 내용과 정보를 제공해야 한다. 만약 진단형 광고 콘텐츠라면 소비자가 잘못 체크한 문항에 대해 올바른 답을 말해주면서 유용한 정보를 제공하고 이와 더불어 제품의 장점을 설명하는 것이다.

■ 소비자가 체험한 광고 콘텐츠를 확산시켜라

최대한 많은 소비자가 광고 콘텐츠를 경험할 수 있도록 광고 집행을 비롯하여 바이럴을 진행하는 것이 좋다. 아무리 좋은 광고 콘텐츠라도 확산이 되지 않으면 광고 효과를 기대할 수 없기 때문이다. 기본적으로 소비자가 체험한 광고 콘텐츠가 확산되려면 SNS로 연동시켜야 한다. 또한 오프라인 행사나 PR로 연계하여 소비자에게 확산될 수 있도록 광고주에게 제안하는 것도 좋은 방법이다. 소비자들의 확산을 유도하기 위해서 확산하면 경품이나 무료 샘플을 주는 등의 혜택을 연계하는 것도 좋은 방법이다. 이러한 방법은 주로 화장품 브랜드에서 활용되며, 선정된 소비자들을 대상으로 정기적인 제품 후기를 온라인에 확산시킬 수 있다.

페이스북에는 소비자의 참여로 이뤄지는 기발한 광고 콘텐츠들이 많다. 예를 들어, '나에게 가장 친절한 사람은?', '나의 피부 나이는 몇 점?' 등으로 호기심을 유발하여 페이스북을 통한 이벤트에 참여시키고 결과를 소비자의 페이스북 담벼락을 통해 친구들에게 알려 동참하게 만든다. 담벼락에 남겨진 재밌는 광고 메시지는 다른 페이스북 이용자의 클릭을 유도하고 또 다른 소비자들의 유입을 이끌어내기 때문이다. 광고 콘텐츠는 소비자의 참여를 유도하고 제품의 정보를 녹여낼 수 있어야 한다.

04 레이블링^{Labeling} 작업 : 직관적인 특성과 창의적인 개성까지

레이블링은 온라인 사이트의 카테고리를 구분하는 메뉴들에 체계적인 이름을 만들어 사이트 이용을 편리하게 만드는 작업이다. 웹사이트의 기획적인 측면에서 정보 구조를 작성하는 IA^{information architecture}라 한다. 레이블링은 사이트 화면기획안 작업 단계에서 카테고리 분류를 1차원적으로 만들고 이후 카피라이터가 이용자의 입장에서 각 메뉴명을 만드는 일이다. 간결하면서도 개성 있고 통일감 있는 메뉴명은 사이트 이용을 감각적이고 편리하게 만들어준다. 웹사이트는 온라인 광고 캠페인의 중심이 되는 주요 플랫폼이기 때문에 소비자가 이용할 때 직관적으로 메뉴명이 정리되어 있으면 보다 편리하다.

웹 화면기획의 이해 + 제품, 브랜드 속성의 이해 = 직관적인 키워드 추출

웹사이트 레이블링 작업에서 유의할 점은 웹사이트를 이해하는 것이다. 사이트가 왜 만들어졌고 무엇을 목적으로 하는지 이해해야 사이트의 뼈대가 바로 보이고 그에 맞는 메뉴명을 작성할 수 있게 된다. 또한 웹사이트에서 드러내려 하는 제품이나 브랜드의 특징을 잘 이해해야 이에 연관되는 네이밍을 만들 수 있다. 따라서 웹사이트 레이블링 작업은 재미있는 메뉴이름 만들기가

아니라 사이트 이용이라는 실용적인 측면에서 접근해야 한다. 마치 표지판이 잘못되면 목적지를 찾아갈 수 없는 것처럼, 웹사이트도 메뉴가 직관적이지 않다면 사이트 이용이 불편해진다. 따라서 사이트에 들어온 소비자가 이용하기 쉽게 직관적인 이름을 붙이는 것이 좋다.

웹사이트의 메뉴명이 단지 기능적인 측면에서 마무리된다면 개성이 없는 사이트가 될 수도 있다. 따라서 창의적인 레이블링을 위해 사이트 방문자들의 연령대, 취미 등의 정보를 파악하고 사이트를 이용하기 위한 목적을 충분히 이해한 뒤에, 소비자의 눈높이에서 개성 있는 메뉴명을 정하는 것이 필요하다. 궁극적으로 온라인 사이트 레이블링 작업이 완료되면, 웹기획자 혹은 담당 AE와 각 메뉴명을 확인해보고 직관적인 특성과 창의적인 개성이 있는지 협의하여 완성하도록 한다.

효과적인 레이블링 작업을 위한 팁^{Tip}

■ **웹사이트 화면기획안을 완전히 이해한다**

웹사이트에 메뉴명을 정한다는 것은 사이트의 태생적 배경을 올바로 이해하는 것에서 시작해야 한다. 사람의 이름을 지을 때도 의미를 먼저 생각하고 그다음에 글자로 표현되듯이 웹사이트도 마찬가지다. 사이트의 콘셉트와 마케팅적인 역할, 소비자 타깃의 이해 등이 기반이 되어야 작업할 수 있다.

■ **소비자 이용을 고려하여 직관적인 메뉴명을 작성해본다**

레이블링이 직관적이기 위해서는 1차적으로 카테고리가 가장 잘 설명되는 단어로 만들어야 한다. 직관적인 레이블링을 위해서는 웹사이트의 주인공인 제품이나 서비스에 대해 명확히 이해해야 한다. 따라서 브랜드와 제품의 정보, 웹사이트의 콘셉트와 특징을 먼저 파악해야 한다.

■ 메뉴명을 색다른 표현으로 바꿔본다

사이트에 방문하는 핵심 타깃의 연령과 특성을 파악해서 톤 앤 매너를 고려하여 만드는 것도 중요하다. 만약 청소년을 위한 사이트라면 그들의 눈높이를 맞춘 재미있는 표현으로 레이블링 작업을 할 수 있을 것이다. 또한 전문직업을 가진 30대 타깃이 주로 이용하는 사이트라면 제품과 소비자에 어울리는 세련된 표현들을 사용할 수 있어야 한다.

■ 메뉴명에 통일감을 주기 위해 음절단위를 조정한다

사이트의 디자인 레이아웃에 통일감을 주기 위해 글자 수를 맞춰 구조적인 느낌을 주는 것도 좋다. 흔히 힙합음악의 가사에서 라임이라고 하는 것과 같다. 발음의 유사성을 통해서 통일감을 부여하면 직관성과 더불어 흥미를 살릴 수 있기 때문이다. 그러나 억지스레 어감을 맞추다 보면 의미 전달이 약해질 수 있으므로 구조적인 느낌을 살리기 어려울 때는 직관성을 더 살리는 것이 좋다.

창의적 표현
추출
+
글자 수 및
음절 교정
=
레이블링
완료

■ 완성된 메뉴명을 체크한 후 다듬는다

가장 중요한 것은 작성된 메뉴명들이 사이트의 콘셉트와 일치하는지 확인하는 일이다. 사이트의 콘셉트에 맞는 레이블링 작업은 사이트의 이용을 간편하게 해주고 전체 구조에 통일감을 부여한다. 이를 위해 가장 직관적인 단어부터 배치하면서 여러 후보를 뽑아보는 것이 좋다. 메뉴의 이름을 콘셉트에 맞게 다듬어 보면 안정감 있는 작업이 될 것이다. 먼저 직관적인 레이블링이 이뤄졌다면 이를 바탕으로 크리에이티브한 표현을 붙여 보는 것이 좋은 방법이다. 마치 화장을 하듯 메뉴명에 센스를 높여 주는 작업이다.

■ 사이트 디자인에 적용한 후에 필요시 보완한다

모든 작업이 끝나고 시안작업을 해보면 수정이 필요한 경우가 있다. 경우에 따라서는 광고주의 컨펌이 되지 않아서 다시 작업하는 경우도 있다. 이때는 디자인 요소로서 레이블링을 다듬어야 한다. 메뉴명이 너무 길거나 짧아서 메뉴로 디자인하기 어려운 경우는 마지막으로 보완작업을 해서 완성한다. 레이블링 작업이 마무리된 후에 작업된 후보들이 많아 선택이 어려운 경우가 있다. 이런 경우에는 사이트 이용자 입장에서 더 편하고 안정적인 느낌을 주는 메뉴명을 선택하면 된다. 어떻게 작업을 했든지 결국 레이블링은 사이트를 이용하는 사용자들을 위한 것이다. 가장 중요한 것이 사용자 편의성이라는 것을 잊지 말아야 한다.

05 스마트폰을 이용한 광고 캠페인 : 소비자와 가장 긴밀한 소통

휴대폰은 현대인의 생활에 없어서는 안 될 커뮤니케이션 도구다. 휴대폰은 단순히 목소리를 통한 커뮤니케이션에서 다양한 부가기능이 추가되었고 스마트폰이라는 휴대용 컴퓨터의 기능으로 발전했다. 이제 소비자 환경은 스마트폰 보급으로 언제 어디서나 인터넷 접속이 가능해졌다. 인터넷을 위해 PC를 찾아야 하는 번거로움이 사라진 것이다. 이러한 환경을 바탕으로 스마트폰을 활용한 광고, 마케팅이 활성화되고 있다. 따라서 온라인 광고 캠페인 사이트 제작도 모바일에서도 확인할 수 있도록 제작되고 있으며, 휴대폰으로도 온라인 이벤트에 참여할 수 있게 되었다. 과거에 온라인 이벤트에 당첨되면 오프라인으로 받던 경품이 기프티콘, 소셜기프트 등의 모바일 상품으로 전송되는 것이 보편화되고 있다. 또한 동영상 콘텐츠도 스마트폰으로 확인이 가능하므로 소비자들에게 광고는 영화, 뮤직비디오 등의 다양한 콘텐츠로 제작되어 노출되고 있다.

2012년 DMC의 리포트 종합보고서에 따르면 현재 스마트폰 사용자는 국내 50% 이상으로 약 2,660만 명에 달한다. 국내 경제활동 인구 2,540만 명이 휴대폰을 통해 언제 어디서나 온라인에 접속할 수 있는 환경이 갖춰졌다는 이야기다. 특히 모바일 광고는 매년 가파른 성장을 하고 있다. 한국 온라인 광고 협회의 자료에 따르면, 2012년 모바일 광고 집행 추정치는 약 1,898억 원으로 작년 대비 158% 성장이다. 또한 스마트폰의 보급으로 더 활성화되고 있는 SNS는 소비자들의 일상에 깊이 관여하고 있다.

이처럼 스마트폰의 보급은 온라인 광고에도 많은 변화를 주었다. QR코드처럼 스마트폰을 이용해서 온라인에 접속하는 광고 캠페인은 이미 활발해졌으며, 광고 애플리케이션 제작 등으로 디지털 디바이스에 맞게 광고 콘텐츠가 다양해지고 있다. 또한 스마트폰의 발달은 게임 업계에도 지각 변동을 일으켰다. 2012년에 가장 대박을 터트린 게임은 바로 국민 모바일 메신저 카카오톡의 게임하기 메뉴에 있는 '애니팡'이었다. 애니팡은 쉬운 게임성과 짧은 플레잉 타임, 중독성 있는 랭킹 및 하트 시스템으로 국민 게임으로 거듭났다. 뒤이어 아이러브 커피, 모두의 마블 등이 연달아 히트하며 플랫폼인 카카오톡과 콘텐츠인 게임이 함께 발전하는 모습을 보였다.

이러한 흐름을 볼 때, 모바일을 이용한 광고 캠페인과 광고 콘텐츠는 더욱 활발히 유통될 것이며 SNS를 통한 광고 이벤트의 활성화, 인터랙티브 광고 콘텐츠, 광고 게임 등이 활성화될 것이라 추측해볼 수 있다. 앞으로의 온라인 광고는 점차 모바일에 최적화된 광고로 진행될 것이다.

모바일의 중요성은 소비자와 가장 밀접한 미디어라는 것에 있다. 과거에는 스마트폰이 아니더라도 휴대폰을 이용한 문자 참여형 이벤트도 오디션 프로그램의 문자투표 혹은 라디오 사연을 문자로 보내는 이벤트도 활성화되어 왔다. 광고는 소비자와 밀접한 미디어 채널을 통해 새로운 시도를 거듭하고 있기 때문이다. 이제 모바일, 스마트폰을 활용한 광고 캠페인 사례를 통해 살펴보기로 하자.

① 스마트폰을 이용한 인터랙티브 광고 사례

휴대폰은 개인과 개인을 이어주는 통신수단일 뿐만 아니라 브랜드가 소비자를 만날 수 있는 채널이 되었다. 현재에도 문자 메시지를 이용한 광고 캠페인은 계속되고 있다. 과거의 문자 메시지가 광고의 정보를 전달하는 고지 수준이었다면, 스마트폰을 통해 들어오는 문자메시지 광고는 온라인과 연계를 통해 광고 캠페인을 참여하도록 만들거나 사이트의 URL주소를 전달하여 모바일 캠페인 사이트로 이동시켜 소비자의 참여를 연결시키고 있다.

한가인이 광고 모델로 진행된 보해소주 月 온라인 광고 캠페인은 오프라인 포스터나 옥외광고를 통해 한가인에게 전화를 걸 수 있도록 전화번호를 광고했다. 이 번호로 소비자가 전화를 하면 한가인의 목소리가 들리고 '현재 대본연습 중이니 나중에 연락하겠다'는 이야기로 통화가 종료된 후, 문자 메시지로 보해 月 캠페인 사이트로 유입할 수 있는 URL을 보내준다. 이를 통해서 모

오프라인 포스터와 버스 광고를 통해 소비자의 전화를 유도하는
보해 月

* 광고주 : 보해양조
* 광고회사 : Cheil Worldwide/AdQUA Interactive
* 출처 : www.bohaemoon.com

도미노피자 치즈팡 모바일 이벤트

* 광고주 : 도미노피자 * 광고회사 : digitalDigm
* 출처 : www.d2.co.kr

바일 웹사이트뿐만 아니라 스마트폰을 통해
온라인 광고를 접하고 이벤트에 참여할 수 있
게 만든 것이다.

뿐만 아니라 모바일을 중심으로 한 광고와
마케팅에 대한 새로운 시도가 이뤄지고 있다.
모바일을 통한 광고 이벤트를 모바일 확산이
가능하도록 만든 도미노피자의 치즈팡은 카
카오톡을 기반으로 친구들을 초대하는 이벤
트를 진행했다. 카카오톡의 친구들을 초대한
소비자에게는 이벤트 경품을 보상으로 지급
했고 짧은 시간 내 광고 콘텐츠가 확산된 것을
확인할 수 있었다.

또한 모바일 앱을 통해 윤아와 TV CF를 동
영상으로 촬영해서 만들 수 있게 한 이니스프
리의 iCF 애플리케이션은 동영상 합성 촬영
이라는 기술을 통해 소비자가 앱을 통해 광고
에 출연하여 재미있는 광고 콘텐츠를 만들 수
있게 한 것이 특징이다. 소녀시대 윤아가 면접
관이 되어 소비자에게 질문을 던지는 상황, 윤
아와 함께 춤을 추는 상황, 포토그래퍼가 된
윤아가 소비자를 찍어주는 상황 세 가지 중 한
가지 상황을 선택한다. 그리고 상황에 맞게 소
비자가 연기를 하며 동영상을 촬영하면 윤아
와 함께 한 편의 CF가 완성된다. 이처럼 스마
트폰을 활용해 광고 크리에이티브도 꾸준히
발전하고 있는 것이다.

이니스프리 iCF 모바일 애플
* 광고주 : 이니스프리 * 광고회사 : INNORED * 출처 : www.innored.co.kr

② 휴대폰으로 소비자의 일상을 관리하는 캠페인

니코레트의 〈즐거운 금연〉 캠페인의 경우 금연인의 하루 중에서 가장 흡연의 유혹이 있는 시간대를 설정하여 금연에 도움이 되는 메시지를 보냈던 사례가 있다. 자칫 지루한 메시지가 되지 않도록 MMS의 경우 이미지를 함께 전송하여 흥미를 유발하기도 했다. 휴대폰을 이용하여 매일 매일의 정보를 알려주는 광고 캠페인이었기 때문에 소비자에게 광고 메시지가 전송될 것이라는 동의를 구한 뒤에 전송이 되도록 진행했다. 과거에는 소비자에게 발송하는 문자를 휴대폰 SMS의 글자 수 제한인 80byte 이내로 광고 메시지를 작성해야 했다. 이때는 최대한 짧고 함축적인 의미로 정보를 정리해서 소비자에게 보내는 것이 중요했다. 특히 온라인 광고 캠페인 중에서 체험단 프로그램을 진행하는 경우 단문 메시지인 SMS[Short Message Service]와 장문의 메시지와 이미지를 보낼 수 있는 MMS[Multimedia Messaging Services]를 통해 소비자와 긴밀하게 소통했었다. 체험단 프로그램에 참여한 소비자는 온라인상에서 필요한 정보를 원하는 시간에 받을 수 있도록 설정하면 그에 맞는 정보를 문자메시지로 받을 수 있게 한 것이다. 따라서 카피라이터는 소비자의 상황에 맞는 카피 메시지를 작성해서 소비자가 필요한 시간대에 보내야 했다.

전략적으로 인기 연예인이 광고 모델인 경우 브랜드 로고와 함

응원 메시지와 금연 정보를 모바일로 제공한 즐거운 금연 캠페인
* 광고주 : 한국존슨앤드존슨 니코레트 * 광고회사 : Media4th/INNORED
* 출처 : www.nicorette.co.kr

모바일로 여드름 가이드를 제공했던 클린앤드클리어
〈윤아 4단계〉 캠페인
• 광고주 : 클린앤드클리어 • 광고회사 : Media4th/INNORED
• 출처 : www.cleanandclear.co.kr

께 연예인의 이미지를 카피 메시지와 함께 작성하여 전송할 수도 있다. 여드름 개선을 위한 클린앤드클리어 〈윤아 4단계〉 광고 캠페인은 휴대폰을 통해 여드름에 관한 상식을 보내주던 프로그램이었다. 10대가 타깃이었는데, 그들은 휴대폰과의 밀접한 생활을 하고 있기 때문에 온라인 광고 캠페인에 참여한 소비자에게는 휴대폰으로 여드름 가이드를 보내주기도 했다. 메시지를 전달할 때는 소비자에게 필요한 내용을 효과적으로 전달할 수 있어야 한다. 이를 위해 전달되는 모든 메시지는 충분한 자료 수집과 정리를 통해서 유용한 정보를 문구로 다듬는 작업이 필요하다.

문자메시지를 통한 광고 캠페인 정보 전달은 그 자체로 봤을 때 작은 부분이지만 소비자와 가장 밀접한 채널인 만큼, 어떻게 활용하느냐에 따라 전체 광고 캠페인에서 중요한 비중으로 커뮤니케이션할 수 있을 것이다. 과거의 사례에 비해 최근에는 휴대폰을 이용한 더 다양한 접근과 광고 콘텐츠의 전달, 커뮤니케이션이 가능하므로 소비자와 더 긴밀한 온라인 광고 커뮤니케이션이 이뤄질 것을 기대할 수 있다.

 ## 문자메시지로 이벤트 응모를 했던 캠페인

라디오를 청취하고 있으면 문자로 사연을 보내거나 정답을 보내 달라는 DJ의 멘트를 듣게 된다. 소비자가 보낸 문자 내용은 라디오 작가나 PD를 통해 실시간으로 온라인 문자 게시판에서 확인이 가능하다. 이렇게 들어온 메시지들은 DJ가 확인하여 라디오에 소개하는 것이다. 이러한 시스템은 온라인 광고에서 충분히 활용할 수 있으며 단문 메시지 작성에 익숙한 소비자들에게 참여율이 높은 프로모션이 될 수 있다.

클린앤드클리어의 새 학기 온라인 캠페인 〈새 학기 인기짱〉 캠페인 사례는 1318 여학생 타깃을 위해 최적화된 광고 캠페인이었다. 겨울방학이 끝나고 봄방학을 하기 전, 여학생들은 방학 동

문자메시지로 인사말을 보내면 새 학기 친구들에게 선물을 준 인기짱 캠페인

* 광고주 : 클린앤드클리어 * 광고회사 : Media4th/INNORED * 출처 : www.cleanandclear.co.kr

안 관리가 되지 않은 피부를 회복시키고 싶은 생각이 들기 마련이다. 또한 새 학기에 대한 설렘과 처음 만날 새 학기 친구들에게 인기가 많았으면 하고 기대한다. 이런 소비자 타깃의 인사이트 Insight를 바탕으로 클린앤드클리어는 새 학기 친구들에게 인사 메시지를 휴대폰으로 응모하면 그것을 카드로 만들어 반 전체 친구들에게 제품 샘플을 함께 선물하는 온-오프 통합 프로모션을 진행했다.

클린앤드클리어는 새 학기가 시작되기 직전에 10대 여중고생을 대상으로 새 학기에 만날 친구들에게 전할 인사말을 문자로 응모하라는 이벤트를 진행했다. 이벤트에 참여한 소비자들이 새 학기 친구들에게 인사 메시지를 보내면 추첨을 통해서 오프라인 카드와 함께 클린앤드클리어를 반 친구 모두에게 선물하는 이벤트였다. 이벤트 참여 방법은 간단했다. 문자로 새 학기 친구들에게 인사말을 보내면 이벤트에 응모되는 것이었다. 과거의 사례지만 10대들에게 친숙하고 편안한 채널인 휴대폰 문자로 참여하는 이벤트였기 때문에 참여를 극대화시킬 수 있었다. 모바일에 익숙한 10대들에게는 쉽고 간편한 프로세스였기에 참여율이 높았다.

광고의 커뮤니케이션 채널도 10대 소비자의 환경인 학교 게시판을 이용하여 포스터 광고를 진행했고 하굣길에는 엽서 광고를 통해 직접적인 반응을 유도할 수 있었다. 문자 한 통이면 참여 가능한 이벤트였고, 소비자 정보는 발신된 휴대폰 번호를 확인할 수 있었기 때문에 간편했다. 스마트폰으로 바뀐 지금의 환경에서는 더 간편하고 편리한 이벤트로 진행할 수도 있을 것이다.

④ 소비자에게 유익한 정보를 제공하는 '애플리케이션'

스마트폰을 사용하는 사람들이라면 애플리케이션^{Application or App}에 대한 관심이 많다. 애플리케이션은 특정한 종류의 작업을 돕기 위해 설계된 컴퓨터 프로그램을 말하며 스마트폰에서 구현되는 응용 프로그램을 말한다. 앱 스토어에는 유료^{Paid} 앱과 무료^{Free} 앱이 있다. 이 중에서 특히 무료 앱은 광고 콘텐츠로 만들어져 소비자들의 스마트폰으로 콘텐츠를 전달할 수 있다. 따라서 광고에서도 애플리케이션을 활용하는 사례가 증가하고 있다.

화장품 브랜드 중에서 수분크림 제품은 피부 속 수분을 유지하는 방법을 스마트폰 앱을 만들어 배포하기도 했다. 스킨케어에 관심이 많은 여성 타깃들을 대상으로 피부 관리법에 대한 모든 정보를 제공하는 앱이었다. 이것은 자외선지수, 날씨, 피부를 위한 수분공급, 나에게 맞는 화장법 등을 제공했고, 앱을 이용한 모든 소비자에게는 오프라인 매장으로 유입을 위한 할인 쿠폰을 제공했다.

또한 제품의 판매를 위한 애플리케이션 제작도 활성화되었다. 도미노피자에서 만든 앱은 소비자들이 언제, 어디서나 피자를 주문할 수 있도록 메뉴 소개와 주문 결제 시스템이 담겨 있으며, 이 외에도 다양한 소식과 할인, 이벤트 등의 소식을 제공하여 소비자의 혜택을 제공한다.

피자의 메뉴와 주문, 할인쿠폰, 이벤트 등을 소비자에게 제공한 도미노피자 애플
* 광고주 : 도미노피자 * 광고회사 : digitalDigm * 출처 : www.d2.co.kr

소비제품의 경우 판매에 직접적인 영향을 주는 애플리케이션을 만들어 판매자와 소비자 간의 연결을 보다 용이하게 만든 것이 특징이다. 자주 사용되는 앱이기에 지속적으로 업데이트가 이뤄지고 있으며, 소비자 편의성과 더 많은 혜택을 제공하기 위해 주문 앱이 더 소비자 친화적으로 제작되는 추세다.

06 SNS를 활용한 광고 : 친숙하게 소비자와 관계 맺기

디지털 미디어의 기술이 발달할수록 소비자와 커뮤니케이션하는 형태도 계속 진화할 것이다. 최근 페이스북, 트위터와 같이 소셜 네트워크 서비스Social Network Service를 이용한 광고 캠페인이 활성화되었다. 이처럼 SNS의 특징을 이해하고 이를 사용하는 소비자들과의 관계 형성이 중요해졌다. SNS는

SNS 열풍을 일으킨 트위터 사이트 • 출처 : twitter(@deux2927)

스마트폰이나 태블릿PC 등을 통해 누구나 손쉽게 글을 올리거나 볼 수 있으며, 실시간으로 의견을 나누거나 특정 글을 퍼트릴 수 있다. 짧은 글을 즉시적으로 올릴 수 있고 소통과 확산이 가능하기 때문에 광고 캠페인에서는 오프라인의 현장 이벤트를 알리는 채널이 되기도 하고, 온라인 사이트 이벤트를 URL로 소개하거나 링크하여 유입을 늘리는 광고채널로 활용하기도 한다.

트위터는 '지저귀다'라는 뜻으로서 140자 이내의 글을 짧게 공유하는 공간이다. 마치 블로그의 인터페이스에 미니홈페이지의 '친구 맺기' 기능, 메신저의 신속성을 갖춘 소셜 네트워크 서비스다. 관심 있는 상대방을 뒤따르는 '팔로우Follow'라는 기능을 중심으로 소통한다. 이는 다른 SNS의 '친구 맺기'와 비슷한 개념이지만, 상대방이 허락하지 않아도 일방적으로 '뒤따르는 사람' 곧 '팔로워Follower'가 등록되는 것이 차이점이다.

간편하게 알아보는 트위터 용어 설명

① 트윗^{Tweet} : 140자 이내의 단문 메시지를 트위터에 작성하는 것을 말한다.

② 팔로잉^{Following} : 트위터 이용자를 추가하는 것으로 내가 a를 팔로우하면 a가 작성한 트윗들을 받아볼 수 있다.

③ 팔로워^{Follower} : 나를 추가한 트위터 이용자를 말한다. 내가 쓴 글은 나의 팔로워들에게 보인다.

④ 타임라인^{Timeline} : 내가 팔로잉하는 사람들이 쓴 메시지들이 최근 등록순으로 나열된다.

⑤ 리플^{Reply} : 다른 사람의 트윗에 답장을 하는 것이다.

⑥ 리트윗^{Retweet·RT} : 내가 팔로잉하는 사람이 쓴 글을 내 팔로워들에게 재전송하는 것이다. 리트윗을 한 정보는 다단계처럼 신속히 퍼지기 때문에 RT는 트위터 마케팅에서 중요하다.

⑦ 즐겨찾기^{Favorites} : 중요한 메시지를 저장해둘 수 있는 기능이다.

⑧ DM^{Direct Message} : 보내는 사람과 받는 사람끼리만 소통할 수 있도록 메시지를 직접 보내는 기능이다. DM은 메시지를 받는 사람만 볼 수 있기 때문에 온라인 메신저의 쪽지 기능과 비슷하다. 서로 팔로우를 할 경우에만 DM을 주고받을 수 있다.

⑨ Lists : 카테고리를 나누듯 팔로잉의 메시지를 주제나 분야별로 나눠볼 수 있는 기능이다.

⑩ Home : 내 트위터의 첫 화면

⑪ Profile : 내 트위터를 말하며, 내가 쓴 메시지들을 확인할 수 있다.

⑫ Find People : 트위터 사용자 찾기 기능이다.

⑬ Settings : 관리자 화면, 프로필 및 화면을 수정할 수 있다.

⑭ Help : 트위터 도움말

⑮ Sign out : 로그아웃

⑯ 멘션^{mention} : @트위터 아이디를 트윗 내에 언급하는 것이다.

가장 인기 있는 SNS 채널인 페이스북은 2012년 현재 약 8억 명의 유저를 보유한 사이트이며, 사용자의 50% 이상이 매일 페이스북에 로그인을 한다. 또한 사용자들은 하루 평균 55분 이상을 이용하는 것으로 나타났다. 페이스북은 '친구 맺기'를 통해 많은 이와 온라인에서 만나 각종 관심사와 정보를 교환하고, 다양한 자료를 공유할 수 있다. 페이스북이 온라인 광고 캠페인의 플랫폼으로 각광받는 이유는 확산에 용이하기 때문이다. 페이스북 이벤트 앱을 허가하면 사용자의 친구들과 자신의 정보를 활용하여 이벤트 혹은 광고 콘텐츠를 체험할 수 있다. 또한 광고 콘텐츠를 체험한 뒤에는 그것이 소비자와 친구들의 담벼락으로 확산된다. 이러한 광고 효과 덕분에 페이스북은 광고 캠페인에 꾸준히 활용되고 있다. 또한 페이스북 팬페이지는 실시간으로 소비자들과 소통이 가능하기 때문에 PR의 채널로서 활용되고 있다. 소비자에 의해 콘텐츠가 움직인다는 것은 이제까지 없었던 현상이다. 온라인에서는 미디어의 힘이 소비자로 이동하고 있다는 증거라고 볼 수 있다.

이처럼 SNS를 활용한 이벤트의 기본적인 특성은 온라인상에서 소비자와 브랜드가 관계를 형성한다는 점이다. 소비자 간의 연결이 핵심인 만큼 광고를 입소문 내기에 용이하다. 이는 다수의 소비자와 관계를 맺고 정보를 공유하거나 이벤트 참여를 유도할 수 있어서 장기적으로 활용되고 있다. 따라서 광고주와 대행사에는 SNS 전문 인력을 뽑고 관련 서비스를 운영하고 있다. 이제 SNS를 통해 소비자 광고, 마케팅을 하려면 어떻게 해야 하는지 살펴보자.

① 우선 브랜드는 SNS를 통해 소비자와 좋은 관계를 형성해야 한다

소셜 네트워크 서비스는 말 그대로 관계를 기반으로 소통하는 서비스다. 따라서 트위터의 경우 먼저 소비자들과 팔로우를 맺는 것이 중요하다. 관계 형성이 이뤄져야 트윗 메시지를 주고받

을 수 있고 이벤트 정보를 제공할 수 있기 때문이다. 이를 위해서 먼저 소비자와 관계를 형성하는 팔로우 이벤트가 진행된다. 소비자와 친근한 관계를 형성하기 위해서는 트위터나 페이스북 계정을 캐릭터로 의인화하여 소통하는 것이다. 이를 위해서는 브랜드 특성을 이해하고 캐릭터를 통한 스토리텔링을 해야 한다. 브랜드와 제품의 특성을 바탕으로 캐릭터

캐릭터를 만들어 소비자와 친근한 소통을 이루고 있는 필립스 트위터

* 출처 : Philips Twitter

를 만들고 이를 위한 디자인, 개성 있는 말투, 취미 등을 설정하여 프로필을 만들고 이를 운영 매뉴얼로 삼아서 소비자와 소통하는 것이 좋다.

트위터에서 소비자와의 관계가 잘 형성되려면 제품이나 브랜드의 메시지를 일방적으로 올리는 것보다는 소비자의 실생활에 도움이 되는 유용한 정보들을 제공하는 것이 좋다. 트위터는 관계맺기가 중요하기 때문에 장기간 소비자와 친근하게 소통하면서 PR채널로 활용하는 노하우가 필요하다. 이를 위해 소비자에게 혜택을 제공하는 이벤트를 수시로 진행하는 것도 방법이다. 소비자와의 유익한 소통 없이 상업적 메시지만 계속 전달하는 브랜드는 이벤트가 끝나면 언팔로우 Unfollow를 당할 확률이 높다. SNS 운영자는 브랜드가 하나의 캐릭터로 공감을 이루는 메시지들로 소비자들과 소통하고 소비자에게 유익한 정보를 제공하며, 혜택을 다양하게 제공할 수 있도록 노력해야 한다.

② SNS는 광고보다 더 강한 확산효과가 있다

보통의 트위터 이벤트는 RT Retweet을 활용한 것이 일반적이다. 리트윗은 이벤트 홍보 문구나, 이벤트를 소비자들이 연결된 팔로워들에게 노출시키는 것을 말한다. 이를 통해 이벤트 소식은 광고보다 더 빠르고 정확하게 확산된다. 또한 페이스북에는 팬페이지를 통해 이벤트 진행이 가능하다. 기업용 팬페이지를 만든 후, 온라인 사이트처럼 이벤트를 진행하거나 광고 콘텐츠를 페이스북 애플리케이션으로 제작할 수도 있다. 트위터와 달리 페이스북은 브랜드나 제품의 홈페이지처럼 활용될 수도 있다.

이벤트의 내용이나 결과를 실시간으로 소개하는 필립스 페이스북
* 출처 : Philips Facebook

최근에는 트위터보다 다양한 활용이

가능한 페이스북을 중심으로 소비자와 소통하거나 이벤트를 진행하여 광고 콘텐츠를 확산하는 방식으로 많이 활용되고 있다. 페이스북을 통해 이벤트를 응모하면 나와 친구들의 담벼락에 광고 메시지를 남길 수 있기 때문에 호기심을 자극하는 재미있는 문구를 작성하여 광고를 확산시킬 수 있다. 페이스북 담벼락 메시지는 그 자체가 광고의 채널이 될 수 있기 때문에 효과적으로 활용된다.

③ SNS는 실시간으로 소비자와 소통하며 확산이 가능하다

트위터가 큰 이슈가 되었던 때에는 이를 활용한 광고, 마케팅 사례가 많았다. 실시간으로 다수에게 오프라인의 정보를 온라인에 알릴 수 있다는 장점 때문이었다. 그렇기에 트위터는 오프라인에서 이뤄지는 이벤트를 알리는 데 좋은 광고수단이었다. 트위터를 활용한 유명한 사례는 LA에서 트럭으로 이동하며 음식을 판매한 'Gogi BBQ'를 들 수 있다. 'Gogi BBQ'는 트럭으로 이동하며 음식을 판매했기 때문에 트럭의 이동장소에서 트위터를 통해 실시간으로 판매장소를 알려서 음식을 판매했다. 트위터로 소식을 접한 소비자들은 트럭이 있는 장소로 향해서 음식을 구매하려 줄을 섰다. 이를 벤치마킹하여 국내에서도 'Gogi BBQ'와 비슷한 유사 광고 캠페인이 진행되기도 했다. 트위터는 예전만큼 활발하지 않지만 페이스북과 함께 소비자의 생활에 밀접한 SNS로 자리매김했다. 이제부터 SNS를 이용한 광고, 마케팅 유형을 소개하려 한다.

SNS를 통한 이벤트 유형

■ 트위터 팔로잉 이벤트 및 페이스북 친구맺기 이벤트

트위터 팔로잉 이벤트는 기본적으로 소비자들과 관계를 형성하기 위해서 진행되는 1차 이벤트로 팔로워 수를 늘리기 위해 선행된다. 팔로잉을 한 소비자들 중에서 추첨을 통해 추첨을 통해 경품을 제공하여 마무리된다. 또한 페이스북 친구맺기 이벤트도 관계형성을 위한 것으로 응모방법이 간단하다. 해당 브랜드나 제품의 페이스북에 친구요청을 하고 친구맺기가 완료되면 이벤트 기간 내에 친구를 맺은 소비자들에게 경품을 제공하는 방식이다.

■ 트위터 RT 요청 이벤트 및 페이스북 공유 이벤트

RT^{Retweet} 이벤트는 기업의 트위터 계정에 있는 메시지나 광고 문구, 콘텐츠를 널리 확산시킬 목적으로 진행되는 이벤트다. 페이스북의 경우 광고 메시지를 자신의 담벼락으로 공유하고 댓글을 남기면 이벤트에 응모된다. 주로 광고 콘텐츠를 확산할 때 많이 활용되며 확산하는 내용에는 광고 캠페인 사이트 URL이 포함된 경우가 일반적이다.

■ SNS 인증샷 이벤트

트위터나 페이스북은 스마트폰을 활용하여 오프라인 현장에서 카메라로 무엇이든 바로 찍어 올릴 수 있다는 점이다. 이러한 점을 활용해 오프라인의 광고 내용이나 브랜드의 로고, 제품을 카메라로 찍어 인증샷을 올리면 추첨을 통해 경품을 증정하는 이벤트다.

■ SNS 질의응답 이벤트

기업 브랜드 트위터 혹은 페이스북 계정에서 이벤트 퀴즈를 던진 뒤 정답을 받은 후 추첨을 통해 소비자들에게 경품을 주는 이벤트다. 트위터에서 진행할 때는 우선 많은 수의 팔로워들이 있어야 하기 때문에 사전에 팔로잉 이벤트를 진행하여 팔로워 수를 높인 뒤에 진행한다. 페이스북에서는 댓글을 통해 이벤트를 진행하고 당첨자를 발표한다.

■ 온·오프라인 연계 이벤트

오프라인의 특정 장소에서 이벤트가 진행될 때에 이를 알리는 것으로 진행된다. 혹은 게릴라식으로 특정 시간과 장소에서 깜짝 혜택을 제공할 때 이를 트위터나 페이스북으로 공지하고 경품을 제공하는 이벤트다. 주로 오프라인 현장에서 게릴라식으로 진행되므로 SNS를 통해 이것을 알리면 근처에 있던 소비자들의 적극적인 참여를 유도하는 효과가 있다.

최근에는 오프라인 프로모션이 SNS를 통해 실시간으로 확산되어 소비자 참여를 유도시킨다. 이처럼 SNS를 통해 가장 효과적으로 전달될 수 있는 것 중 하나가 바로 오프라인에서 진행하는 플래시몹이다. 플래시몹$^{Flash\ Mob}$이란 일정한 사람들이 모여 특정한 춤이나 시선을 끄는 기발한 행동을 한 뒤에 다시 군중 속으로 흩어지는 것을 말한다. 온라인 초창기에는 플래시몹을 한 뒤에 현장을 UCC처럼 촬영하여 온라인에 확산하는 것이 일반적이었다. 그러나 이제는 누구나 스마트폰을 통해 플래시몹을 촬영하므로 이를 트위터나 페이스북에 즉시 공유하게 되었다. 또한 스마트폰 보급의 증가로 인해 오프라인 QR코드 광고를 찍게 만들어 온라인 사이트의 이벤트에 연결시키는 광고 캠페인을 진행할 수도 있다. SNS를 통해 소비자들의 실시간적인 참여를 이끌어내고 광고 콘텐츠를 확산시킬 수 있는 시대가 된 것이다.

07 이디엠^{eDM} 광고 : 확인하고 싶은 이메일 타이틀

초창기 온라인 마케팅에서는 eDM이 중요한 커뮤니케이션 수단 중 하나였고 온라인 광고 캠페인에 빠지지 않는 중요한 채널이었다. 하지만 이메일 광고는 스팸으로 걸러지는 경우가 많은데다 소비자들이 확인하지 않은 채로 삭제하는 경우가 많아서 이전보다 활용은 낮아지고 있다. 게다가 SNS를 비롯한 스마트폰 모바일 웹 등으로 소비자와 커뮤니케이션이 증가되어 eDM의 활용도는 예전과 같지 않다. 하지만 현재까지도 온라인 사이트 회원가입 시 소비자의 정보 중에서 이메일은 빠지지 않는 항목이며 여전히 이메일은 이벤트 혹은 제품 소개를 받는 채널로 이용되고 있다. 주로 소비자들에게 공지사항이나 고지서 등을 전달할 때 여전히 활용도 높게 이용되고 있다.

① 개봉률이 높은 eDM을 만들기 위한 방법

이메일로 광고 메시지를 보낸다면 어떻게 해야 소비자들이 읽게 만들 수 있을까. eDM은 어떤 메시지와 정보를 전달할 것인가도 중요하지만 특히 이메일의 제목에 따라 개봉률이 달라진다. 따라서 소비자에게 보내는 eDM의 개봉률^{Click}을 높이기 위해 타이틀 작성에 신경을 써야 한다. eDM 타이틀은 중요한 혜택을 제공하거나 호기심을 유발하는 것이 클릭을 유도하기에 좋다. 혹은 소비자에게 친밀하고 유용한 정보가 전달되었음을 보여줘야 eDM을 확인하고 싶어질 것이다. 소비자들에게 eDM을 보낼 때 유의사항을 정리했다.

eDM 발송 시 주의사항

■ eDM 타이틀에 소비자의 혜택이 담겨져 있는가?

소비자들은 기본적으로 광고 eDM을 반가워하지 않는다. 따라서 꼭 필요한 정보거나 혜택을 제공하는 뉴스가 아니면 확인을 하지 않는다. 따라서 할인 쿠폰이라든지 대대적인 세일에 관한 소식을 전달하는 등 소비자 혜택을 이메일 내용으로 넣어야 한다. 이러한 혜택은 이메일 타이틀에도 강조할 필요가 있으며 언제든지 소비자들이 봤을 때 호기심을 유발할 수 있는 메시지로 eDM 제목을 만들어야 한다.

■ eDM 타이틀 내용은 브랜드의 이미지에 적합한가?

거듭 강조하지만 eDM은 클릭을 좌우하는 제목이 가장 중요하다. 소비자들은 아주 짧은 시간에 이메일의 타이틀을 통해 브랜드에 대해 인식하고 이메일의 개봉 여부가 결정된다. 막연히 호기심을 자극하려고 브랜드 이미지에 맞지 않는 표현을 사용했다면 오히려 브랜드 이미지에 손상을 줄 수 있다. 타이틀이 브랜드와 어울리는 메시지로 작성이 되어야 한다.

■ 이메일 디자인은 브랜드 톤 앤 매너에 적절한가?

이메일을 개봉했을 때에 소비자가 이탈하지 않고 이메일을 끝까지 읽게 만들려면 디자인부터 달라야 한다. 소비자의 시선을 주목하고 eDM 내용을 읽게 만들어야 한다. 그러기 위해서는 디자인에 대한 완성도가 높아야 하고, 전달하는 메시지가 가독성 있게 읽히도록 레이아웃에도 신경을 써야 한다.

■ 내용은 이해가 쉽고 간결하게 구성되었는가?

이메일 내용은 소비자가 이해하기 쉬운 어휘들로 구성되었는지 살펴봐야 한다. 내용이 어렵거나 혹은 진부한 상품 소개로 가득하다면 소비자는 바로 이탈해버릴 것이다. 모든 정보는 쉽고 간결하게, 그리고 임팩트 있게 전달이 되어야 한다. 그래야 소비자들은 eDM의 핵심을 쉽게 이해할 수 있고 브랜드의 이벤트 참여나 제품 구매로 연결될 것이다.

■ 발송은 테스트를 통해서 확인이 되었는가?

eDM은 대량으로 고객 DB의 이메일에 보내진다. 이메일을 발송하면 발송현황과 더불어 개봉률을 체크해서 데이터를 확인할 수 있다. eDM 발송 전에는 반드시 테스트를 거쳐서 이메일이 스팸처리되지 않는지 확인한 뒤에 발송해야 한다.

eDM의 구성 및 핵심요소 살펴보기

eDM은 기본적인 구성요소들이 있다. 이메일의 구조마다 각각의 역할이 있기 때문에 이 핵심요소들을 자세히 살펴보고 eDM을 작성하도록 하자. eDM 제작은 광고 캠페인의 내용이나 브랜드의 특성에 따라 다르게 제작될 수 있다. 대부분 아래와 같은 형태로 제작되기 때문에 구성을 참고할 수 있다.

eDM 카피 작성 시 유의사항

■ 이메일 제목 : 소비자의 클릭을 유도하는 타이틀

eDM에서 가장 신경 써야 하는 것이 바로 이메일 타이틀이다. 이메일 제목을 통해서 소비자는 직관적으로 클릭을 할 것인지 휴지통으로 넣을 것인지 판단하게 된다. 따라서 이메일 제목을 읽고 흥미를 유발할 수 있어야 한다. 소비자에게 줄 수 있는 혜택이나 중요한 정보 등이 이메일 타이틀에 표기되어 있으면 소비자의 이메일 클릭은 늘어날 것이다. 또한 이메일을 받을 소비자의 이름을 타이틀에 넣어 친밀감을 불어넣기도 한다.

클린앤드클리어 인기짱 비결 캠페인의 eDM 발송 내용

* 광고주 : 클린앤드클리어 * 광고회사 : Media4th/INNORED
출처 : eDM capture

■ 본문 타이틀 : 메일을 열어본 순간 읽고 싶어지는 헤드카피

메일을 클릭하여 내용을 확인하는 순간 핵심 내용을 전달하는 헤드카피의 역할이 중요하다. 이에 따라 소비자는 전체 내용을 읽을 수도 있고 이탈할 수도 있다. 헤드카피는 이메일에서 전하고자 하는 내용이 무엇인지 한눈에 보이도록 작성한다. 또한 헤드 혹은 서브카피를 통해 소비자 혜택이 드러나도록 만들어야 한다. 또한 이메일의 세부 내용을 보고 싶도록 만들고 본문을 읽게 만드는 것이 중요하다. 이런 특성은 오프라인 인쇄광고의 카피 작성방법과 비슷하다.

■ 이벤트 소개 및 참여문구 : 읽어보면 참여하고 싶어지는 본문 구성

eDM은 인쇄광고와 다르게 인터랙티브한 소통을 만들어야 한다는 점이다. eDM의 하단에는 해당 이벤트에 대한 바로 가기 버튼이 있어서 클릭을 유도한다. 단순히 내용을 고지하는 정도가 아니라 소비자의 이벤트 참여를 이끌어낼 수 있어야 한다. 이를 위해서 eDM의 내용과 디자인이 조화를 이뤄야 하며, 이벤트의 참여를 위한 경품 증정이나 소비자 혜택에 관한 내용이 담겨 있어야 한다. 따라서 이메일 내용에는 광고 콘텐츠 노출, 이벤트 소개와 참여방법, 이벤트 경품소개 등이 있어야 한다.

■ 이메일 후터Footer : 필수로 들어가야 하는 정보

이메일 후터는 발신자 기본정보 및 안내문구이며, 발신자의 정보가 들어가야 한다. 이는 법적으로 넣어야 하는 것이므로 누락되지 않아야 하며, 눈에 거슬리지 않게 작업해야 한다. 수신을 원치 않는 경우에는 소비자가 eDM을 수신 거부할 수 있도록 정보를 넣어야 하는 것도 빠지지 않아야 한다.

■ 이메일의 특징을 활용한 마케팅 사례

이메일을 이용한 마케팅, 광고 사례로는 G메일과 뉴트로지나 렛미인 캠페인이 있다. G메일의 경우 이메일을 통해 지인을 추천한 사람들에게 G메일 용량을 높여주는 혜택을 제공했다. 따라서 초창기 G메일의 대용량 메일을 가입하려면 친구에게 초대를 요청해야 했다. 이러한 방법을 통해서 G메일은 충성도 높은 가입자를 유도할 수 있었다. 또한 뉴트로지나 렛미인 사이트는 초대받은 사람들만 사이트에 가입이 가능한 멤버십 사이트를 제작했다. 이 사이트에 가

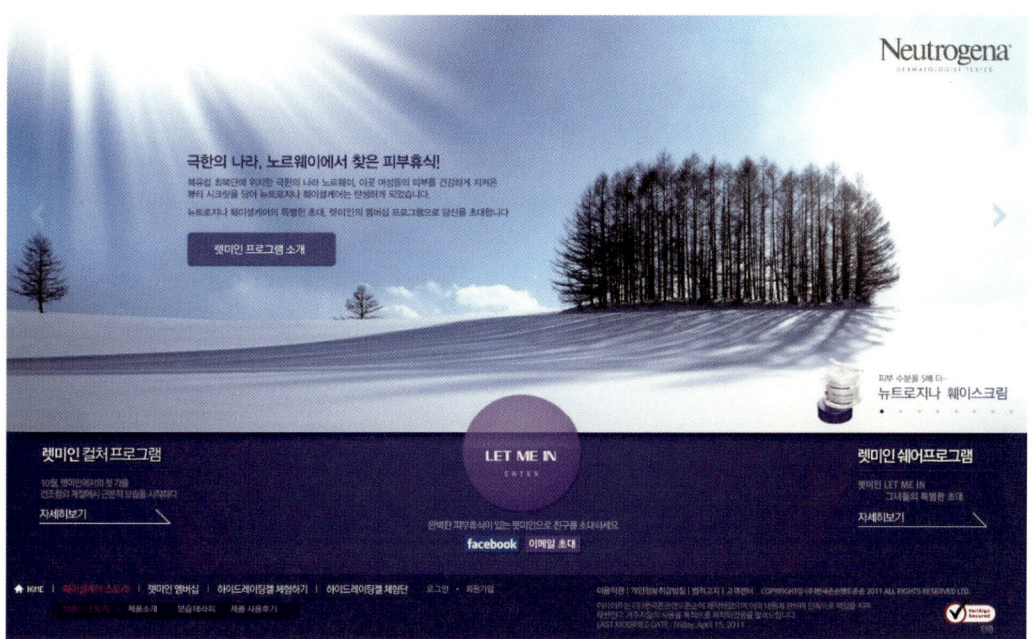

이메일이나 페이스북으로 단 3명만 초대할 수 있는 뉴트로지나 렛미인 사이트

＊광고주 : 뉴트로지나 ＊광고회사 : Media4th/INNORED ＊출처 : www.neutrogena-face.co.kr

입하기 위해서는 먼저 가입된 멤버가 초대 코드를 지인들에게 이메일이나 페이스북으로 전달해야 가능하다. 그리고 초대 인원도 제한이 있어서 단 3명에게만 보낼 수 있다. 사이트의 가입 멤버를 특별한 초대라는 콘셉트로 진행한 것이다. 가입된 소비자들에게는 특별한 이벤트와 혜택을 제공하여 소속감과 희소가치를 높일 수 있었다.

최근에는 스마트폰을 통한 SNS 이용률이 높아졌기에 예전처럼 eDM을 통한 광고는 활발하지 않다. 하지만 eDM은 소비자 개인에 대해 광고주나 제품, 브랜드가 혜택을 제공하거나 정보 동의, 공지사항을 전할 때는 여전히 활용되고 있으므로 소비자와의 커뮤니케이션 특성에 맞춰 활용한다면 효과적일 것이다.

08 스크린 세이버와 위젯 :
PC에 설치하고 싶은 광고 콘텐츠

광고 효과를 극대화시킨 유니클락 스크린세이버
* 광고주 : 유니클로 · 광고회사 : Projector Tokyo · 출처 : UNIQLOCK capture

유명 연예인을 모델로 제작된 온라인 광고 캠페인 사이트에서는 광고 사진에 브랜드 로고를 넣어 소비자에게 바탕화면이나 스크린세이버Screen Saver를 제공한다. 그리고 광고 모델의 인터뷰Interview와 메이킹필름Making Film, 위젯Widget 등을 다운로드받을 수 있게 제공한다. 위젯과 스크린 세이버의 경우, 최근에는 활용도가 높지 않지만 한때 유행처럼 제작되었다. 소비자들은 좋아하는 광고 모델이 나오는 위젯이나 스크린 세이버, 바탕화면을 다운받아 개인의 컴퓨터에 설치했다. 광고용으로 제작된 바탕화면은 소비자가 컴퓨터를 켜서 사용할 때마다 광고가 되는 셈이므로 광고주 입장에서는 좋은 콘텐츠였다.

위젯Widget은 컴퓨터에서 운영체계OS 위의 응용 프로그램을 동작시키고 결과를 화면에 표시하는 작은 그래픽 사용자 인터페이스GUI 도구를 말한다. 위젯은 컴퓨터의 바탕화면에 설치되어 브랜드의 광고 모델이 노출되고 인터넷으로부터 정보를 전달받아 화면에 표시하는 작은 윈도로서, 시계나 달력, 메모장, 검색, 지도, 뉴스, 실시간 카메라 등을 손쉽게 사용할 수 있도록 지원하여 컴퓨터 사용을 보다 편리하게 해주었다. 위젯은 온라인 광고 사이트에서 제작하고 소비자들이 컴퓨터에 설치하도록 제공하는 이벤트를 진행하기도 했다.

스크린세이버는 PC를 보호하기 위한 프로그램이다. 컴퓨터의 모니터는 한 가지 화면을 장시간 표시하면 그 화면이 모니터에 인쇄되는 성질을 지니고 있다. 이것은 전문적으로 음극선관CRT 내부의 인광물질이 타버리는 현상인데, 이 현상을 방지하기 위한 소프트웨어를 말한다. 따라서 소비자들이 광고용 스크린세이버를 컴퓨터에 설치하면 PC를 보호할 수가 있어서 좋고 광고주는 광고를 소비자에게 지속적으로 노출할 수 있어서 좋다. 소비자들의 PC 사용을 편리하고 안전하게 지켜주는 위젯과 스크린세이버를 제작하여 광고 콘텐츠로 배포했다.

하지만 소비자의 PC에 설치된 바탕화면과 위젯은 시간이 지날 때마다 새로운 버전으로 업데이트를 해주지 않을 경우에는 PC에 오래 설치하고 사용하기는 힘들다. 또한 위젯은 오히려 PC의 용량을 차지하여 사용에 번거로움을 주게 되므로 소비자 편의성에 충실할 필요가 있다는 것도 중요한 점이다. 이제부터 스크린세이버와 위젯, 바탕화면 등의 광고 콘텐츠를 통한 새로운 접근에 대해 살펴보자.

면도 후에 데이트를 체험한다는 내용의 인터랙티브 스크린세이버
* 광고주 : 필립스 * 광고회사 : INNORED * 출처 : www.wing.philips.co.kr

① 스크린세이버를 소비자가 만들 수 있게 한다

이미 제작된 스크린세이버를 다운로드받게 만드는 것보다 소비자가 직접 스스로 만드는 스크린세이버는 사용하기에 좋을 것이다. 필립스 면도기 Wing 캠페인의 스크린세이버는 면도가 필요한 나의 턱을 인기 가수인 여자친구가 면도해주고 데이트를 함께한다는 내용의 인터랙티브한 속성을 가미하여 스크린세이버를 만들었다. 스크린세이버를 다운받을 때 여자친구 역할을 하는 모델과 데이트를 하는 1인칭 시점의 스토리로 구성한 것이 특징이다. 그리고 다운로드받는 사람의 이름을 입력하여 다운받으면 스크린세이버에는 소비자가 주인공이 되도록 했다. 스크린세이버나 위젯에 소비자 자신의 사진이나 이름이 합성된 형태로 콘텐츠가 제작되게 만들면 더 많은 다운로드를 유도할 수 있을 것이다.

② 바탕화면도 상호작용적 아이디어를 넣는다

인기 광고 모델의 사진을 컴퓨터 바탕화면으로 사용할 수 있도록 소비자에게 다양한 버전을 제공하면 다운받는 소비자들의 수는 증가할 것이다. 예를 들어, 바탕화면에 소비자가 자신의 이름과 문구를 넣을 수 있게 한다면 참신할 것이다. 그리고 제공하는 이미지에는 기존의 바탕화면들이 그러했듯 브랜드 로고와 제품이 적절히 노출하는 것이다. 스크린 세이버 제작에도 인터랙티브한 아이디어를 결합하여 소비자들의 흥미를 끌어낼 수 있을 것이다.

3 위젯은 소비자에게 꼭 필요한 기능을 제공해야 한다

위젯이 유행처럼 제작되었으나 현재는 사용하는 사람들이 많지 않다. 그 이유는 위젯이 일시적으로 광고 캠페인을 위해서만 제작되고 업데이트가 되지 않기 때문이다. 위젯을 다운로드하여 PC에 설치하면 초반에는 자주 이용하지만 시간이 지날수록 지루해질 수밖에 없다. 결국 광고 캠페인이 종료되면 온라인으로 연동하는 데 한계가 발생하고 결국 컴퓨터 사용에 방해가 된다. 이를 방지하기 위해서는 위젯이 광고 캠페인이 끝나도 오래 사용될 수 있도록 소비자에게 꼭 필요한 기능을 제공하는 것이다. 광고 콘텐츠를 만들 때는 소비자의 입장에서 실용적인 콘텐츠를 고민해서 제작해야 한다.

4 PC에 설치할 광고 콘텐츠를 널리 알리는 이벤트를 진행한다

모든 광고 콘텐츠는 소비자들에게 확산되도록 만들어야 한다. 광고 콘텐츠를 통해 소비자에게 가장 친숙한 미디어인 개인PC에 제품이나 브랜드를 체험할 수 있게 하는 것이다. 이를 위해 아우디 콰트로Quattro 스크린세이버는 페이스북을 통한 확산 이벤트를 진행했다.

독일 자동차 브랜드 아우디는 '기술을 통한 진보'라는 슬로건으로 자동차 시장에서 기술적으로 확실한 차별화를 이끌어냈다. 아우디의 기술을 뒷받침하는 것은 아우디만의 '콰트로 기술'이다. 4륜구동 시스템인 콰트로는 어떠한 지형이나 환경에서도 강한 추진력과 뛰어난 코너링, 그리고 독보적인 핸들링을 가능하게 한다고 소비자에게 말하고 있다. 그래서 이를 더 효과적으로 알리기 위해 〈Land of quattro〉라는 캠페인을 진행하게 되었다. 각 나라별 영상 광고와 사이트 제작을 통해 소비자에게 커뮤니케이션되는 광고 캠페인과 함께 스크린세이버도 제작되었다. 스크

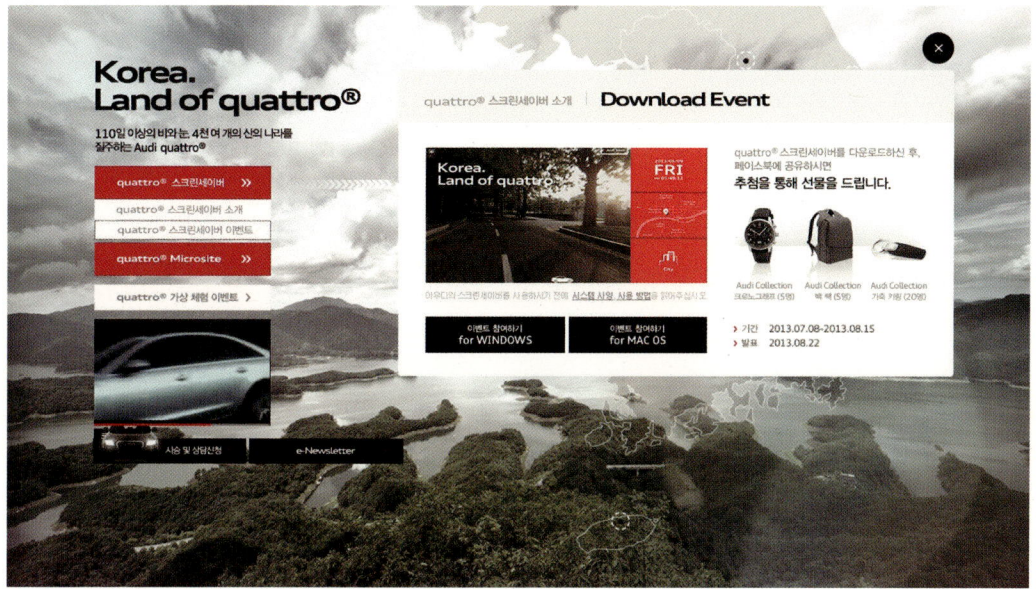

페이스북을 통해 확산시킨 아우디 quattro 스크린세이버

* 광고주 : 아우디 코리아 * 광고회사 : digitalDigm * 출처 : http://landofquattro.audikoreaevent.co.kr

린세이버를 설치하면 기본적인 기능으로 날짜와 시간이 표기되고 아우디로 8개의 지역을 질주하는 드라이빙 영상이 노출된다. 또한 드라이빙 영상이 노출되면서 우측에는 주행지역 지도와 함께 그 길의 특징인 도시, 빗길, 산, 온-오프 로드가 표시된다. 소비자들은 아우디 스크린세이버를 통해 마치 실시간으로 지형을 달리는 기분을 느낄 수 있고, 이를 통해 브랜드를 간접체험할 수 있게 되었다.

소비자들에게 스크린세이버를 통해 아우디의 4륜구동 시스템인 콰트로를 체험하게 만든 것이다. 스크린세이버는 마치 소비자가 운전석에 앉은 것처럼 대한민국을 대표하는 8개 지역을 드라이빙하게 만든다. 이는 광고 캠페인의 카피 메시지인 110일 이상의 비와 눈, 4천여 개의 산으로 이뤄진 대한민국을 질주하는 아우디 콰트로를 체험하도록 만든 것이다. 스크린세이버를 소비자의 PC마다 설치되도록 유도하기 위해 스크린세이버를 다운로드하고 페이스북에 이를 공유하면 추첨을 통해 경품을 제공하는 이벤트를 진행했다. 페이스북을 통해 스크린세이버 광고는 소비자들에게 확산되어 많은 다운로드 수를 기록하였다.

09 바이럴 영상 : 온라인 바이럴을 위한 영상 만들기

온라인에서 이슈가 되는 영상을 만들기 위해서는 무엇보다도 재미있는 시나리오가 중요하다. 재미가 없으면 소비자들이 보지 않기 때문이다. 바이럴 콘텐츠를 만들기 위해서는 소비자들이 자발적으로 주변에 알리고 싶을 만큼 재미가 있어야 한다. 그리고 제품이나 브랜드와의 연관성이 있어야 한다. 이를 위해서 영상 콘텐츠의 시나리오 단계부터 많은 노력을 기울여야 한다. 온라인의 초창기 바이럴 영상은 UCC^{User Created Contents} 같은 형태로 제작되며 특별하거나 엽기적인 내용, 혹은 패러디 등을 통해 호기심을 불러일으키면서 제품을 노출하는 형태였다. 하지만 바이럴 영상은 다양한 방법으로 발전을 했다.

🔍 ① 아큐브2디파인 눈빛 주인공 페스티벌 바이럴 영상

온라인 바이럴 영상은 티저 형태로 노출했다가 본 캠페인이 진행될 때에 맞춰 바이럴 영상을 확산하기도 한다. 이를 바탕으로 온라인 광고 캠페인에 대한 호기심을 유발하기도 한다. 이를 위해 10대들을 위한 서클렌즈 아큐브2디파인 론칭 캠페인 〈눈빛 주인공 페스티벌〉 캠페인 사례를 통해 바이럴 영상을 설명하려 한다.

10대들을 위한 서클렌즈인 아큐브2디파인은 시력을 교정해주는 역할은 물론, 착용한 눈을 반짝이고 예쁘게 만들어주는 미용기능이 돋보이는 제품이었다. 소비자는 10대 여고생들이었고 평소에도 눈을 예쁘게 꾸미고 싶은 니즈를 가지고 있었다. 또한 1년 중 가장 예쁘게 자신을 가꿔보고 싶은 날이 학교축제라는 설문 응답을 토대로 캠페인은 진행되었다. 그리고 당시 10대 여고생들에게 인기가 많았던 연예인 김범을 모델로 발탁했다.

광고 캠페인의 시작은 티징^{Teasing} 동영상으로 시작되었는데, 바로 김범이 축제 파트너로 함께할 자신의 이상형을 찾고 있다는 내용이었다. 인기스타가 여고를 돌아다니면서 자신의 축제 파트너가 될 눈빛이 아름다운 주인공을 찾으러 다닌다는 것이다. 이것은 바이럴 영상 시리즈로 만들어 진행되었다. 티징 영상을 시작으로 눈빛 주인공을 찾는 영상을 순차적으로 바이럴했고, 여기에

아큐브2디파인에서 진행한 〈눈빛 주인공 페스티벌〉 바이럴 영상
• 광고주 : 한국존슨앤드존슨 비전케어 • 광고회사 : 9FRUITSMEDIA • 이미지 출처 : Acuvue2 define viral movie

케이블 TV광고와 온라인 캠페인 사이트를 론칭하면서 시너지를 낼 수 있었다. 바이럴 영상은 바이럴 마케팅과 함께 진행되어 포털사이트 검색순위에 올랐고 영상 사이트마다 홍보하여 소비자에게 노출을 극대화했다. 제품인 서클렌즈를 시험 착용한 소비자들의 휴대폰 인증샷을 기반으로 축제 파트너 최종 후보들을 선정하여 오프라인 축제에 참여할 여학생들을 온라인에 업데이트했다. 최종 후보자들로 선정된 14명의 여학생들은 한 장소에 모여 김범의 축제 파트너로 선택되기 위한 미션을 진행했고, 최종적으로 1인이 선택되어 캠페인은 성공적으로 마무리되었다. 이 광고 캠페인의 성공에는 온라인 바이럴 영상의 전략적인 활용이 있었다.

② 싸이의 기상천외한 11가지 참이슬 음용법, 싸이슬쇼 영상

6집 앨범 타이틀곡 〈강남스타일〉로 월드스타가 된 싸이를 모델로 다양하고 재미있는 참이슬의 11가지 음용법을 영상으로 제작했다. 캠페인의 이름은 〈싸이슬쇼〉로 싸이와 참이슬의 합성어다. 캠페인의 영상은 유튜브 채널과 온라인 사이트를 중심으로 최대한 영상을 확산하는 것이 목적이었다. 따라서 〈싸이슬쇼〉 캠페인은 스마트폰과 SNS로 확산시키는 이벤트와 소비자들이 음용법을 따라 한 영상을 업로드하는 이벤트를 진행해서 확산을 유도했다.

우선 싸이슬쇼 11가지 음용법 중에서 가장 마음에 드는 영상을 투표하게 만들었다. 투표에 참여하면 자동으로 페이스북 'Like' 기능과 연결되어 소비자의 페이스북 담벼락에 광고 메시지가 붙도록 했다. 소비자들이 페이스북 친구들에게 영상을 확산할 수 있게 했다.

소비자들이 직접 싸이슬쇼 영상을 따라 하는 모습을 촬영하여 사이트에 올리는 이벤트를 진행했고 스마트폰 QR코드를 이용하여 영상을 친구에게 공유하는 이벤트를 함께 진행했다. 이를 통

소비자의 다양한 체험을 유도하는 싸이슬쇼 사이트 구성 및 재미있는 영상의 소스를 통해 만든 싸이슬쇼 배너 광고
• 광고주 : 하이트진로 • 광고회사 : digitalDigm • 출처 : psysulshow.chamisulsoju.com

해 소비자들을 통해서 싸이슬쇼 영상의 확산을 극대화시킬 수 있었다.

또한 소비자들의 채널을 활용한 영상의 확산 이외에도 배너 광고를 집행하여 집중적으로 바이럴 될 수 있게 했다. 싸이슬쇼는 주류광고로서 19세 이상이 참여할 수 있는 이벤트라서 소비자의 접근이 쉽지 않았지만 월드스타 싸이를 활용하고 영상 콘텐츠가 재미있게 촬영되어 성공적인 캠페인이 되었다. 다양한 채널을 통해 영상 콘텐츠가 확산될 수 있도록 한 것이 특징이다. 소비자들이 광고 영상을 즐기면 이를 자발적으로 확산하기 때문에 광고 영상의 콘텐츠의 재미는 가장 중요한 성공요인으로 꼽힌다.

온라인 영상 광고 제작 시 유의사항

■ 패러디 영상은 즉시적인 반응을 얻기 위해 만든다

온라인에서 광고의 생명력은 그리 길지 않다. 온라인 광고 캠페인 기간은 짧으면 2주에서 길어야 한 달이다. 광고 캠페인 기간이 길어지면 참여도는 점차 떨어지게 되고 관심에서도 멀어지게 된다. 바이럴 광고 영상의 경우도 그렇다. 바이럴 영상을 패러디로 제작되는 경우 소비자들의 집중도가 높아 즉시적인 반응이 오지만, 반대로 패러디 대상이 종료되면 자연스럽게 관심에서 멀어질 수밖에 없다. 이처럼 장단점이 분명하기 때문에 패러디 바이럴 영상은 적절한 시기에 만들어 효과를 노려야 한다.

■ 재미를 위해 제품을 부정적으로 표현해서는 안 된다

바이럴 영상은 이슈가 되도록 만들어 확산효과를 노리기도 한다. 소비자들의 시선을 사로잡기 위해 웃기거나 기발한 소재로 제작하는 것이다. 하지만 주의해야 할 점은 결국 브랜드나 제품을 드러내는 것이기 때문에 제품을 부정적으로 표현하면 안 된다는 것이다. 바이럴 영상은 인지도를 높이기 위한 것도 맞지만, 결국 제품에 대한 호감도를 높여야 한다. 따라서 단순히 재미나 호기심 유발을 위해 제품을 부정적인 것으로 표현해서는 안 된다.

■ 티저^{Teaser} 영상은 소비자의 호기심을 극대화시켜야 한다

호기심을 극대화시키기 위해 브랜드나 제품이 드러나지 않은 채 노출하는 영상을 티저 영상이라고 한다. 이는 추후에 공개될 광고 캠페인과 맥이 이어져야 한다. 마치 영화의 예고편이 기대감을 고조시키듯, 티저 광고 또한 소비자들의 호기심을 자극하여 무엇을 위한 영상인지 궁금하게 만드는 효과가 있다. 티저 광고는 브랜드나 제품을 노출하지 않지만, 앞으로 진행될 광고 캠페인의 핵심요소들과 키메시지$^{Key\ message}$를 담고 있다. 따라서 티저 광고에는 광고 캠페인에 사용될 카피나 키워드를 노출하여 소비자들이 검색을 해보도록 만드는 것이 좋다.

■ 실제 촬영이 가능한 아이디어인지 확인해야 한다

바이럴 영상에 대한 아이디어가 아무리 좋다고 해도 이를 실제로 촬영할 수 없다면 무용지물이다. 제작이 가능한지 따져 보고 제작 예산에도 맞는지 체크해야 한다. 예산 범위를 초과하더라도 욕심 낼 수준의 아이디어라면 광고주를 설득해서 비용을 더 사용하도록 협의할 수 있겠지만, 그렇지 않은 상황이라면 예산에 맞는 아이디어를 내는 것이 바람직하다.

■ 바이럴 영상의 노출에도 전략이 필요하다

바이럴 영상이 모두 제작되었다면 이를 공개하는 것에도 전략이 필요하다. 브랜드와 제품의

소비자들이 주로 이용하는 사이트를 선별하여 영상을 확산하는 것은 기본이다. 바이럴 영상이 몇 편의 시리즈 영상으로 제작이 되었다면 이것을 소비자들에게 노출하는 시기도 계획을 세워서 가장 효과적인 간격으로 공개하는 것이 좋다.

■ 영상을 보면 브랜드와 제품이 기억나게 한다

잊지 말아야 할 중요한 점은 브랜드와 제품의 노출이다. 바이럴 영상을 만드는 목적은 궁극적으로 브랜드와 제품의 광고 효과를 위함이라 할 수 있다. 이를 위해서 브랜드와 제품이 영상의 클라이맥스에 노출되도록 작업하는 것이 좋다. 재미있는 영상은 입소문을 타고 확산되기에 용이하지만, 영상에서의 주인공은 광고 제품이어야 하는 것을 기억해야 한다.

■ 바이럴 영상의 확산이 극대화되게 만든다

바이럴 영상의 성공 척도는 영상 조회 수와 영상을 퍼간 횟수로 가늠할 수 있다. 바이럴 영상이 확산되는 것을 통해 더 많은 소비자들이 볼 수 있으므로 광고 캠페인에서는 콘텐츠의 확산을 위해 퍼가기 이벤트를 진행한다. 주로 이벤트는 SNS를 통해서 페이스북이나 트위터, 미투데이와 요즘 등의 서비스를 통해 확산되고 있다. 소비자들이 영상 콘텐츠를 자유롭게 퍼갈 수 있도록 기능을 제공하고 확산 이벤트를 진행하는 것도 좋은 방법이 될 것이다.

10 인터넷 라디오 광고 : 라디오를 이용한 광고 제작 사례

라디오는 듣는 이의 상상력을 자극하여 마음에 이미지를 그려주기 때문에 '마음의 극장'이라고 불린다. 라디오 광고는 감성적인 메시지를 전달하기에 적합하다. 라디오는 소비자들의 디지털 디바이스 환경을 통해 온라인 사이트나 스마트폰 애플리케이션을 들을 수 있다. 게다가 라디오 광고는 온라인 미디어의 발달과 더불어 '보이는 라디오'로 진화하게 되었다. 라디오를 듣기만 하던 사람들은 이제 인터넷에서 보이는 라디오를 통해서 라디오를 진행하는 스타들과 게스트들을 보고 실시간으로 댓글을 남기거나 게시판의 형태로 사연을 남기고 참여한다. 또한 온라인으

로 언제 어디서든 다시 듣기가
가능하여 그 안에 라디오 광고
들이 다시 생명력을 얻게 되었
다. 인터넷 라디오의 경우 애플
리케이션 프로그램을 통해 실
시간으로 소비자들과 소통이
가능하기 때문이다. 인터넷 라
디오 애플리케이션에 로그인
하면 소비자의 접속 지역에 맞

보이는 라디오를 통해 시청할 수 있게 된 라디오 광고 ∗출처 : radio.sbs.co.kr

는 광고를 접할 수 있게 된다. 온라인 광고 캠페인에서 라디오 광고를 활용한 예를 소개한다.

빙그레 아카페라 론칭 광고 캠페인 사례

　빙그레 아카페라 커피의 론칭 광고 캠페인은 라디오 광고와 지면 광고를 비롯하여, 브랜드송 제작, 온라인 광고와 오프라인 프로모션 등 온·오프라인 통합 광고 캠페인으로 진행되었다. 제품 이름인 '아카페라'에서 착안하여 마시는 커피가 아닌 부르는 커피라는 콘셉트로 캠페인이 진행됐다. 우선 온라인 사이트에서는 브랜드송을 벨소리와 컬러링으로 제공하였고 3가지 제품라인에 대한 스토리텔링을 애니메이션으로 만들었다. 오프라인에서는 라디오 CM을 시리즈로 제작하여 공중파 및 인터넷 라디오에 노출하였고 출근길에 보는 무가지, 대학내일에 크리에이티브한 소재의 인쇄광고를 내보냈다. 모든 오프라인 인쇄물에는 네이버 검색창에 '빙그레 아카페라'를 검색하도록 유도했다. 소비자들은 브랜드의 다양한 광고 콘텐츠를 접하게 되면서 빙그레 아카페라를 마시는 커피가 아니라 부르는 커피로 콘셉트를 정확히 인지시킬 수 있었다.

　라디오 광고는 커피의 부드럽고 달콤한 속성을 봄이라는 감성적인 계절 이슈와 함께 스윗소로우의 에피소드로 구성하여 소비자에게 전달했다. 또한 스윗소로우가 만들고 부른 '아카페라' 브랜드송은 네이버, 싸이월드에 음원 등록을 하여 확산시켰으며 라디오 광고에서 BGM으로도 사용됐다. 빙그레 '아카페라'라는 커피 광고는 10가지가 넘는 에피소드를 라디오 CM으로 제작하여 소비자들에게 전달했다. 광고 모델인 스윗소로우가 진행하는 라디오 프로그램 〈텐텐클럽〉의 총 4부의 광고시간에 노출하여 큰 효과를 얻을 수 있었다. 감성적인 제품 특성과 재미있는 광고

온·오프라인 통합으로 진행된 빙그레 아카페라 론칭 캠페인 사이트

• 광고주 : 빙그레 • 광고회사 : Media4th/INNORED • 출처 : www.acafela.co.kr

스토리로 텐텐클럽의 광고시간마다 라디오 광고를 진행했고 MC인 광고 모델의 모습을 통해 시너지 효과를 내기도 했다.

■ 빙그레 아카페라 1차 라디오 광고 카피 소개

빙그레 아카페라 커피의 모델로 선정된 스윗소로우는 당시 라디오 프로그램 〈텐텐클럽〉을 진행하고 있었다. 이에 1차 라디오 광고는 4명 멤버의 버전을 각각 만들어서 총 4회의 중간 광고시간마다 노출했다. 그 결과 라디오 프로그램의 진행 중인 모델과 광고가 어우러져 청취자들의 관심이 집중되었다. 보이는 라디오를 통해 빙그레 '아카페라' 광고가 나갈 때마다 라디오 프로그램 진행자인 스윗소로우 멤버들의 표정과 반응을 실시간으로 확인할 수 있었다. 이는 팬클럽을 통해 캡처되어 라디오 광고와 함께 바이럴되기도 했다. 제품의 포장은 무광택 재질로 이뤄져 있어서 펜으로 글자를 쓸 수 있다는 특징이 있다. 라디오 광고에서는 이를 통해서 사랑을 전하라는 내용으로 작업이 되었다.

빙그레 아카페라 고백 편
내레이터^{Narrator} 스윗소로우 송우진
BGM Brand song_Sing your love(Sweet Sorrow)

안녕하세요! 커피가 좋은 봄날, 스윗소로우입니다.

고백하고 싶은데 망설이고 있는 분들!

이제 스윗소로우가 알려 드릴게요.

아카페라 커피 위에 이렇게 써서 전하세요.

반.했.어.요.

Sing your love 빙그레 아카페라

빙그레 아카페라 봄날 편
내레이터^{Narrator} 스윗소로우 송우진
BGM Brand song_Sing your love(Sweet Sorrow)

커피가 좋은 봄날, 스윗소로우의 우진입니다.

고백하고 싶은데 계속 망설이는 분들!

아카페라 커피 위에 이렇게 써서 전해 보세요.

같.이.마.실.래.요?

Sing your love! 빙그레 아카페라

빙그레 아카페라 화해 편
내레이터^{Narrator} 스윗소로우 인호진
BGM Brand song_Sing your love(Sweet Sorrow)

부드러운 봄날, 스윗소로우의 호진입니다.

사랑하는 사람과 다투고 후회하고 계시는 분들!

아카페라 커피 위에 이렇게 한번 써서 건네 보세요.

한.번.만.봐.줘.

Sing your love! 빙그레 아카페라

빙그레 아카페라 연인 편
내레이터^{Narrator} 스윗소로우 김영우
BGM Brand song_Sing your love(Sweet Sorrow)

햇살 가득한 봄날, 스윗소로우의 영우입니다.
오랜 친구였지만, 이제는 연인이고 싶은 사람이 있다면
아카페라 커피 위에 이렇게 써서 고백하세요.
친.구.끝! 연.애.시.작!
Sing your love! 빙그레 아카페라

빙그레 아카페라 도서관 편
내레이터^{Narrator} 스윗소로우 성진환
BGM Brand song_Sing your love(Sweet Sorrow)

가슴 설레는 봄날, 스윗소로우의 진환입니다.
도서관에서 자꾸 시선을 뺏는 사람이 있다면
아카페라 커피 위에 이렇게 써서 자리에 놓으세요!
마.음.에.들.어.요!
Sing your love! 빙그레 아카페라

■ 빙그레 아카페라 2차 라디오 광고 카피 소개

기존에 진행된 라디오 광고의 스토리를 기반으로 빙그레 아카페라 제품의 무광택 패키지 위에 펜으로 사랑고백을 써서 전할 수 있다는 특징을 계속 전달하기로 했다. 라디오 광고 1차에 이어 커피가 주는 부드럽고 달콤한 속성을 결합하여 '아카페라' 제품명의 이중적 의미를 살려 카피를 작업했다. 2차 라디오 광고가 진행될 때에는 오프라인 무가지 광고를 비롯하여 온라인 바이럴을 집중했다.

빙그레 아카페라 스윗소로우의 사랑고백법
내레이터^{Narrator} 스윗소로우

스윗소로우의 빙그레 아카페라 사랑고백법!
하나! 고백하고 싶은 사람을 떠올린다.

둘! 아카페라 커피와 펜을 든다.

셋! 커피 위에 이렇게 써서 전해준다.

나.랑.사.귈.래.요?

Sing your love 빙그레 아카페라

빙그레 아카페라 스윗소로우의 아카페라 스토리
내레이터^{Narrator} 스윗소로우

스윗소로우의 빙그레 아카페라 스토리!

형! 아카페라로 고백했다면서?

혼자? 어떻게 불렀어?

아니, 그 아카펠라 아니고

아카페라 커피 위에 '반했어요'라고 써서 줬어!

어! 괜찮다!

Sing your love 빙그레 아카페라

빙그레 아카페라 3차 라디오 광고 카피 소개

라디오 3차 광고에서는 연말연시의 시즌이슈를 살려 주변에 사랑, 우정, 고마움을 전하는 것을 콘셉트로 했다. 라디오 광고에 사용했던 멘트들은 아카페라 홈페이지의 온라인 이벤트에도 활용되었는데 소비자의 지인들에게 보이스 카드^{Voice Card}로 전송할 수 있도록 만들었다. 스윗소로우 멤버들의 목소리가 담긴 보이스 카드를 통해 회사동료, 친구, 연인에게 이메일로 감사 혹은 사랑을 고백할 수 있도록 만들어 광고 효과를 얻을 수 있었다. 아래 라디오 광고 카피에서 표기된 부분이 바로 온라인 보이스 카드로 활용한 부분이다.

빙그레 아카페라 친구에게 감사 메시지
내레이터^{Narrator} 인호진

스윗소로우 인호진, 친구에게 하는 말

늘 곁에 있어준 고마운 친구들아

너희가 내겐 가장 큰 힘이 되는 거 알지?

아카페라 커피 위에 써서 내 마음 전한다.

언제나 고마워, 항상 함께하자.　　　_연말연시 친구들에게 보내는 온라인 보이스 카드로 활용된 부분

Sing your love 빙그레 아카페라

빙그레 아카페라 직장동료에게 감사 메시지
내레이터^{Narrator} 성진환

스윗소로우 성진환, 동료에게 감사 메시지

언제나 함께하는 동료분들

제가 늘 고마워하는 거 알고 계시죠?

이런 제 마음 담아 아카페라 커피 위에 이렇게 써서 드립니다.

파이팅! 힘내세요!　　　_연말연시 직장동료들에게 보내는 온라인 보이스 카드로 활용된 부분

(아, 생일이 얼마 안 남았네…)

Sing your love 빙그레 아카페라

빙그레 아카페라 아직 어색한 상대에게 하는 프러포즈
내레이터^{Narrator} 송우진

스윗소로우 송우진, 드디어 고백하다!

난 항상 망설여 왔어요.

마음을 전할까 아니면 기다릴까.

이제 아카페라 커피 위에 써서 전할게요.

제 마음, 받아주실 거죠?　　　_고백하고 싶은 이에게 보내는 온라인 보이스카드로 활용된 부분

Sing your love 빙그레 아카페라

연말연시 메시지를 라디오 광고 보이스 카드로 만든 아카페라 이벤트

빙그레 아카페라 오래 알아왔던 상대에게 하는 프러포즈
내레이터^{Narrator} 김영우

스윗소로우 김영우, 프러포즈하는 날!

이번 겨울에 내가 부르고 싶은 건,

세상에서 가장 소중한 너의 이름이야.

내 마음 아카페라 커피 위에 써서 전할게.

영원히 널 사랑해!   _연인에게 마음을 전하는 온라인 보이스카드로 활용된 부분

Sing your love 빙그레 아카페라

    빙그레 아카페라 광고 캠페인은 라디오 광고와 온라인 광고 캠페인을 연계하여 이벤트를 진행했던 사례다. 그리고 라디오라는 감성적인 미디어를 통해 마음을 나눌 수 있는 제품이라는 특성을 표현하여 성공적인 제품 론칭을 할 수 있었다.

11 키워드 광고 : 검색 결과를 선점하는 키워드의 중요성

키워드^{Key Word} 광고는 포털사이트의 검색 창에 특정 키워드가 검색되면 검색 노출 순위가 상위에 노출되도록 유료로 진행하는 광고를 말한다. 키워드 광고 매체는 대표적으로 네이버와 오버추어가 있다. 각 키워드 광고 매체별로 노출지면이 다르기 때문에 이에 대한 전략적 선택이 필요하며 대한민국 검색 인구 수는 네이버가 더 우세하기 때문에 여기에 대한 비중을 높여 두 매체를 모두 진행하는 것도 방법이다. 오버추어 키워드광고의 경우 집행 시 노출되는 사이트는 네이버를 제외한 다음, 네이트, 조인스닷컴, 조선닷컴 등이 있다. 네이버에서 키워드광고 집행 시 노출되는 지면은 네이버 파워링크와 클릭초이스, 플러스링크 등이다. 키워드 광고는 대행사들이 경쟁 입찰방식으로 키워드를 상위노출로 점유하기 위해 관리하며 비용을 소진하게 된다. 키워드 광고는 제품 관련 키워드 입찰방식으로 광고주의 제품 키워드를 검색의 최우선순위로 노출시키기 위해 진행된다. 따라서 키워드 광고는 한정된 예산을 이용하여 어떤 키워드들을 경쟁자들로부터 선점할 것인가를 고민하여 키워드 광고를 관리하느냐가 핵심이다.

예를 들어, 패션 브랜드의 키워드 광고를 진행할 때 '패션'이라는 키워드는 어떤 브랜드든지 중요하게 생각하는 키워드이기 때문에 모두가 '패션'이라는 키워드를 검색하면 자사의 브랜드가 가장 최우선 순위로 노출되는 걸 원할 것이다. 그래서 '패션'이라는 키워드는 입찰방식에 의해 키워드 비용을 더 많이 지불하는 회사가 검색결과의 우선순위를 선점하여 노출하게 된다. 네이버 포털에 파워링크와 클릭초이스의 경우는 클릭당 비용을 지불하는 CPC^{Cost Per Click} 형태의 키워드 광고다. CPC광고는 한 번 클릭당 비용을 말하며 노출 횟수와 상관없이 클릭했을 경우에 비용을 산출하는 방식이다. 네이버 파워링크는 등록을 원하는 키워드들을 설정한 후에 키워드를 상위에 선점하기 위해 클릭당 비용을 경쟁사보다 높게 설정해야 한다. 그리고 설정된 비용만큼 소비자가 클릭했을 때 비용이 차감되는 방식으로 운영된다. 또한 플러스링크의 경우는 광고집행 시간당 광고비를 지불하는 CPT^{Cost Per Time} 방식이다.

마치 경매를 하듯 주어진 키워드 광고 예산 안에서 우선순위로 노출하고 싶은 키워드를 경쟁사의 키워드보다 높은 순위로 검색되도록 효율적으로 운영하는 것이 키워드 광고회사의 업무다. 광고회사는 광고주의 키워드 광고비용은 한정되어 있으므로 이를 효율적으로 분배해서 운영하

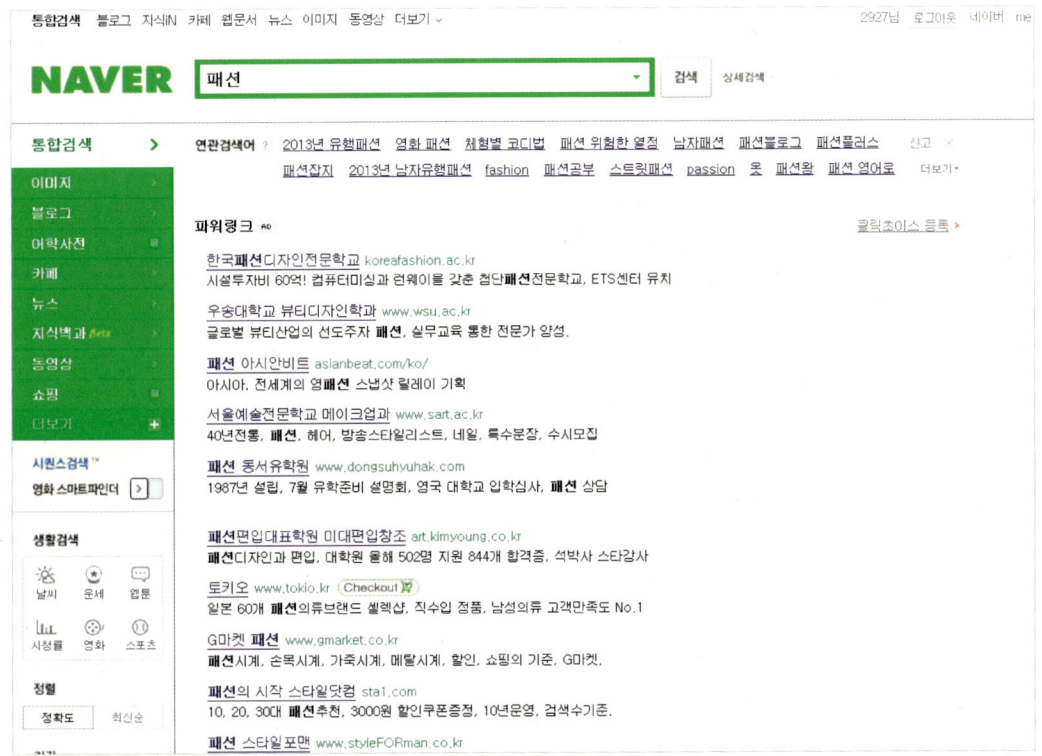

네이버 검색 키워드 광고 : 패션 키워드를 쳤을 시 나오는 파워링크 영역 * 출처 : www.naver.com

는 것이다. 키워드 광고의 설명 문구는 제품의 특징이나 장점을 중심으로 작성하여 광고주에게 컨펌을 받은 후 이상이 없으면 진행된다. 검색광고를 광고 캠페인과 연계해서 진행하는 경우 전략 키워드는 캠페인 사이트나 캠페인명을 우선으로 노출하기도 한다.

키워드 광고를 진행 시 보통의 경우 광고주가 전문 키워드 광고 대행사에 위탁하여 진행한다. 하지만 광고 집행 비용이 부족한 경우, 광고주가 직접 운영하기도 한다. 네이버 키워드 광고의 경우는 광고주의 사이트에 대해 네이버의 검수를 받아서 진행하며 보통 3일에서 5일 정도의 시간이 소요된다.

일반적으로 소비자가 가장 관심 있는 키워드를 점유하면 좋겠지만 키워드 광고의 예산이 있으므로 이 예상 비용 내에서 전략적으로 키워드를 확보하는 의사결정이 필요하다. 앞서 언급한 것처럼 패션 브랜드의 광고 키워드에서 가장 비싼 키워드는 경쟁이 치열한 '패션'이라는 단어일 것이다. 그러므로 연상해서 생각해볼 수 있는 비싼 키워드는 '옷', '의류', '스타일' 등의 키워드다. 누구라도 차지하고 싶은 키워드는 비싼 비용으로 경쟁해야 우위를 점할 수 있다. 반면에 브랜드

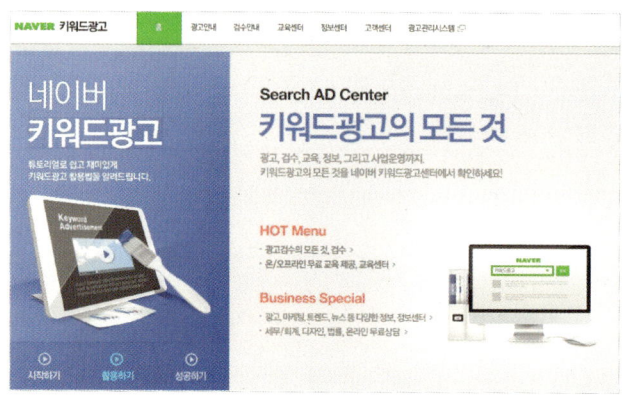

키워드 광고를 진행할 수 있는 네이버 키워드 광고 초기화면
출처 : www.naver.com

나 제품의 명칭과 같은 독자적인 키워드들은 경쟁이 치열한 키워드가 아니므로 작은 비용으로 꾸준히 관리하는 것이 기본적인 키워드 광고의 전략이다. 키워드 광고는 한정된 예산을 통해서 키워드에 대한 선점 비용을 분배해서 지혜롭게 사용하는 것이 중요하다.

또한 키워드 광고 역시 카피문구로 소비자의 클릭을 유도하는 것이 관건이다. 키워드 검색을 하는 소비자는 이미 해당 키워드에 관여도가 높은 사람이므로 그 눈높이에 맞게 카피를 작성하는 것이 중요하다. 경쟁사와 차별화된 특징과 서비스를 잘 보이게 작성하여 클릭을 유도해야 한다. 또한 키워드 광고의 장점은 광고 효과를 따져보면서 키워드를 올리거나 내릴 수 있으므로 광고 효과를 모니터링하면서 바꿔가는 것도 필요하다. 키워드 광고 작성법을 살펴보면 다음과 같다.

키워드 광고 카피 작성을 위한 네 가지 가이드

광고주가 키워드 광고회사에 대행을 맡기면 키워드 광고 카피까지 모두 작업을 해준다. 키워드 광고 카피는 소비자들의 필요에 맞게 최적화된 카피여야 한다. 핵심 키워드가 무엇인지 전략적으로 어떤 키워드를 선점할 것인지에 대한 이해가 필요하다. 키워드는 소비자의 근본적인 필요를 발견하고 검색 빈도수를 기준으로 만드는 것이 좋다. 제품의 정보와 소비자 욕구를 결합하여 키워드에 녹여내는 것이 키워드 광고 카피를 쓰는 좋은 방법이다. 키워드 광고를 작성할 때 아래 네 가지 노하우를 참고하자.

■ 키워드는 제품에 대한 차별화 포인트를 분석하고 소비자 혜택을 중점으로 표현한다

광고 키워드는 광고하는 제품에 대한 차별점이 분명한 것이 좋다. 제품의 분명한 차별화가 광고 키워드를 선정하는 데도 차별적인 우위를 둘 수가 있기 때문이다.

■ 소비자에 대한 라이프스타일, 특성을 파악하여 작성하고 그에 맞춰 카피를 작성한다

브랜드나 제품을 사용하는 소비자를 정확히 파악해야 그들이 검색하는 키워드를 파악하고 이해할 수 있다. 소비자들이 검색하는 것은 키워드지만 키워드와 함께 나온 광고 문구를 보고 클릭을 하기 때문에 광고 카피도 중요하다. 또한 소비자 타깃을 정확히 겨냥한 카피 문구가 소비자의 클릭을 유도하고 구매로 연결된다.

■ 자사와 동일한 키워드를 사용하는 경쟁사의 키워드와 카피를 분석하고 카피를 차별화한다

'패션'이라는 키워드를 이용하여 검색하면 다양한 패션 쇼핑몰 정보가 뜬다. 하지만 각각의 사이트가 추구하는 타깃과 콘셉트가 다르기 때문에 여기서 소비자의 니즈에 따라 클릭이 달라진다. 동일한 키워드를 사용하면서 타깃도 같고 제품도 비슷하다면, 이때는 차별화된 카피문구가 결정적인 역할을 하게 된다. 뚜렷한 차별점이 없다고 하면 다른 경쟁사들의 카피와 차별화시킬 문구를 고민해야 한다. 다르게 보여야 호기심을 유발할 수 있고 소비자의 클릭을 유도할 수 있기 때문이다.

■ 키워드 광고의 효과를 수시로 체크하고 효과가 없는 것을 분석하여 수정한다

키워드 광고는 정확한 소비자 유입 숫자를 확인할 수 있다. 키워드 광고를 분석하여 어떤 키워드가 광고 경쟁이 심하고 조회 수가 높은지 수시로 확인하고 이에 적절한 대응을 해줘야 한다. 키워드 경쟁이 높아서 비용이 비싸지만 소비자들의 조회 수가 낮은 키워드는 광고를 집행하지 않아야 한다. 광고 문구의 효과가 부족해 보이는 것은 수정하여 노출하는 등 관리가 필요하다.

만약 키워드 광고를 진행할 경우 키워드 광고 전문대행사의 전문가에게 의견을 구하는 것이 좋다. 광고주가 키워드광고를 집행하고 싶은 경우, 큰 규모의 광고대행사에는 키워드 광고 사업부가 함께 있는 경우가 있으므로 긴밀히 키워드 광고에 대해 논의할 수 있을 것이다. 키워드 광고 집행 후에는 결과를 로그분석^{방문자분석}하여 최적화하여 높은 광고 효과가 나오도록 노력해야 한다. 위에서 언급한 대로, 광고 키워드는 전략적이어야 하면서 동시에 소비자의 니즈를 창의적으로 파악한 문구로 진행해야 효과가 좋다.

12 온라인 PR : 여론을 확산시키는 온라인의 힘

온라인 PR^Online PR이란 PR^Public relations의 개념에 온라인^On-line의 특성을 더해 발전시킨 것을 의미한다. PR은 '공중과의 관계를 관리'하는 행위이기 때문에 공중이 쉽게 모이고 소통하는 공간인 온라인은 PR에 있어 무척 중요하다. 오늘날은 신문기자만을 중심으로 PR이 이뤄지는 시대가 아니다. 디지털 미디어 환경으로 인해서 모든 것이 변하고 있다. 제품에 관한 정보들도 포털사이트를 통해 정보를 검색하면 이미 프로추어^프로+아마추어의 합성어들과 얼리어답터^Early Adopter들이 리뷰를 올려놓은 것을 살펴볼 수 있다. 이처럼 온라인에 노출되고 있는 정보들을 확인하여 발 빠르게 관리하고 여론을 조정하며 긍정적인 공중관계를 형성하는 것이 바로 온라인 피알^Online PR이다. 과거 촛불집회를 주도했던 Daum 사이트의 '아고라'의 경우만 봐도 그 힘을 알 수 있다.

온라인은 다양한 마케팅 정보가 쏟아지고 소비자들의 소통이 이뤄지는 공간이다. 특히 스마트폰을 통해서 소셜 네트워크 서비스^SNS=Social Network Service를 이용하여 실시간으로 정보의 공유가 가능해졌기 때문에 온라인 PR의 중요성은 더 커졌다고 할 수 있다. 인터랙티브 카피라이터는 온라인의 여론을 관리하는 제품이나 브랜드의 정보를 위해 전략적으로 메시지를 작성할 수도 있어야 한다. 온라인 PR의 종류를 설명하면 아래와 같이 설명할 수 있다.

다양한 온라인 PR의 채널들

■ 기업 SNS^Social Network Service

최근에는 트위터나 페이스북의 기업 공식계정이 활성화되었다. 기업의 소식을 가장 빠르고 친근하게 소비자에게 전달할 수 있게 된 것이다. 또한 오프라인의 뉴스나 사건들이 때로 일반인에 의해 기자보다 빠르게 페이스북이나 트위터 등으로 공유되기도 한다. 이처럼 SNS는 어떠한 기사보다 빠르게 소식을 전달할 수 있다는 장점이 있지만, 때로는 소비자의 불만사항이나 검증되지 않은 정보가 SNS를 통해 확산될 수 있기 때문에 기업들은 이런 상황을 포착하고 신속하게 대응, 관리할 수 있어야 한다.

온라인에서 접하는 다양한 PR 채널들(페이스북, 카카오톡 플러스 친구, 포털사이트, 브랜드 커뮤니티 등)

* 출처 : (시계방향으로) 도미노피자 페이스북, 카카오톡, 네이버, MCM블로그, 아비노, Daum 각 지면 캡처

■ 기업 블로그

기업의 공식 채널을 통해 소비자들과 소통을 지속적으로 이어나갈 수 있다. 블로그를 통해서 사이트에서 전달하지 못한 정보나 공지사항을 빠르게 알릴 수 있다는 장점도 지니고 있다. 소비자들과의 관계를 위해서 모든 메시지는 바르고 정직하게 이어나가야 한다. 또한 블로그 활성화를 위해서는 소비자 편익을 제공하는 정기적인 이벤트를 진행하는 것이 큰 도움이 된다.

■ 온라인 카페, 커뮤니티

특정 제품에 관여도가 높은 타깃은 주로 온라인에 모여 있다. 아기들의 임신, 출산, 육아를 고민하는 분들의 '맘스홀릭' 등이 그 예다. 만약 육아에 필요한 제품을 온라인으로 PR해야 한다면 소비자들이 모여 있는 곳에서 이야기를 건네는 것이 중요하다. 포털사이트를 통해 유입되어 가장 많은 소비자가 모여 있는 커뮤니티는 PR의 중요한 채널이다. 최근에는 카카오톡을 브랜드로 관리하면서 온라인 공간에서 직접 개별 소비자를 만나고 소통하며 관리할 수도 있다. 적극적인 고객들의 관리가 가능하며 단순히 메시지를 전달하는 것에서 더 나아가 좋은 관계를 형성할 수도 있다.

■ 파워 블로거

온라인을 통해 뉴스는 신문 지면보다 빠르게 포털사이트에 노출된다. 특히 포털사이트의 검색창에 최근 이슈를 검색해보면 파워 블로거의 글인 경우가 많다. 온라인에서는 이미 전문가나 기자만큼 유명한 사람들이 있다. 네이버 오픈캐스트나, 다음 블로거 뉴스에서 보듯이 알파, 파워 블로거의 영향력이 커졌다. 오프라인에서 기자들과의 관계가 중요하듯 온라인에서는 이들과 관계를 맺는 것이 중요하다.

■ 카카오톡 플러스 친구

모바일 마케팅을 위해 많은 스마트폰 이용자들이 쓰는 메신저 애플리케이션인 카카오톡을 활용할 수 있다. 카카오톡 2012년 매체소개서에 의하면 카카오톡은 12년 8월 기준, 해외사용자를 포함하여 스마트폰 사용자의 90%인 누적가입자 수 5,600만을 보유하고 있다. 카카오톡은 일 2,200만 명 이상의 방문자가 이용하여 국내 최대 일일방문자 수를 보여 주고 있다. 이는 포털사이트 네이버의 메인 검색화면을 방문하는 일 1,442만 명에 대비해보면 방문자 수를 가늠해볼 수 있을 것이다.

카카오톡 플러스 친구는 사용자와 광고주를 친구 관계로 연결한 모바일 마케팅 서비스다. 브랜드와 소비자를 카카오톡으로 연결하여 친구관계를 확장해주는 것이며, 소비자의 친구추천 항목에 브랜드가 노출되어 소비자가 친구 추가를 할 수 있게 된다. 브랜드와 관계가 형성되면 카카오톡을 통해 브랜드의 신제품 소개나 이벤트 정보를 받을 수 있다. 광고 메시지를 발송할 때에는 이벤트 페이지와 연결을 시켜 모바일로 즉시 참여를 유도할 수 있다는 점에서 효과적인 채널로 활용되고 있다.

디지털 미디어 환경에서는 나눠진 영역이라 믿었던 광고와 홍보의 영역이 온라인 미디어를 통해서 교집합되는 것을 확인할 수 있다. 이제는 거시적 관점에서 PR의 흐름을 이해하고 이에 맞게 소비자와 커뮤니케이션할 수 있어야 한다.

13 디지털 음원 : 원 소스 멀티유스 One Source Multi Use, 브랜드송

브랜드송 Brand Song 은 제품을 가장 감성적으로 소비자에게 알릴 수 있는 콘텐츠 중 하나다. 브랜드송은 소비자와 감성적인 커뮤니케이션을 위한 광고 콘텐츠이며 이미 많은 사례들을 통해 접할 수 있었을 것이다. 브랜드송은 때로 대중음악보다 더 큰 인기를 얻으며 이슈가 되기도 했다. 브랜드송을 제작했던 사례로 커피 브랜드인 빙그레 '아카페라'와 '끌레도르' 제품을 설명할 수 있다.

먼저 빙그레 아카페라는 '커피와 함께'라는 뜻을 가지고 있지만, 직관적인 연상은 아카펠라에 가깝다. 달콤한 맛과 프리미엄 커피의 특징을 살리기 위해 '아카펠라'로 브랜드송을 만들어 소비자와 커뮤니케이션하게 되었다. 그리고 아카펠라를 잘 부르는 스윗소로우와 함께 〈Sing your love〉라는 브랜드송을 만들었다.

제작된 빙그레 아카페라 브랜드송은 캠페인 사이트의 배경음악으로 사용했으며 싸이월드 미니홈피, 네이버 블로그에 음원을 유통시켰다. 싸이월드를 통해서는 무료로 음원을 받을 수 있는 이벤트를 진행하여 큰 효과를 보았다. 또한 라디오CM의 배경음악으로 활용했고 브랜드 사이트에서 무료 벨소리와 통화연결음으로 설정하도록 만들었다. 이를 통해 론칭된 제품은 인지도와 호감도가 상승했으며 판매도 증가했다. 특히 아카페라 브랜드송의 음악을 파일로 받을 수 있는지 문의하는 소비자들의 전화가 쇄도했다.

프리미엄 아이스크림 끌레도르 또한 브랜드송을 제작했다. 끌레도르 역시 인지도와 호감도를 높이면서 프리미엄 이미지를 구축하는 것을 목표로 했다. 이에 부드러운 목소리의 가수 나윤권과 함께 브랜드송을 제작했고, 홈페이지 및 오프라인 팝업스토어 Pop-Up Store 를 비롯하여 라디오CM, 무료 컬러링 등으로 배포하여 광고 효과를 얻을 수 있었다. 또한 두산 베어스의 경기장에 전광판 프러포즈 이벤트는 매년 진행되고 있으며, 이때 브랜드송이 배경음악으로 사용되고 있다.

끌레도르의 브랜드송은 가장 하이라이트 부분에 제품명이 로맨틱하게 접목되어 브랜드가 주목되는 효과를 얻게 만든 것이 특징이다.

　브랜드송을 제작할 때는 예술적인 측면도 중요하지만 제품의 광고 콘텐츠로서 역할을 해야 한다. 그러기 위해서는 브랜드송에 감성적인 측면과 마케팅적인 요소를 적절히 담아야 한다. 이를 염두에 두면서 가사를 작성해야 하므로 일반 가요의 가사를 쓰는 것보다 힘든 작업이 될 수도 있다. 브랜드송 가사를 보면서 작사를 했던 사례를 설명하겠다.

빙그레 아카페라 브랜드송 〈Sing Your Love〉 가사 내용

　빙그레 아카페라 디지털싱글 앨범 〈Sing your love〉는 마음을 고백하고 싶지만 망설이는 모든 이들에게 전하는 응원의 노래이며 아카페라 커피처럼 달콤한 프러포즈 송이다. 사랑이 시작되는 설레는 맘, 두근거리는 고백의 순간, 사랑을 시작하고 싶은 이들의 마음을 표현한 가사가 인상적이며, 아카펠라 버전으로 편곡한 스윗소로우의 개성이 잘 살아 있는 곡이다.

　아래 글씨가 진한 부분은 브랜드명이나 제품, 카피 메시지가 표현된 곳이다. 최대한 자연스럽게 제품명이 노출되도록 만들었다. 전반적으로 제품의 콘셉트가 드러나도록 작사했다.

Sing your love
작사 이구익
작곡 스윗소로우
스윗소로우가 부른 빙그레 아카페라 브랜드송
• 출처 : music.naver.com

달콤하게 퍼지는 속삭임
아찔하게 두근거리는 바로 이 순간
불러봐 **아카페라** 안에 마음을 담아
짜릿하게 가슴이 떨려도
당당하게 이제는 너의 맘을 전해봐
용기 내봐 **커피처럼** 부드러운 고백
귓가에 속삭이듯(오 - **달콤하게**)

오늘도 망설이면 바보(오 - 당당하게)

사랑은 표현이야(오 - **부드럽게**)

Sing your love

내 마음을 알까 한참 바라보았어

어떻게 두근거리는 내 마음 전할까

고백하기 위해 이 순간을 기다려왔어

용기 내 부를 거야 나에겐 너밖에 없다고

부드럽게 마음을 전해봐

자신 있게 용기를 내봐 바로 이 순간

고백해봐 망설이다 후회하지 말고 너라면 할 수 있어

커피향기처럼 네가 있으면 난 행복해

난 항상 너뿐이야 영원히 널 사랑해

I believe you can fly 가득한 설렘

행복하게 두근거리는 마음 받아줘

이 노래 **아카페라** 가득 담긴 진심을

자신 있게 긴장하지 말고 당당하게

불러 고백하는 이 순간

기대해봐 깊이 스며드는 **아카페라**

달콤한 커피처럼(오 - **부드럽게**)

가슴이 짜릿하게 지금(오 - 아찔하게)

사랑을 고백해봐(오 - 자신 있게)

Sing Your Love!

끌레도르 브랜드송 〈Close To You〉 가사 내용

　끌레도르 아이스크림의 뜻은 황금열쇠다. 마음을 열어주는 황금열쇠가 끌레도르라는 콘셉트로 사랑을 고백하는 순간의 상황을 작사했다. 프리미엄 아이스크림이므로 부드럽고 달콤한 느낌을 연인에 비유한 것이 특징이다. 전반적으로 달콤함, 설렘, 두근거림을 느낄 수 있게 하였고 가사의 후렴부분에 끌레도르의 제품명을 배치하여 가장 주목되도록 했다. 특히 소비자의 사랑을 응원한다는 슬로건을 통해 소비자를 향한 브랜드의 이야기가 자연스럽게 드러나도록 했다.

　글씨가 진한 부분은 브랜드명이나 제품, 카피 메시지가 표현된 곳이다.

Close to you
작사 이구익
작곡 김석찬
나윤권이 부른 끌레도르 브랜드송
• 출처 : music.naver.com

널 보면 망설였던 내 맘
지금껏 준비했던 말
너를 사랑한단 말(난 오직 너만을)
널 바라만 보면 두근거린 내 맘을
오늘은 고백할 거야
간절한 내 맘 전할래
이 노랠 들어줘 네 마음 **열어줘**
환하게 웃는 니 얼굴
그 미소가 너무 **달콤해**

Oh 너를 보면 내 마음이 **끌려**
너의 눈에 비친 내 모습에 **끌려**
부드럽고 달콤한 넌 나의 아이스크림
나를 응원하며 곁에 있어줄 **끌레도르**니까

널 마주 보는 이 순간에

가슴 벅차 기쁜 이 맘

두근대는 내 마음(**열어줘** 네 맘을)

날 받아준다면 고개 끄덕인다면

뭐든지 할 수 있어 나

이 세상 가진 것처럼

마음을 **열어줘** 내 사랑 받아줘

그러면 너의 손잡고 나 영원히 행복할 텐데

Oh 너를 보면 내 마음이 **끌려**

너의 눈에 비친 내 모습에 **끌려**

부드럽고 달콤한 넌 나의 아이스크림

나를 응원하며 곁에 있어줄

그대는 나의 **끌레도르**

내 마음은 너에게만 **끌려** *Uh*

너의 마음 전부 나에게만 걸어

너의 손을 꼭 잡고 영원히 지켜줄게

항상 **달콤하고 부드러운** 넌

끌레도르니까(끌레도르처럼 달콤한 이 순간)

브랜드송 작사 시 유의사항

■ 들었을 때 바로 좋은 반응이 오는 곡인가?

브랜드송은 후렴부분에 중독성이 있어야 한다. 한 번을 들어도 어디선가 들어본 것 같은 멜로디로 만들어진 대중적인 곡이 좋다. 한 번을 들어도 다시 듣고 싶어지는 곡일 때 효과가 높다고 할 수 있다. 브랜드송은 가수의 정규앨범의 타이틀처럼 비용을 들여 지속적인 노출이 이뤄지기 어렵기 때문에, 소비자가 들었을 때 흥미를 가질 수 있어야 한다. 최근에는 브랜드송과 함께 뮤직비디오를 함께 제작하여 노출해 이슈를 만들기도 한다.

■ 브랜드송의 장르가 브랜드와 잘 어울리는가?

작사에 앞서 제품의 특징을 면밀히 분석하여 브랜드송이 톤 앤 매너에 부합하는지 세부적으로 확인하고 제작할 필요가 있다. 소비자 타깃에 맞는 감성적 연결이 중요하기 때문이다. 만약 제품이 개성 넘치고 파격적인 것을 지향한다면 힙합이나 록과 같은 음악장르가 어울릴 것이며, 부드럽고 감성적인 제품이라면 발라드 장르가 어울릴 것이다. 따라서 제품과 소비자를 파악하여 분위기에 어울리는 장르로 브랜드송을 제작해야 한다.

■ 온·오프라인으로의 확산이 계획되어 있는가?

가수는 브랜드송을 홍보하기 어렵기 때문에 브랜드송이 최대한 소비자들에게 많이 들려지고 확산되려면 광고를 비롯한 바이럴이 이뤄져야 한다. 인기연예인이 부르는 경우 온라인 바이럴을 통한 확산은 쉬워질 것이다. 브랜드송은 음원 판매를 비롯하여 이벤트, 뮤직비디오, 컬러링, 벨소리, 브랜드 사이트 BGM 등 다양한 채널을 통해 확산시켜야 한다. 또한 브랜드송을 무료로 배포하는 이벤트를 진행하는 것도 효과적이다.

■ 브랜드송에서 제품의 노출이 자연스럽게 느껴지는가?

브랜드송 작사는 제품명이 노출될 수밖에 없다. 광고의 기능을 가지고 있기 때문이다. 하지만 노골적으로 제품명을 강조하면 소비자들은 이를 상업적으로 느껴 브랜드송을 듣지 않을 것이다. 소비자들의 귀에 거슬리지 않는 범위에서 자연스럽게 제품이 느껴지도록 작사하는 것이 좋다. 작사할 때는 멜로디에 어울리면서도 브랜드 명을 자연스럽게 담아낼 수 있도록 해야 한다. 특히 제품명은 노래가 하이라이트 되는 후렴부분에 삽입하는 것이 좋다.

■ 가사가 멜로디와 조화를 이루고 제품이 잘 표현되었는가?

멜로디가 먼저 작업된 곡의 작사를 할 때는 브랜드송을 직접 불러 보기도 하면서 여러 차례 가사를 수정해야 한다. 특히 멜로디와 가사가 자연스럽게 어우러지는지 확인해야 한다. 이 과정을 통해 브랜드송은 멜로디에 가장 잘 어울리는 발음으로 다듬어질 것이다. 음절의 단위 하나하나를 반복하여 수정하고 브랜드 특성이 잘 느껴지도록 섬세하게 다듬어야 한다.

14 인터랙티브 광고 카피 작업을 위한 14가지 제안

카피라이터마다 카피를 쓰는 노하우는 조금씩 다를 것이다. 그리고 오프라인 카피라이터와 인터랙티브 카피라이터의 노하우 역시 다를 것이다. 하지만 온라인 광고인가 오프라인 광고인가, 디지털스러운가 아날로그스러운가에 대해 갑론을박하는 것은 큰 의미가 없을 것이다. 왜냐하면 시대가 바뀌어도 카피라이터의 일은 브랜드와 제품이 가장 하고 싶은 이야기를 소비자라는 '사람의 마음'에 전하고 그들을 움직이는 것이기 때문이다.

온라인 광고업계는 매년 변화하고, 성장하고, 노력하고 있다. 온라인 광고회사에서 카피라이터의 비중은 크지 않았지만, 인터랙티브 광고 콘텐츠가 중요해진 앞으로는 그 역할이 더 중요해질 것이라 믿는다. 좋은 광고와 마케팅 그리고 카피를 배울 수 있는 좋은 스승은 바로 현업에 대한 열정과 노력일 것이다. 앞으로의 광고는 더욱 세분화될 것이며 소비자 중심적으로 변화할 것이다. 그 중심에 디지털 미디어를 통해 소비자의 마음을 사로잡기 위해 노력하는 카피라이터의 진심이 담겨 있을 것이라 기대한다. 그러한 마음을 담아 카피라이팅에 대한 14가지 방법을 정리해 보았다. 앞으로의 인터랙티브 광고 제작에 작은 부분이라도 도움이 되었으면 한다.

① 카피라이팅은 창작이 아니라 찾아내는 과정이다

소비자에게 무엇을 말할지 어떻게 말할 것인지는 카피라이터가 답을 찾을 수 있다. 마케팅 담당자인 광고주는 제품이나 브랜드에 적합한 메시지를 소비자의 언어로 변환해주기를 바란다. 따라서 광고주의 의견과 제품 관련 자료들을 쌓아놓고 살펴보면 제품의 특장점을 짚어낼 수 있게 된다. 그리고 카피라이팅은 그 개념을 소비자의 언어로 바꾸는 것인데 이럴 때 카피는 창작이 아닌 발견에 가깝다. 광고 카피는 아무것도 없는 상황에서 답을 만들어내는 창작의 과정이 아니다. 광고 카피를 쓰는 것은 유[有]에서 더 훌륭한 유[有]를 찾는 일이다. 소비자 언어를 찾고 그들의 머릿속에 강하게 안착될 카피로 다듬는 일이다.

🔍❷ 광고 카피에는 콘셉트가 담겨 있고 클릭을 유도하는가?

온라인 광고는 소비자의 클릭이 무엇보다 중요하다. 배너 광고의 성과측정은 기본적으로 얼마나 많은 소비자의 클릭을 유도했는가에 달려 있다. 모든 온라인 광고 캠페인은 클릭을 통해 사이트로의 유입을 이끌어내는 것이 관건이기 때문에 광고 카피는 클릭을 유도하는 것이 중요하다. 또한 클릭과 더불어 소비자에게 광고 콘셉트와 메시지를 전달해야 한다. 배너 광고를 클릭한 후에는 사이트로 이동하고, 사이트에서는 이벤트 참여나 광고 콘텐츠 체험을 연결시켜야 하기 때문이다. 따라서 광고 콘셉트에 의해 전체적인 온라인 광고 프로세스를 경험하게 만드는 것이 중요하다. 이를 위해서는 모든 온·오프라인 광고의 메시지가 한목소리를 내도록 작업해야 한다.

🔍❸ 광고 제작은 정교함[Detail]이 힘이다

광고 카피는 되새김질을 통해서 완성되어야 한다. 어설프게 완성된 카피는 글쓰기로 치면 퇴고를 하지 않은 글이다. 아무리 좋은 아이디어가 담겨 있는 카피라고 해도 기본적인 표현이나 문장이 어색하거나 오탈자가 있으면 좋은 평가를 받을 수 없다. 광고는 소비자들에게 전달되는 것이므로 카피 메시지부터 정교하게 교정을 해야 한다. 여러 번 반복해서 카피 메시지를 확인하고 다듬는 과정을 통해 카피의 완성도는 높아진다. 신입 카피라이터의 경우 시간이 부족한 나머지 오탈자를 확인하지 않아서 낭패를 당하는 경우를 보게 된다. 누군가에게 공개하기 전에 단 5분이라도 시간을 내서 자신이 쓴 것을 객관적으로 교정해야 한다. 프로가 될수록 기본에 더욱 충실해야 하듯, 카피라이터가 그러하다. 마감시간이 압박하더라도 카피라이터는 쓴 카피를 최후까지 검토해야 한다.

4 제품명이 어려울 때는 별명을 붙이고 설명은 최대한 쉽게 써라

광고하는 제품명이 너무 어렵거나 사용법이 어려워 쉬운 설명이 필요한 경우라면 소비자에게 는 쉽고 간결하게 전달하는 것이 좋다. 필립스에서 나온 10대를 위한 전기면도기 '드래곤플라이' 의 경우가 그러했다. 처음으로 면도기를 사용하는 10대 남자들에게 제품을 쉽게 이해시키기 위 해 제품에 별명을 지어줬다. 날 면도기를 쓰는 10대들에게 전기면도기 소리에서 차용한 '윙'이라 는 소리에서 착안하여 '필립스 윙'이라는 별명을 지어 광고주에게 컨펌을 받았다. 그 결과 쉬운 제품의 별명 때문에 광고 캠페인이 온라인에서 광고가 쉽게 확산되는 것을 볼 수 있었다. 그리고 제품의 특징도 소비자에게 쉽게 전달할 수 있었다. 제품이 소비자에게 쉽게 기억되도록 별명을 부여할 때는 반드시 브랜드 이미지를 고려해서 작성해야 한다. 그리고 그 별명은 쉽고 간결할수 록 좋다. 카피 또한 간결해야 쉽게 기억된다는 카피라이팅의 원칙을 기억하자.

5 온 · 오프라인 통합 광고 캠페인에서는 카피의 일관성이 중요하다

온 · 오프라인 통합 광고 캠페인은 모든 광고 채널이 하나의 목소리를 내는 것이 중요하다. 그 것은 궁극적으로 소비자의 마음에 정확히 제품과 브랜드를 도달하게 만든다. 온 · 오프라인 통합 으로 진행되는 광고에서 카피 메시지는 일관된 콘셉트에 의해서 광고 제작물을 만들어야 한다. 다양하고 복잡한 광고 채널 사이에서도 통일된 광고 카피는 소비자의 뇌리에 기억될 수 있다. 특 히 온라인과 오프라인에서 동시에 진행되는 광고는 다양한 채널에서 진행되고 다양한 광고 콘텐 츠의 형태로 제작되기 때문에 광고 메시지를 일관되게 노출하는 것은 매우 중요한 일이다.

6 이벤트 참여를 위한 설명은 직관적인가?

온라인 광고의 참여를 위한 설명은 직관적으로 이해되어야 한다. 절차가 조금만 복잡하고 이 해가 안 되어도 소비자들은 바로 사이트에서 이탈하기 때문이다. 따라서 온라인 이벤트에 참여한 소비자들이 이벤트 참여 프로세스를 확실히 이해할 수 있도록 직관적인 텍스트와 이미지를 통해 쉽고 간결하게 전달하는 것이 좋다. 필요하다면 프로모션 응모 방법을 일러스트나 아이콘 등으로 단계별 설명을 해주거나 참여 예시를 기입해 놓는다면 이해는 더 쉬울 것이다.

7 소비자 타깃에 어울리는 카피를 쓰자

모든 제품은 소비자 타깃이 존재한다. 따라서 광고 카피는 핵심 타깃이 반응하도록 작성하는 것이 좋다. 그리고 핵심 타깃을 사로잡아야 나머지 서브 타깃들도 반응을 하게 된다. 제품에 따라 차이가 있을 수 있지만, 10대 소비자를 대상으로 품격 있고 세련된 카피를 쓰는 사람은 없을 것이다. 반대로 50대 타깃에게 귀엽고 재치 발랄한 카피를 쓰지는 않는다. 어느 베이비 제품 광고주는 제품을 사용하는 아기들을 나타내는 카피를 썼지만 어른들의 표현방법으로 작성하여 톤 앤 매너가 맞지 않던 경험이 있다. 그래서 카피 문구에 의성, 의태어를 넣어 '눈망울', '조막손', '까르르' 등의 단어를 조합했다. 그리고 광고주에게 보냈더니 마음에 들어 하여 흡족했던 기억이 있다. 카피라이터는 소비자의 언어를 이해하고 그들의 마음에서 뽑아낸 단어를 사용하면 효과적인 표현을 만들 수 있다. 이를 위해 광고 제품과 소비자 타깃을 구분하여 카피 정보를 스크랩해두는 것도 좋다. 소비자 타깃에 맞는 유사 카피들을 보고 있으면 카피의 감각을 키우는 데 도움이 될 것이다.

8 제품과 소비자와의 상호작용적 접점을 만들라

'숙면젖병'이라는 애칭을 가진 제품의 특징은 젖병을 아기에게 사용하면 헛공기 섭취가 감소하여 아기가 편안하게 잠들 수 있다는 것이었다. 광고주는 이런 특징을 강화시킬 수 있는 광고 아이디어를 요청했다. 그래서 실질적으로 아기의 숙면 정도를 테스트하는 광고 콘텐츠를 만들면 좋을 것이라는 판단하에 〈아기 숙면 테스트〉라는 광고 콘텐츠를 제안했다. 콘텐츠의 공신력을 위해 권위 있는 숙면 전문가의 감수를 거쳐 온라인 진단 프로그램으로 제작되었다. 그리고 온라인에서 〈아기 숙면 테스트〉는 엄마들 사이에서 큰 인기를 얻게 되었다. 엄마들의 속성에 의해 자연스럽게 바이럴도 되었다. 이처럼 제품과 소비자의 상호작용적 접점을 고민하고 광고 콘텐츠를 제작할 수도 있다.

제품을 의인화하여 생각하고 숨은 이야기를 끌어내라

제품이나 브랜드를 의인화시키는 것은 온라인 광고 캠페인에서 매우 유용하게 쓰일 수 있다. 특히 지면의 한계가 없는 온라인 사이트에서는 제품을 설명할 때 재미있게 표현하기 쉬워진다. 만약 종류가 다양한 제품이라면 캐릭터 애니메이션으로 만들어 바이럴시킬 수도 있다. 또한 온라인 사이트에서 제품을 설명할 때도 각각의 캐릭터에 맞는 재미있는 설명이 가능해진다. 카피라이터는 제품에 어울리는 숨은 이야기를 찾아내고 그것을 스토리로 표현할 줄 알아야 한다.

마케팅적으로 벗어나지 않도록 점검하며 써라

카피라이터는 광고를 제작하기 전에 광고 목표를 분명히 이해해야 한다. 그것은 바로 나침반과 같다. 마케팅 목표를 중심에서 벗어나지 않는 크리에이티브로 광고를 만들어야 한다. 아무리 기발한 아이디어를 내서 광고 카피를 만들었다 하더라도, 마케팅적인 기본이 없어서 광고주를 설득하지 못한다면 실행될 수 없다. 정확한 광고 효과를 내기 위해서는 먼저 마케팅적인 사고에서 벗어나지 않는 광고가 만들어져야 한다. 브랜드와 제품을 소비자에게 명확히 전달하는 것은 카피라이팅의 기본이다. 이러한 기반 위에서 크리에이티브 메시지를 작성해야 한다.

11 디지털 미디어에 대한 통찰력을 키워라

광고는 노출되는 미디어에 따라 광고 카피 스타일을 다르게 써야 한다. 다시 말해 인쇄광고 카피와 라디오 광고 카피가 다르듯 온라인 광고도 미디어 특성에 따라 달라져야 한다. 모든 미디어는 소비자와 만나는 시점이 있으므로 그 상황을 고려해서 카피를 쓸 수 있다. 특히 멀티플랫폼 기능을 하는 온라인 사이트에서는 다양한 광고 콘텐츠가 노출된다. 그리고 인터랙티브^{Interactive}한 특성을 지닌 광고 콘텐츠는 소비자를 광고로 끌어들인다. 스마트폰, 태블릿PC 등과 같이 소비자와 항상 함께하는 미디어에 의해 온라인 광고 커뮤니케이션 방법은 변화하고 있다. 따라서 광고를 만들 때는 소비자가 광고를 접하는 상황을 고려하여 카피 메시지를 써야 한다. 그러기 위해서는 먼저 디지털 미디어에 대한 이해가 필요하다.

12 콘셉트를 찾고, 콘셉트를 만드는 능력을 키워라

AE로부터 크리에이티브 브리프를 받는 것만으로는 제품과 소비자에 대한 이해가 부족하다고 느낄 때가 있다. 이런 경우에는 카피라이터가 추가적인 노력을 통해 인사이트를 뽑아야 한다. 그래야 광고 캠페인의 아이디어와 카피 메시지를 만들기 위한 콘셉트를 잡을 수 있다. 콘셉트는 브랜드나 제품이 고유하게 담고 있는 가치를 개념화시키는 일이다. 이를 언어적인 표현으로 만들어내는 것은 카피라이터에게 필요한 자질이다. 콘셉트를 만드는 일은 계속적인 노력과 내공이 필요하므로 기존의 성공캠페인을 살펴보고 이에서 콘셉트를 살펴보는 연습을 한다면 도움이 될 것이다.

13 소비자의 혜택에 대해 명확하게 알려라

온라인 이벤트 참여가 완료되면 소비자에게 경품이나 쿠폰 등이 제공되기도 한다. 그래서 소비자들에게 프로모션에 참여하면 얻을 수 있는 혜택과 수령방법 등을 정확히 문구로 설명해야 한다. 모호한 메시지로 전달이 된 경품 안내나 경품 추첨 방식은 추후에 혼란을 일으킬 수 있고,

문제가 되는 경우 브랜드 이미지에 해를 끼칠 수 있기 때문이다. 그래서 카피라이터는 온라인 사이트의 화면기획안을 워싱할 때 이벤트 참여나 경품에 대한 정보가 확실한지 AE를 통해 확인하고 정리를 하는 것이 좋다. 소비자들에게는 이벤트 참여에 대한 혜택을 명확히 알리고 이벤트 참여과정이 잘 이해될 수 있도록 문구를 잘 작성해야 한다.

⑭ 소비자의 입장에서 최종 점검하라

광고 제작을 마무리할 때는 소비자의 입장에서 체크하는 과정이 필요하다. 배너 광고는 후킹이 되도록 작업이 되었는지를 확인해야 한다. 또한 소비자가 배너 광고를 클릭하고 사이트에 넘어와서 이벤트에 참여하기까지 모든 과정이 쉽게 설명되었는지도 확인한다. 카피라이터는 소비자들의 눈높이에서 제작물을 최종으로 확인해야 한다. 이 모든 과정은 카피라이터가 한 사람의 소비자의 시각으로 돌아가서 체크해보면 부족한 부분이 보일 것이다. 이러한 과정에서 미흡한 점이 보인다면 디자이너와 함께 제작물을 수정할 수 있어야 한다.

또한 사이트 제작이 완료되었다면 이상이 없는지 모든 구성원이 사이트에 접속하여 이용해보고 사전 테스트를 해야 한다. 또한 온라인 사이트를 포함하여 배너 광고, 영상 시나리오 작업 등 제작물 전반의 텍스트와 구성을 확인하는 것이 좋다. 온라인 광고 캠페인은 오프라인 카피와 달리 캠페인 진행 도중에도 제작물의 부분적인 수정이 가능하지만, 가급적 광고 캠페인이 집행되기 전에 최종 점검해서 완벽을 기하는 것이 좋다. 카피라이터는 누구보다도 소비자의 마음을 잘 아는 사람이다. 따라서 항상 소비자의 입장에서 사이트를 이용하기 어렵지는 않은지, 설명은 충분한지, 이해하기 어려운 표현 또는 오탈자는 없는지 상세하게 확인해야 한다. 이것이 바로 성공적인 광고 캠페인을 만드는 좋은 습관이다.

Appendix

온라인 광고회사에서 사용하는 용어들

광고주^{Client}

광고활동에는 광고대행사와 미디어가 관련되므로 이들과 구별하는 뜻에서 광고주라고 한다.

미디어렙^{Media Representative}

광고 대행사와 모든 미디어 사이에서 광고 게재를 위한 협의를 하고 진행되는 광고의 효과를 측정하는 리포트 및 광고의 관리를 해주는 미디어 대행사를 말한다.
- 온라인 광고 업무 흐름 : 광고주 ↔ 온라인 광고대행사 ↔ 미디어렙사 ↔ 미디어사
- 공중파 광고 업무 흐름 : 광고주 ↔ 오프라인 광고대행사 ↔ 코바코^{KOBACO} ↔ 미디어사

미디어 믹스^{Media Mix}

광고의 목적과 타깃에 맞는 미디어를 선정하여 정해진 예산 범위 내에 최적화된 미디어플랜을 말한다.

광고 크리에이티브^{AD Creative}

광고회사에서 제작한 배너 등의 광고 제작물을 말한다.

애드 서버^{AD Server}

인터넷 광고는 미디어사의 콘텐츠가 있는 서버와 광고를 관리하는 서버가 따로 분리되어 있

는 경우가 대부분이다. 애드 서버는 광고를 관리하는 서버로 광고물을 게재하거나, 각종 타기팅 Targeting 기법을 적용해주고, 광고 통계 리포트를 산출한다.

배너Banner

배너란 원래 현수막이라는 뜻이다. 따라서 온라인 사이트 내에 배너라는 현수막을 걸어서 온라인 이용자로 하여금 광고주의 상품이나 서비스를 알리고, 광고주의 사이트로 유도하는 온라인 창Gate을 말하며, 현재 애니메이션, 동영상 등 다양한 형태로 제작할 수 있다.

타깃 마케팅Target Marketing

타깃Target이란 광고 목표에 광고 메시지를 집중적으로 전달하고자 하는 대상의 집단을 말한다. 즉, 나이·성별·직업·지역 등 광고 목적에 따라 타기팅된 고객에 대한 마케팅을 말한다.

DB마케팅DB Marketing

고객정보가 축적된 데이터베이스를 이용하여 고객 개개인의 성향과 욕구를 분석하여 신속하고도 정확하게 충족시켜 비교우위에 서기 위한 마케팅 기법이다.

페이지 뷰Page View : PV

홈페이지 열람 횟수를 의미하며 사용자가 특정 사이트에 들어가 홈페이지를 보는 수치를 계량화한 것이다. 사이트의 영향력을 평가하는 기준으로 사용되는 히트 수나 방문자 수와는 달리, 사이트의 광고 단가를 결정하는 기준이 된다.

유니크 뷰Unique View : UV

홈페이지 방문자의 로그인을 바탕으로 한 열람 횟수를 의미한다. 말 그대로 방문자들의 수를 나타내는 것이므로 사이트의 영향력을 평가하는 질적 기준으로 사용된다.

노출Impression

사이트 방문자에게 배너 광고가 보인 횟수이다. 배너가 한 번 보이면 한 번 노출된 것으로 보며, 'Refresh'나 'Reload'를 눌러서 반복해서 배너가 뜰 경우 노출에 추가된다.

클릭^{Click} 수

온라인에서 광고가 보였을 때, 해당 광고를 클릭한 수를 말한다.

전환율^{Conversion Rate}

온라인 광고를 통해 방문한 사람들로 하여금 광고주가 원하는 행위^{구매, 회원가입, 전화문의 등}를 한 방문자들의 수를 백분율로 계산한 것이다. 온라인 광고를 통해서 100명의 방문자가 접속하였고 그중에서 2명이 구매를 하였다면 전환율은 2%가 되는 것이다. 따라서 전환율을 높이는 것이 성공적인 온라인 광고라 할 수 있다.

클릭률^{Click Through Rate : CTR}

온라인 광고의 노출 횟수 대비 클릭 수를 의미한다. 즉, 클릭 수^{Impression}이다.

CPM^{Cost Per Mill}

광고의 가격을 책정하는 방법의 하나로, 1,000회 노출에 드는 광고비를 말한다. CPM 2,000원은 1,000번 노출된 가격이 2,000원이고, 한 번 노출될 때마다 2원이다.

CPC^{Cost Per Click}

한 번 클릭당 비용을 말한다. CPM은 정해진 노출 횟수에 대한 정액제 광고라면, CPC는 노출 횟수와 상관없이 광고 진행 시 광고주의 사이트를 클릭했을 경우에 비용을 산출하는 방식이다.

※ 키워드의 CPC가 100원이라고 했을 경우 10명의 사람이 광고주의 광고를 클릭하면, 'CPC ×클릭 수=광고비용', 즉 100원×10번=1,000원^{지불할 광고비용}이다.

CPA^{Cost Per Action}

회원가입, 상품구매, 홈페이지 방문 등을 모두 액션^{Action}으로 간주하고, 배너 광고를 통해 특정 액션을 유발하는 데 소요된 비용을 산출하는 것을 말한다. 일반적으로 배너 광고를 통한 회원가

입당 비용 개념으로 많이 활용된다.

　　※ CPA=광고비/액션

타기팅^{Targeting}

　광고주가 사용자의 정보에 따라 원하는 사용자에게만 보여 주는 광고기법이다. 즉, 나이, 지역, 성별, 페이지 등에 따라 타기팅된 대상에게만 광고가 보인다.

프리퀀시^{Frequency}

　이용자 한 사람이 동일한 광고에 노출되는 평균 횟수^{빈도}를 의미한다.

　즉, Frequency = Target Impression/Target Unique user

* 출처 : 네이버 광고가이드 광고용어 ▶ http://displayad.naver.com/guide/term.nhn

▲

소비자를 위해 진화하는 광고와 광고회사들

　새로운 형태의 광고를 만들기 위해 광고회사도 진화하고 있고 광고업무의 역할도 변하고 있다. 이 책을 쓰게 된 계기는 디지털 시대의 광고를 만드는 카피라이터의 진화에 대한 이야기를 정리하고 인터랙티브 카피라이터의 역할을 알리는 동시에 진화된 광고에 대한 제작법을 실무적으로 소개하기 위함이었다. 하지만 온라인 광고업계의 변화를 담아내느라 오랜 시간이 흐른 지금은 더 폭넓은 인터랙티브 광고의 제작방법으로서의 책이 되었다. 아직 실력이 부족한 필자는 책을 써 나가면서 급변하는 온라인 광고, 인터랙티브 광고의 변화 속도를 실감했던 것 같다. 그리고 이 책이 나온 지금도 광고는 시대의 흐름과 함께 더 빠르게 변하고 있음을 느낀다. 책을 준비하는 시간에도 세상은 많이 변했고 디지털 환경도 변화했으며, 그 안에서 광고의 커뮤니케이션도 달라졌다. 온라인을 통해서 커뮤니케이션의 변화가 일어났고, 광고를 제작하는 역할에도 변화가 일어나기 시작했다. 또한 광고의 영역과 역할의 경계가 허물어지고 있다는 것을 실감하게 되었다. 어쩌면 이제 광고회사는 이전에 없던 새로운 변화의 기로에 서 있는지 모르겠다. 그렇기 때문에 디지털을 기반으로 한 광고회사에서 가장 중요한 것은 얼마나 디지털 미디어와 접목된 새로운 아이디어를 어떻게 하면 정교하게 실행할 수 있는지에 대한 실행력이라 생각한다. 이전 시대의 혁신적인 광고 캠페인도 그랬겠지만, 성공적인 광고 캠페인은 최고의 아이디어를 최선의 노력으로 현실화시키는 것이라 생각하기 때문이다.

　이제 새로운 디지털 광고 캠페인을 위해서 광고의 형태도 새로워지고 있다. 클라이언트에게는 혁신적인 성과를 위해 광의적인 차원에서 어쩌면 광고가 아닌 범주의 새로운 서비스를 제공해야 할 것이다. 이것은 기존 광고회사에서 중요하게 생각했던 인사이트^{Insight}와 크리에이티비티^{Creativity}

에 디지털 기술^{Technology}의 조화를 뜻한다. 세계적으로 두각을 나타내는 디지털 에이전시들의 모습을 보면 이를 실감할 수 있으며, 이러한 광고 기술의 진화가 소비자와의 상호작용을 위한 것임을 알 수 있다. 이를 통해 광고 캠페인은 세상을 더 편리하게 만들어주고 있으며 제품을 보다 쉽고 친근하게 접하도록 만들어줄 것이다.

이 책은 광고회사마다 역할이 다르고 광고 제작 환경이 다르기 때문에 누구든 온라인 광고 제작을 고민할 때 자상한 사수의 모습으로 펼쳐볼 수 있으면 좋겠다고 생각하며 작성했다. 그리고 좀 더 넓고 다양한 광고 제작법을 정리하여 보여주고 싶었다. 보면 볼수록 부족함이 많은 책이지만, 그럼에도 불구하고 온라인 광고회사에 첫발을 내디딘 분들과 인터랙티브 광고 제작에 대해 잘 알고 싶은 분들의 길잡이가 되면 더할 나위 없이 기쁠 것 같다. 부족함이 보일 때는 모쪼록 넉넉한 마음으로 이해해주시길 바라며, 작은 도움이라도 되었으면 하는 바람이다. 끝으로 이 졸고를 책으로 내기까지 도움을 주신 분들께 감사의 마음을 전한다.

처음 온라인 광고업계에 발을 내딛게 해주시고 많은 것을 가르쳐주신 나인후르츠미디어의 김남호 대표님과 이숙인 대표님, 백영호 국장님, 김관주 국장님과 나인후르츠미디어 신인예찬 2기 동기들, 김관영 목사님과 신우회 9seeds 멤버들께 감사드린다. 대학생 때 마케팅에 대해 가르쳐주신 故 정인보 선배님, 김동수 선배님께 감사드린다.

부족한 필자가 성장하기까지 많은 힘을 더해주신 이노레드 동료들, 박현우 대표님과 신우회 enJine멤버들, 모그 커뮤니케이션즈 박종진 대표님, 정원희 이사님과 신우회 LOG멤버들, 인터랙티브 카피라이터로 일하게 해주신 디지털다임 임종현 대표님과 우석윤 상무님, 광고 기획파트를 비롯하여 신우회 Crossdigm 멤버들과 크리에이티브 2파트 제작팀 동료들을 비롯하여 장승준 CD님과 이은경 팀장님께 감사드린다. 그리고 존경하는 선배 차이커뮤니케이션 김연희 상무님께도 감사드린다.

광고를 가르쳐주신 박찬용 · 노병성 · 김원석 · 권오박 교수님, 최문자 총장님과 문예창작 교수님들께 감사드린다. 더 깊이 있게 광고를 연구하도록 논문을 지도해 주신 백선기 교수님을 비롯한 훌륭한 교수님들, 선후배분들, 26기 김상욱 큰형님과 동기님들, 대학생연합광고 동아리 애드파워 선후배님들과 19기 동기들에게 감사의 마음을 표시하고 싶다.

광고를 통해 사명을 깨닫도록 기도해주신 삼양신성교회 현용완 목사님과 성도님들께 감사드리며, 삼일교회 송태근 목사님과 전종국 목사님, 앨리펀쇼 박지윤 대표님께 감사드린다. 자료를 도와준 크로스미디어 김훈미 팀장님, 부족한 원고가 책으로 나오기까지 도와주신 윤세민 교수님과 전정욱 선배님, 손정욱 후배님과 한국학술정보(주) 조가연 님, 윤지은 님께도 큰 감사를 전하고 싶다.

끝으로 잦은 야근도 이해해주고 항상 곁에서 응원해주는 사랑하는 가족들, 세상에서 가장 소중한 아내 유라와 딸(다행히 아내를 닮아가는) 서율이에게 감사하며, 오늘도 부족한 나를 열심히 이끌어주시는 전능하신 하나님께 이 책을 바친다.

저자약력

이구익 Digital Creative Director

석사 논문 「온라인 인터랙티브 광고에서 표출된 신화와 이데올로기 연구」
Twitter @deux2927
Facebook www.facebook.com/deux2927
e-mail deux2927@naver.com

디지털 전문 종합광고회사 크리에이티브마스(creativemas)의 창업자이자 크리에이티브 디렉터인 저자는 광고회사 최초로 주 4일 근무(금요일 자율 업무), 출퇴근 자율제 등을 도입해 파격적이고 자유로운 문화 안에서 광고를 만들고 있다.

창업 전에는 세계적인 광고회사 BBDO KOREA에서 디지털 크리에이티브 디렉터로 광고제작을 총괄했다. 그가 참여한 광고캠페인들은 대한민국 광고대상 은상, 부산국제광고제 이노베이션상, 인터넷 마케팅 협회 금상, 코리아 디지털 미디어 어워드 최우수상, 웹어워드 코리아 대상을 수상했다.

세계 3대 광고제 중 하나인 뉴욕 페스티벌 디지털 부문 심사위원으로 선정되기도 했으며 광고홍보학회와 대중음악학회 회원이며 수필가이자 작사가로도 활동하고 있다. 또한 계원예술대학교 영상디자인과, 협성대학교 광고홍보학과 겸임교수로 학생들을 섬기고 있고 주요 저서로는 『벌거벗은 광고인』이 있다.

인터랙티브 광고 제작법

초판인쇄 2013년 9월 16일
초판발행 2013년 9월 16일

지은이 이구익
펴낸이 채종준
기 획 조가연
편 집 정지윤
디자인 윤지은
마케팅 송대호

펴낸곳 한국학술정보(주)
주 소 경기도 파주시 회동길 230 (문발동 513-5)
전 화 031-908-3181(대표)
팩 스 031-908-3189
홈페이지 http://ebook.kstudy.com
E-mail 출판사업부 publish@kstudy.com
등 록 제일산-115호(2000. 6. 19)

ISBN 978-89-268-4639-1 13320